高速公路项目法人管理工作指南

肖应学 ［武汉至深圳高速公路武汉建设指挥部］ 主 编
文丕珍 ［华中科技大学土木工程与力学学院］ 主 审

人民交通出版社股份有限公司
China Communications Press Co.,Ltd.

内　容　提　要

本书共分8章,第一章介绍高速公路建设项目基础知识;第二章介绍高速公路建设项目法人;第三章介绍项目法人在项目前期阶段主要工作;第四章介绍项目法人计划合同管理;第五章介绍项目法人工程质量管理;第六章介绍项目法人资金财务管理;第七章介绍项目法人施工安全管理;第八章介绍项目法人廉政建设管理。内容包括了高速公路建设项目实施全过程。

本书可作为从事高速公路建设项目管理人员使用,也可作为高等院校公路桥梁专业的教材或参考书。

图书在版编目(CIP)数据

高速公路项目法人管理工作指南/肖应学主编.
—北京：人民交通出版社股份有限公司,2015.3
ISBN 978-7-114-12106-7

Ⅰ.①高…　Ⅱ.①肖…　Ⅲ.①高速公路—工种施工—项目管理—指南　Ⅳ.①U415.1-62

中国版本图书馆CIP数据核字(2015)第042506号

Gaosu Gonglu Xiangmu Faren Guanli Gongzuo Zhinan

书　　名:高速公路项目法人管理工作指南
著 作 者:肖应学
责任编辑:赵瑞琴
出版发行:人民交通出版社股份有限公司
地　　址:(100011)北京市朝阳区安定门外外馆斜街3号
网　　址:http://www.ccpress.com.cn
销售电话:(010)59757973
总 经 销:人民交通出版社股份有限公司发行部
经　　销:各地新华书店
印　　刷:北京市密东印刷有限公司
开　　本:880×1230　1/16
印　　张:10.75
字　　数:314千
版　　次:2015年3月　第1版
印　　次:2015年3月　第1次印刷
书　　号:ISBN 978-7-114-12106-7
定　　价:38.00元

前　　言

我国的高速公路建设发展迅猛，从 1984 年 12 月 21 日开始建造中国大陆的第一条高速公路——沪嘉高速公路开始，到 2014 年底的 30 年间，我国高速公路总里程从零猛增到 11.2 万 km，跃居世界第一位。这 11.2 万 km 高速公路的建成，都是以项目法人的形式管理建成的。30 年高速公路建设实践，我们总结出了一整套高速公路项目建设与管理经验。这促成了我们编写一本高速公路项目法人管理工作专著《高速公路项目法人管理工作指南》。

全书简要介绍了高速公路项目法人的组建成立和公路基本建设程序，着重介绍了高速公路建设项目实施过程中的管理知识与管理方法。全书共分 8 章，从第三章起，用 6 个章节的篇幅分别介绍了高速公路项目法人在建设项目的前期准备阶段管理、计划合同管理、工程质量管理、资金财务管理、施工安全管理、廉政建设管理等方面的主要工作。本书从理论层面的高度详细地叙述了高速公路建设项目法人管理工作的重要性、必要性和管理方式方法、措施手段，对今后的高速公路建设管理有较强的指导意义。

本书由武汉至深圳高速公路武汉建设指挥部肖应学总工程师主编，由华中科技大学土木工程与力学学院文丕珍教授主审。限于编审者本身的理论、经验水平，书中难免会有诸多错漏之处，希望得到广大同仁的批评指正。另外，本书在编写过程中得到了武汉江厦路桥工程总公司的大力支持和帮助，该公司周翔、周晓华、陈贤利、彭卫华等同志参与了本书第一章、第二章、第七章、第八章的编写与整理，特此说明。

还有一点必须要特别说明的是：党的十八大以来，我国国家行政体制改革、法制改革越来越深入，越来越广泛，而高速公路项目法人管理工作的很多内容都属于国家法律、行政法规管理的范畴，文中所沿引的法律法规依据或有可能在本书编排出版过程中发生新的改变，我们来不及跟进，望读者在阅读时注意，特此提醒说明。

编者

2015 年 2 月

目　　录

第一章　高速公路建设项目基础知识

基本建设是资金用于固定资产扩大再生产的活动。在国民经济活动中，基本建设已经发展成为一个相对独立、必不可少的重要组成部分。其中，公路基本建设又是国家整个基本建设领域中非常重要的组成部分，尤其是在近20年来兴起的高速公路建设，更是基本建设领域的突出重点。到2014年底，我国等级公路总里程已达445万km，高速公路里程已达11.2万km。高速公路建设项目法人如何对高速公路的前期管理、中期管理以及后期管理，始终是高速公路项目法人非常关心的问题。

第一节　公路工程基本建设项目简介

一、公路工程基本建设项目

1.公路工程建设项目基本概念

公路工程基本建设项目简称为公路建设项目。根据交通运输部规定：凡是公路工程的新建、改建、扩建（包括独立大桥）工程，都称为公路建设项目。公路工程大、中修，虽然不属于公路建设项目，但也要求按公路建设项目的管理模式处理。

公路建设项目大都属于线形工程，包括独立大桥和隧道工程。个别高速公路枢纽工程，服务区工程除外。公路工程有点多、线长、面广的突出特点，不仅如此，公路工程还有投资巨大、结构复杂、施工工期长、施工过程多、施工环境干扰因素多等特点，因而是一项烦琐的系统工程。为了对公路建设项目进行有效的组织管理，往往需要对一个庞大复杂的公路建设项目进行拆组划分，按照一定划分原则，将一个公路建设项目划分成多个单项工程、单位工程、分部工程、分项工程等，以便进行施工管理。

2.公路建设项目划分

一个公路建设项目都是由若干个单项工程组成，每个单项工程由若干个单位工程组成，每个单位工程又可以划分为若干个分部工程，分部工程划分为若干个分项工程，分项工程还可以细分为若干个工序。房建工程、铁路工程、隧道工程、特大型桥梁工程还可以在分部工程、分项工程之下再划分"子分部工程"和"子分项工程"，但一般公路工程很少这样划分。

为了便于系统化管理，公路建设项目划分不是随意的，而是应遵循一定的规定。根据《公路工程质量检验评定标准》（JTG F80/1—2004）的规定，公路建设项目的单位、分部、分项工程的具体划分方法详见表1-1、表1-2。

一般建设项目的工程划分　　表1-1

单位工程	分部工程	分项工程
路基工程每10km或每标段	路基土石方工程（1～3km）路段	土方路基，石方路基，软土地基，土工合成材料处治层等
	排水工程（1～3km）路段	管节预制，管道基础及管道安装，检查井（雨水井）砌筑，土沟、浆砌排水沟、盲沟，跌水、急流槽，水簸箕，排水泵站等
	小桥用符合小桥标准的通道、人行天桥、渡槽（每座）	基础及下部构造，上部构造预制、安装或浇筑，桥面，栏杆、人行道等

续上表

单位工程	分部工程	分项工程
路基工程每10km或每标段	涵洞、通道(1～3km)路段	基础及下部构造,主要构件预制、安装或浇筑,填土、总体等
	砌筑防护工程(1～3km)路段	挡土墙,墙背填土,抗滑桩,锚喷防护,锥坡防护,导游工程,石笼防护等
	大型挡土墙、组合式挡土墙(每处)	基础,墙身,墙背填土,构件预制,构件安装,筋带、锚杆、拉杆,总体等
路面工程每10km或每标段	路面工程(1～3km)路段	底基层,基层,面层,垫层,连接层,路缘石,人行道,路肩,路面边缘排水系统等
桥梁工程(特大、大、中桥)	基础及下部构造(每座桥或每个墩、台)	扩大基础,桩基,地下连续墙,承台,沉井,桩的制作,桩下沉,钢筋加工和安装,墩台身浇(砌)筑,墩台身制作安装,墩台帽,组合桥台,台背填土,支座、垫石和挡块等
	上部构造预制和安装	主要构件预制,其他构件预制,钢筋加工和安装,预应力筋加工和张拉,梁板安装,悬臂拼装,顶推施工梁,拱圈节段预制,拱安装,转体施工拱,劲性骨架拱肋安装,钢管拱肋制作,钢管拱肋安装,吊杆制作和安装,钢梁制作,钢梁安装,钢梁防护等
	上部构造现场浇筑	钢筋加工和安装,预应力筋加工和张拉,主要构件浇筑,其他构件浇筑,悬臂浇筑,劲性骨架混凝土拱,钢管混凝土拱等
	总体、桥面系和附属工程	桥梁总体,钢筋加工和安装,桥面防水层,桥面铺装,钢桥面铺装,支座安装,搭板、伸缩缝安装,大型伸缩缝安装,栏杆安装,混凝土护栏,人行道铺设,灯柱安装等
	防护工程	护坡、护岸,导流工程,石笼防护,砌石工程等
	引道工程	路基,路面,挡土墙,小桥,涵洞,护栏等
互通式立交工程	桥梁工程(每座)	桥梁总体,基础及下部构造,上部构造预制、安装或现浇,支座安装,支座垫石,桥面铺装,栏杆,人行道等
	主线路基、路面(1～3km)路段	见路基、路面分项工程
	匝道工程(每条)	路基,路面,通道,护坡,挡土墙,护栏等
隧道工程	总体	隧道总体等
	明洞	明洞开挖、浇筑,明洞防水层,明洞回填等
	洞口工程	洞口开挖,洞口边仰坡防护,洞门和翼墙浇(砌)筑,截水沟,洞口排水沟等
	洞身开挖	洞身开挖(分段),初支等
	洞身衬砌	(钢纤维)混凝土喷护,锚杆支护,锚杆挂钢筋网喷混凝土支护,仰拱,混凝土衬砌,钢支撑,衬砌钢筋等
	防、排水	防水层,止水带,排水沟等
	隧道路面	基层,面层等
	装饰工程	装饰工程
	辅助施工措施	超前锚杆,超前钢管,大管棚等
环保工程	声屏障(每处)	声屏障
	绿化(1～3km路段或每处)	中央分隔带绿化,路侧绿化,互通立交绿化,服务区绿化,取弃土场绿化等
交通安全设施(每20km或每标段)	标志(5～10km路段)	标志
	标线、突起路标(5～10km路段)	标线,突起路标等
	护栏、轮廓标(5～10km路段)	波形梁护栏,缆索护栏,混凝土护柱,轮廓标等
	防眩设施(5～10km路段)	防眩板、网
	隔离栅,防落网(5～10km路段)	隔离栅,防落网等

续上表

单位工程	分部工程	分项工程
机电工程	监控设施	车辆检测器，气象检测器，闭路电视监视系统，可变标志，光电缆线路，监控中心（分中心）设备安装及调试，大屏幕投影系统，地图板，计算机监控软件及网络系统等
	通信设施	通信管道和光电费线路，光纤数字传输系统，数字程控交换系统，紧急电话系统，无线移动通信系统，通信电源等
	收费设施	入口车道设备，出口车道设备，收费设备及软件，收费中心设备及软件，IC卡发卡及编码系统，闭路电视系统，内部对讲及紧急报警系统，收费站内光电电缆，收费计算机
	低压配电设施	中心（站）内低压配电设备，场外设备电力电缆线等
	照明设施	照明设备
	隧道机电设施	车辆检测器，气象检测器，闭路电视监视系统，紧急电话系统，环境检测设备，报警及诱导设施，可变标志，通风设施，照明设施，消防设施，本地监控器，隧道监控中心计算机系统，隧道监控中心计算机网络系统低压供配电等
房建工程	按其专业工程质量检测评定标准评定	

特大型斜拉桥和悬索桥为主体建设项目的工程划分　　表1-2

单位工程	分部工程	分项工程
塔及辅助、过渡墩（每座）	塔基础	钢筋加工及安装，扩大基础，桩基，地下连续墙，沉井等
	塔承台	钢筋加工及安装，双壁钢围堰，封底，承台浇筑等
	索塔	索塔
	辅助墩	钢筋加工及安装，基础和墩台身砌筑，墩台身安装，墩台帽，盖梁等
	过渡墩	
锚碇	锚碇基础	钢筋加工及安装，扩大基础，桩基，地下连续墙，沉井，大体积混凝土构件等
	锚体	钢筋加工及安装，锚固体系制作，锚固体系安装，预应力锚索张拉与压浆等
上部构件制作与防护（钢结构）	斜拉索	斜拉索制作与防护
	主缆（索股）	索股与锚头的制作与防护
	索鞍	主索鞍和散索鞍制作与防护
	索夹	索夹制作与防护
	吊索	吊索和锚头制作与防护等
	加劲梁	加劲梁段制作，加劲梁段防护等
上部构造浇筑与安装	悬浇	梁段浇筑
	安装	加劲梁安装，索鞍安装，产缆架设，索夹和吊索安装等
	工地防护	工地防护
	桥面及附属工程	桥面防水层，桥面铺装，锚固体系防水黏结层洒布，锚固体系沥青混凝土铺装，支座安装，抗风支座安装，伸缩缝安装，人行道铺设，栏杆安装，防撞护栏等
	桥梁总体	桥梁总体
引桥	见表1-1“桥梁工程”	
引道	见表1-1“桥梁工程”	
互通立交工程	见表1-1“桥梁工程”	
交通安全设施	见表1-1“桥梁工程”	

二、公路建设项目特点分析

公路产品不同于其他产品,特点如下:

1.位置固定性

公路工程项目产品在空间位置上具有固定不可移动性。所有的公路工程项目产品均是由地面以下的基础部分和地面以上的主体部分组成,隧道工程有可能全部在地面以下,但也是由深地层和基础之上的两部分组成。基础的第一个作用就是:承受主体的全部荷载,包括主体自重和附加荷载,连同基础的自重一起传递给地基;基础的第二个作用就是将主体工程固定在地球的某个位置上。任何公路工程项目产品都是在选定的地点上建造使用,项目产品的建筑地点和使用地点都是永久不变的。

2.结构复杂多样性

公路工程项目产品不仅要满足各种使用功能的要求,而且还要体现地区的特殊习性、民族风格、物质文明和精神文明特点,接受自然条件的限制,长时间经受自然环境的考验,必须保证在使用寿命期间内正常完好使用,不仅要考虑公路产品的经济性,更要考虑公路产品的安全可靠性。为满足这些要求,往往一个公路工程产品本身结构复杂,形式多样,有路线,有桥梁,有隧道,有排水,有管网,有电力电信,有房建。

3.产品的单一性

公路工程项目产品经过一次设计和一次施工,只生产一个产品,任何时候都不可能发生两个一模一样的公路产品。每生产一个公路产品,如果质量合格,那么它的合格率就是百分之百;同样,如果不合格,则不合格率也是百分之百。这样就对公路产品的设计和施工质量提出了非常严格的要求。为了满足这些要求,必须严格加强对设计和施工的过程管理。

4.形体庞大性

公路工程项目产品体型庞大,而且大都属于线形工程,包括独立大桥和隧道工程。公路工程投资巨大,结构复杂,施工工期长,施工过程多。

5.生产的复杂性

因为产品的庞大性,则产品生产不可能有固定车间,露天作业多,高空作业多,地下作业多,水上水下作业多,流动作业多,夜间作业多,危险作业多,社会干扰因素多。

第二节　高速公路建设项目管理概述

一、高速公路建设项目管理模式

1.指挥部管理模式

高速公路工程项目管理,贯穿于项目运行的全过程。公路工程项目管理的目的是为了在公路工程项目运行的全过程中,取得各阶段目标和最终目标的实现。公路工程项目在运行的各项活动中,必须加强管理工作,保证各项活动目标的实现。必须强调,公路工程建设项目管理的主体是项目法人,也就是以业主身份出现在项目建设中的"工程建设指挥部"。

在我国现实情况的具体条件下,高速公路建设项目法人,过去和今后都会以"某某工程建设指挥部"的名义出现。"指挥部"作为高速公路建设项目的领导管理层机构,对建设项目客体具有领导管理权,对建设项目具有不可侵犯的财产所有权。领导管理的客体是高速公路建设项目实体,社会监理单位实体,施工企业单位实体,以及该项目的全部施工活动和相关生产要素。

2. 工程建设指挥部组织机构

根据工程建设项目机构的组织原则，选择适当的组织形式，组建工程建设项目管理机构。具体分工，明确责任，分清权限和义务。组建的管理机构应具有灵活机动、高效运转的能力。

(1)高速公路建设资金来源

为了说明高速公路项目工程建设指挥部组织机构，首先必须涉及高速公路项目建设的资金来源。在改革开放以前，公路建设作为一项国家公共事业，资金一向都是由政府投资，属于政府型公益事业。随着改革开放的深入发展，社会资本的引入，高速公路建设的资金来源由过去的政府投资的单一模式变为政府与企业合资、政府与社会合资、政府与企业家合资、外资投资等多种模式。多种模式的出现，为高速公路的快速发展带来了前所未有的机遇。我国高速公路的里程近 10 年来成倍增长。截至 2014 年底，国家高速公路里程已突破 11.2 万 km，位居世界第一。

虽然投资体制多元化模式的出现，给我国高速公路的发展带来了前所未有的机遇，但是，也给高速公路建设项目的管理带来了很多新问题和新挑战。

(2)工程建设指挥部机构组成来源

由于高速公路建设的资金来源出现多元化，指挥部的机构来源组成也随之发生变化，其人员组成不再是过去由政府部门一家，而是由政府官员、出资企业或单位人员、社会力量等多方面人员共同组成。但是，不管以何种投资模式出现的高速公路建设项目，建设指挥部的机构组成都必须由政府占主导地位，其他出资企业、单位或个人只能处于次要地位。由政府有关部门派出一定数量的人员担任指挥部的主要领导和下设各个部门的负责人，社会出资方派出的人员担任指挥部次要领导和各个部门次要负责人。

(3)工程建设指挥部机构职能部门

工程建设指挥部职能部门的设置原则是：完全服从于工程项目建设的需要，精干高效。根据我国高速公路建设的特点，建设指挥部必须设置的职能部门一般有：综合办公室、工程技术部、质量安全环保部、征地拆迁协调部、财务材料部、计划合同部、总监理工程师办公室、中心试验室等。以上职能部门可以根据工程的建设规模特点增减设置，可以把职能相近部门合并，也可以拆分。

(4)工程建设指挥部组织机构框图(图 1-1)

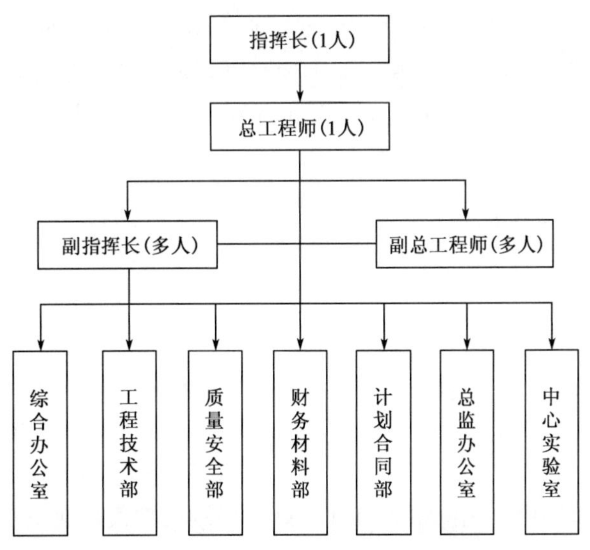

图 1-1　工程建设指挥部组织机构框图

指挥部根据需要可以设副指挥长多人，副总工程师多人，也可以不设。

指挥部根据需要，还可以设置总经济师、总会计师、总安全师等。

二、关于总监理工程师办公室设置

1. 关于 FIDIC 条款

我们通常所称的监理机构，应该是在基本建设领域里的一个独立的第三方监督机构，国际上所通称的 FIDIC 是国际咨询工程师联合会（Féderation Internationale Des lngénieurs Conseils）的法文缩写，FIDIC 的本义是指国际咨询工程师联合会这一独立的国际组织。这个国际组织关于实行工程建设施工咨询的章程，我们习惯上通称为 FIDIC 条款或 FIDIC 方法。但是 FIDIC 条款的标准文本却是由英文写成。FIDIC 合同条款第一版由国际咨询工程师联合会于 1957 年颁布，1963 年颁布 FIDIC 合同条款第二版，1977 年颁布 FIDIC 合同条款第三版，1987 年 FIDIC 合同条款第四版相继问世。

FIDIC 条款的本意是工程咨询，这个国际组织称为“国际咨询工程师联合会”，它的功能就是向业主和承包人提供“咨询”服务。我国在翻译过来时把“咨询”转译成了“监理”，带有监督的意思，这也是符合中国国情的译法。

2. 国际上监理工程师是独立的第三方

FIDIC（国际咨询工程师联合会）于 1913 年在英国成立，第二次世界大战结束后 FIDIC 迅速发展起来，至今已有 60 多个国家和地区成为其会员，中国于 1996 年正式加入。FIDIC 是世界上大多数国家独立的咨询工程师的代表，是最具权威的咨询工程师组织。它推动着全球范围内高质量、高水平的工程咨询服务业的发展。

FIDIC 条款的本意是工程咨询，工程师的作用是为业主和承包人同时提供第三方咨询服务。

按照 FIDIC 条款的章程，监理工程师是独立于业主和承包人之间的第三方机构，它从业主方获取一定的薪酬费用，同时为业主和承包人提供服务，站在第三方独立的立场上，秉持公平、公正原则，同时为业主和承包人提供行业规范咨询。

3. 具有中国特色的监理制度

具有中国特色的监理制度就是业主设总监。

按照国际惯例，业主是不设监理机构的。监理机构完全由社会监理企业担任。具有中国特色的监理制度是：对一个独立高速公路项目实行三级监理，即总监办、驻地监理办、项目监理办三级。其中总监理办公室由业主设置，总监理工程师由业主任命，直属业主领导，只有驻地监理办和项目监理办由社会监理担任。驻地办设高级监理工程师，管多个施工项目部，项目办设监理工程师，管一个施工项目部。总监办和总监理工程师对驻地监理办和项目监理办有领导权，对其两办的监理人员有任命和罢免的权力。

三、关于中心实验室的设置

1. 业主设置中心实验室

实验室是一个工程新产品质量检测机构。

国际监理制度规定，业主想要获得满足设计标准的工程质量，全权交付给监理机构负责，业主只等待接受符合质量规定要求的合格工程产品，根本用不着设置工程产品质量检测机构。但是，根据中国特色的监理制度，总监理办公室和总监理工程师是由业主设置和任命，那么设置中心实验室就是顺理成章的事了。业主也可以聘请有相应资质的第三方独立试验检测机构代行业主中心试验室职责。

2. 中心实验室与工地实验室的关系

业主设置中心实验室，承包人在施工项目经理部设置工地实验室。根据我国有关规定，质量检测机构都要取得资质认证，取得“CM”盖章资格。一个大的高速公路项目，往往都会分成若干个标段，每个标段有一个施工项目经理部，如果每个施工项目的工地实验室都要取得资质论证，必定会浪费很多资源。业主中心实验室在取得资质的情况下，承包人的工地实验室作为中心实验室的派出机构，在资质上就合理合法了。根据以上情况，承包人的工地实验室必须接受中心实验室的领导和监督就是理所当然的了。

四、关于安全管理委员会的设置

安全责任重于泰山。各级政府和各建设机构，都要把安全工作置于一切工作的首位，以对人民生命财产高度负责的精神抓好安全工作，把安全管理贯穿于项目工作的始终。

指挥部机构之下，必须设置安全管理委员会。安全管理委员会由指挥部一把手担任主任，并设置专职副主任，一把手是本单位安全工作第一责任人，对整个建设项目的安全负责。工程建设指挥部的安全管理委员会在指挥部统一领导下开展管理工作，同时接受政府安全监督机构的领导和监督。在指挥部重大问题研究和决策过程中，安全管理委员会有一票否决权。

第三节　公路工程基本建设程序

一、公路工程基本建设程序规定

1. 基本建设概念

基本建设就是以资金、材料、设备为条件，通过勘察设计、建筑安装等一系列的脑力和体力的劳动，建设各种工厂、矿山、医院、学校、商店、住宅、市政工程、公路、铁路、水利设施等，形成扩大再生产的能力。基本建设这个词是 20 世纪 50 年代从原苏联学来的，一直沿用至今。西方国家一般都称为资本投资，也就是资本的扩大再生产，使资本产生增值。

自 50 年代起，我国长期沿用的“基本建设”这个词的概念是：基本建设是形成和再生固定资产的综合性经济活动，它包括国民经济各部门的非生产性和生产性固定资产的更新、改建、扩建、新建、恢复建设等。一句话概括，基本建设就是固定资产的扩大再生产。其实质内容与西方国家所说的“资本投资”是一致的。

2. 非生产性基本建设与生产性基本建设

一般说来，非生产性基本建设是指为满足劳动者集体的公共需要，用积累资金建设的住房、商店、学校、医院、文体科技场馆以及道路交通等基本建设。它不直接用于生产而只是为生产和生活服务的各种设施。因为它不具有再生产功能，但它属于基本建设，所以称为非生产性基本建设。

生产性基本建设是指那些具有扩大再生产功能的基本建设。如工业、农业、矿山、运输、水利建设等，简而言之，生产性基本建设就是扩大再生产基本建设。

3. 基本建设程序规定

基本建设程序就是固定资产投资项目建设全过程各阶段和各步骤的先后顺序。对于生产性基本建设而言，基本建设程序也就是形成综合性生产能力过程的规律的反映。对于非生产建设而言，基本建设程序是顺利完成建设任务，获得最大社会经济效益的工程建设的科学方法。

我国现行的基本建设程序是根据多年的实践经验总结出来的，依据原国家计委《关于重申严格执行基本建设程序和审批规定的通知》的精神，不论是自筹投资项目，或是中央、省、市投资或融资的项目，还是部分使用中央、省、市投资或融资的项目，都必须严格执行基本建设程序。

二、公路工程基本建设程序

1. 我国现行基本建设程序

我国现行基本建设程序包括：项目建议书，可行性研究报告，初步设计，年度计划，招标投标，开工建设，交工验收和交付使用前准备，竣工验收，共8个环节。

2.基本建设程序具体工作步骤

(1)项目建议书。对建设项目进行初步可行性研究，提出项目建议书，报经省、市、区发改委审查后，再报国家发改委审批。

(2)可行性研究报告。根据批准的项目建议书，进行可行性研究、预选建设地址、编制可行性研究报告，报经省、市、区发改委审查再报国家发改委审批。

(3)根据批准的可行性研究报告，选定建设地址，进行初步设计，提出工程总概算。

(4)列入基本建设计划。按照批准的初步设计文件，各项目前期准备工作就绪后，到发改委(局)报批基本建设年度投资计划。

(5)项目招标投标。依据批准的投资计划，办理招标投标事宜。按照国务院批准国家发展计划委员会2000年5月1日发布的《工程建设项目招标范围和规模标准规定》，项目的勘察、设计、施工、监理以及与工程建设有关的重要设备、材料等的采购，达到以下标准的必须进行招标：

①施工单项合同估算价在200万元人民币以上的。

②重要设备、材料等货物的采购，单项合同估算在100万元人民币以上的。

③勘察、设计、监理等服务的采购，单项合同估算价在50万元人民币以上的。

④单项合同估算低于第①、②、③项规定的标准，但项目总投资额在3000万元人民币以上的。

(6)施工阶段。施工单位持中标通知书，开工前审计决定书，到业主单位与业主签订施工合同，办理施工许可证。工程建设要坚持先勘察、后设计、再施工的原则，严禁边勘察、边设计、边施工的“三边”工程。

(7)交工验收和交付使用前的准备。工程施工完成后，要及时做好交工验收和交付使用前的准备工作，对工程进行试运营。

(8)竣工验收。先交工验收后竣工验收，工程完工通过交工验收2年、施工单位已完成保修期内的全部工作以后，建设单位组织规划、建管、设计、施工、监理、消防、环保等部门进行质量、消防等初步验收，建设行政主管部门进行竣工结算审查，财政部门进行竣工决算审查签证，审计部门进行竣工决算审计，工程档案部门进行档案审查等。以上工作完成后向计划部门提出申请，计划部门将组织有关部门进行全面的竣工验收。

以上8个方面内容，也就是基本建设程序的8个主要环节。每个环节又包括若干小的环节。我们说基本建设程序包括8个主要环节，并不是说所有项目都要做到这8个方面的工作。

对于零星增建、商业网点等一般民用项目，不再编制项目建议书和可行性研究报告，只需根据财力和物力情况，经过综合平衡后列入基本建设计划，就可以进行设计、招标、施工。一般来说，工业建设项目、交通运输建设项目、水利建设及重要的民用工程项目，都要做好以上8个方面的工作。

三、基本建设程序的发展变化

随着市场经济的不断深入和投资体制改革有关政策的出台，基本建设程序发生了一些变动，尤其是党中央提出了一系列简政放权的改革措施，取消和下放成百个审批项目，省、市各级政府逐步晒出各项审批清单，政府减少对市场的干预，让市场在资源配置中起决定作用。我国基本建设程序的发展变化主要有以下几个方面：

1.投资体制指导思想改革

按照完善社会主义市场经济体制的要求，在国家宏观调控下充分发挥市场配置资源的基础性作用，确立企业在投资活动中的主体地位，规范政府投资行为，保护投资者的合法权益，营造有利于各类投资主体公平、有序竞争的市场环境，促进生产要素的合理流动和有效配置，优化投资结构，提高投资效益，推动经济协调发展和社会全面进步。

2.投资体制目标改革

改革政府对企业投资的管理制度，按照“谁投资、谁决策、谁收益、谁承担风险”的原则，落实企业投资自主权；合理界定政府投资职能，提高投资决策的科学化、民主化水平，建立投资决策责任追究制度；进一步拓宽项目融资渠道，发展多种融资方式；培育规范的投资中介服务组织，加强行业自律，促进公平竞争；健全投资宏观调控体系，改进调控方式，完善调控手段；加快投资领域的立法进程；加强投资监管，维护规范的投资和建设市场秩序。通过深化改革和扩大开放，最终建立起市场引导投资、企业自主决策、银行独立审贷、融资方式多样、中介服务规范、宏观调控有效的新型投资体制。

3.简化审批手续

落实企业投资自主权。彻底改革现行不分投资主体、不分资金来源、不分项目性质，一律按投资规模大小分别由各级政府及有关部门审批的企业投资管理办法。对于企业不使用政府投资建设的项目，一律不再实行审批制，区别不同情况实行核准制和备案制。其中，政府仅对重大项目和限制类项目，从维护社会公共利益角度进行核准，其他项目无论规模大小，均改为备案制。项目的市场前景、经济效益、资金来源和产品技术方案等，均由企业自主决策、自担风险，并依法办理环境保护、土地使用、资源利用、安全生产、城市规划等许可手续和减免税确认手续。对于企业使用政府补助、转贷、贴息投资建设的项目，政府只审批资金申请报告。各地区、各部门要相应改进管理办法，规范管理行为，不得以任何名义截留下放给企业的投资决策权利。

按照国务院《关于投资体制改革的决定》(国发[2004]20号)，简化和规范政府投资项目审批程序。采用直接投资和资本金注入方式的政府投资项目，只审批项目建议书和可行性研究报告。建设条件简单的一般性项目，项目建议书和可研报告可合为一道审批，但应达到可究深入。除特殊情况外，不再审批开工报告。要严格政府投资项目的初步设计和概算审批工作，初步设计和概算投资按程序审批后不再调整。申请投资补助、转贷和贷款贴息的项目，受理部门只审批资金申请报告。

4.非国有资金投资只核不批

对于企业投资的自建基本建设项目，只需要经过政府有关部门核准，不需要政府进行审批。由国务院投资主管部门会同有关部门研究提出《政府核准的投资项目目录》(以下简称《目录》)，报国务院批准后实施。未经国务院批准，各地区、各部门不得擅自增减《目录》规定的范围。

5.《目录》以外项目实行备案制

对于《目录》以外的企业投资项目，实行备案制。除国家另有规定外，由企业按照属地原则向地方政府投资主管部门备案。备案制的具体实施办法由省级人民政府自行制定。国务院投资主管部门要对备案工作加强指导和监督，防止以备案的名义变相审批。

四、投资体制改革变化

1.扩大大型企业集团的投资决策权

基本建立现代企业制度的特大型企业集团，投资建设《目录》内的项目，可以按项目单独申报核准，也可编制中长期发展建设规划，规划经国务院或国务院投资主管部门批准后，规划中属于《目录》内的项目不再另行申报核准，只需办理备案手续。企业集团要及时向国务院有关部门报告规划执行和项目建设情况。

2.鼓励社会投资

放宽社会资本的投资领域，允许社会资本进入法律法规未禁入的基础设施、公用事业及其他行业和领域。逐步理顺公共产品价格，通过注入资本金、贷款贴息、税收优惠等措施，鼓励和引导社会资本以独资、合资、合作、联营、项目融资等方式，参与经营性的公益事业、基础设施项目建设。对于涉及国家垄断资源开发利用、需要统一规划布局的项目，政府在确定建设规划后，可向社会公开招标选定项目业主。

鼓励和支持有条件的各种所有制企业进行境外投资。

3.进一步拓宽企业投资项目的融资渠道

允许各类企业以股权融资方式筹集投资资金，逐步建立起多种募集方式相互补充的多层次资本市场。经国务院投资主管部门和证券监管机构批准，选择一些收益稳定的基础设施项目进行试点，通过公开发行股票、可转换债券等方式筹集建设资金。在严格防范风险的前提下，改革企业债券发行管理制度，扩大企业债券发行规模，增加企业债券品种。按照市场化原则，改进和完善银行的固定资产贷款审批和相应的风险管理制度，运用银团贷款、融资租赁、项目融资、财务顾问等多种业务方式，支持项目建设。允许各种所有制企业按照有关规定申请使用国外贷款。制定相关法规，组织建立中小企业融资和信用担保体系，鼓励银行和各类合格担保机构对项目融资的担保方式进行研究创新，采取多种形式增强担保机构资本实力，推动设立中小企业投资公司，建立和完善创业投资机制。规范发展各类投资基金。鼓励和促进保险资金间接投资基础设施和重点建设工程项目。

4.规范企业投资行为

各类企业都应严格遵守国土资源、环境保护、安全生产、城市规划等法律法规，严格执行产业政策和行业准入标准，不得投资建设国家禁止发展的项目；应诚信守法，维护公共利益，确保工程质量，提高投资效益。国有和国有控股企业，应按照国有资产管理体制改革和现代企业制度的要求，建立和完善国有资产出资人制度、投资风险约束机制、科学民主的投资决策制度和重大投资责任追究制度。严格执行投资项目的法人责任制、资本金制、招标投标制、工程监理制和合同管理制。

政府核准的投资项目目录(2004年本)

简要说明：

(一)本目录所列项目，是指企业不使用政府性资金投资建设的重大和限制类固定资产投资项目。

(二)企业不使用政府性资金投资建设本目录以外的项目。除国家法律法规和国务院专门规定禁止投资的项目以外，实行备案管理。

(三)国家法律法规和国务院有专门规定的项目的审批或核准，按有关规定执行。

(四)本目录对政府核准权限做出了规定。

其中：

1.目录规定“由国务院投资主管部门核准”的项目，由国务院投资主管部门会同行业主管部门核准，其中重要项目报国务院核准。

2.目录规定“由地方政府投资主管部门核准”的项目，由地方政府投资主管部门会同同级行业主管部门核准。省级政府可根据当地情况和项目性质，具体划分各级地方政府投资主管部门的核准权限，但目录明确规定“由省级政府投资主管部门核准”的，其核准权限不得下放。

3.根据促进经济发展的需要和不同行业的实际情况，可对特大型企业的投资决策权限特别授权。

(五)本目录为2004年本。根据情况变化，将适时调整。

一、农林水利

农业：涉及开荒的项目由省级政府投资主管部门核准。水库：国际河流和跨省(区、市)河流上的水库项目由国务院投资主管部门核准，其余项目由地方政府投资主管部门核准。其他水事工程：需中央政府协调的国际河流、涉及跨省(区、市)水资源配置调整的项目由国务院投资主管部门核准，其余项目由地方政府投资主管部门核准。

二、能源

(一)电力

水电站：在主要河流上建设的项目和总装机容量25万kW及以上项目由国务院投资主管部门核

准，其余项目由地方政府投资主管部门核准。

抽水蓄能电站：由国务院投资主管部门核准。

火电站：由国务院投资主管部门核准。

热电站：燃煤项目由国务院投资主管部门核准，其余项目由地方政府投资主管部门核准。

风电站：总装机容量5万kW及以上项目由国务院投资主管部门核准，其余项目由地方政府投资主管部门核准。

核电站：由国务院核准。

电网工程：330kV及以上电压等级的电网工程由国务院投资主管部门核准，其余项目由地方政府投资主管部门核准。

（二）煤炭

煤矿：国家规划矿区内的煤炭开发项目由国务院投资主管部门核准，其余一般煤炭开发项目由地方政府投资主管部门核准。

煤炭液化：年产50万t及以上项目由国务院投资主管部门核准，其他项目由地方政府投资主管部门核准。

（三）石油、天然气

原油：年产100万t及以上的新油田开发项目由国务院投资主管部门核准，其他项目由具有石油开采权的企业自行决定，报国务院投资主管部门备案。

天然气：年产20亿m^3及以上新气田开发项目由国务院投资主管部门核准，其他项目由具有天然气开采权的企业自行决定，报国务院投资主管部门备案。

液化石油气接收、存储设施（不含油气田、炼油厂的配套项目）：由省级政府投资主管部门核准。

进口液化天然气接收、储运设施：由国务院投资主管部门核准。

国家原油存储设施：由国务院投资主管部门核准。

输油管网（不含油田集输管网）：跨省（区、市）干线管网项目由国务院投资主管部门核准。

输气管网（不含油气田集输管网）：跨省（区、市）或年输气能力5亿m^3及以上项目由国务院投资主管部门核准，其余项目由省级政府投资主管部门核准。

三、交通运输

（一）铁道

新建（含增建）铁路：跨省（区、市）或100km及以上项目由国务院投资主管部门核准，其余项目按隶属关系分别由国务院行业主管部门或省级政府投资主管部门核准。

（二）公路

公路：国道主干线、西部开发公路干线、国家高速公路网、跨省（区、市）的项目由国务院投资主管部门核准，其余项目由地方政府投资主管部门核准。

独立公路桥梁、隧道：跨境、跨海湾、跨大江大河（通航段）的项目由国务院投资主管部门核准，其余项目由地方政府投资主管部门核准。

（三）水运

煤炭、矿石、油气专用泊位：新建港区和年吞吐能力200万t及以上项目由国务院投资主管部门核准，其余项目由省级政府投资主管部门核准。

集装箱专用码头：由国务院投资主管部门核准。

内河航运：千吨级以上通航建筑物项目由国务院投资主管部门核准，其余项目由地方政府投资主管部门核准。

（四）民航

新建机场：由国务院核准。

扩建机场：总投资10亿元及以上项目由国务院投资主管部门核准，其余项目按隶属关系由国务院行业主管部门或地方政府投资主管部门核准。

扩建军民合用机场：由国务院投资主管部门会同军队有关部门核准。

四、信息产业

电信：国内干线传输网（含广播电视网）、国际电信传输电路、国际关口站、专用电信网的国际通信设施及其他涉及信息安全的电信基础设施项目由国务院投资主管部门核准。

邮政：国际关口站及其他涉及信息安全的邮政基础设施项目由国务院投资主管部门核准。

电子信息产品制造：卫星电视接收机及关键件、国家特殊规定的移动通信系统及终端等生产项目由国务院投资主管部门核准。

五、原材料

钢铁：已探明工业储量5000万t及以上规模的铁矿开发项目和新增生产能力的炼铁、炼钢、轧钢项目由国务院投资主管部门核准，其他铁矿开发项目由省级政府投资主管部门核准。

有色：新增生产能力的电解铝项目、新建氧化铝项目和总投资5亿元及以上的矿山开发项目由国务院投资主管部门核准，其他矿山开发项目由省级政府投资主管部门核准。

石化：新建炼油及扩建一次炼油项目、新建乙烯及改扩建新增能力超过年产20万t乙烯项目，由国务院投资主管部门核准。

化工原料：新建PTA、PX、MDI、TDI项目，以及PTA、PX改造能力超过年产10万t的项目，由国务院投资主管部门核准。

化肥：年产50万t及以上钾矿肥项目由国务院投资主管部门核准，其他磷、钾矿肥项目由地方政府投资主管部门核准。

水泥：除禁止类项目外，由省级政府投资主管部门核准。

稀土：矿山开发、冶炼分离和总投资1亿元及以上稀土深加工项目由国务院投资主管部门核准，其余稀土深加工项目由省级政府投资主管部门核准。

黄金：日采选矿石500t及以上项目由国务院投资主管部门核准，其他采选矿项目由省级政府投资主管部门核准。

六、机械制造

汽车：按照国务院批准的专项规定执行。

船舶：新建10万t级以上造船设施（船台、船坞）和民用船舶中、低速柴油机生产项目由国务院投资主管部门核准。

城市轨道交通：城市轨道交通车辆、信号系统和牵引传动控制系统制造项目由国务院投资主管部门核准。

七、轻工烟草

纸浆：年产10万t及以上纸浆项目由国务院投资主管部门核准，年产3.4（含）万～10（不含）万t纸浆项目由省级政府投资主管部门核准，其他纸浆项目禁止建设。

变性燃料乙醇：由国务院投资主管部门核准。

聚酯：日产300t及以上项目由国务院投资主管部门核准。

制盐：由国务院投资主管部门核准。

糖：日处理糖料1500t及以上项目由省级政府投资主管部门核准，其他糖料项目禁止建设。

烟草：卷烟、烟用二醋酸纤维素及丝束项目由国务院投资主管部门核准。

八、高新技术

民用航空航天：民用飞机（含直升机）制造、民用卫星制造、民用遥感卫星地面站建设项目由国务院投资主管部门核准。

九、城建

城市快速轨道交通：由国务院核准。

城市供水:跨省(区、市)日调水 50 万 t 及以上项目由国务院投资主管部门核准,其他城市供水项目由地方政府投资主管部门核准。

城市道路桥梁:跨越大江大河(通航段)、重要海湾的桥梁、隧道项目由国务院投资主管部门核准。

其他城建项目:由地方政府投资主管部门核准。

十、社会事业

教育、卫生、文化、广播电影电视:大学城、医学城及其他园区性建设项目由国务院投资主管部门核准。

旅游:国家重点风景名胜区、国家自然保护区、国家重点文物保护单位区域内总投资 5000 万元及以上旅游开发和资源保护设施,世界自然、文化遗产保护区内总投资 3000 万元及以上项目由国务院投资主管部门核准。

体育:F1 赛车场由国务院投资主管部门核准。

娱乐:大型主题公园由国务院核准。

其他社会事业项目:按隶属关系由国务院行业主管部门或地方政府投资主管部门核准。

十一、金融

印钞、造币、钞票纸项目由国务院投资主管部门核准。

十二、外商投资

《外商投资产业指导目录》中总投资(包括增资)1 亿美元及以上鼓励类、允许类项目由国家发展和改革委员会核准。

《外商投资产业指导目录》中总投资(包括增资)5000 万美元及以上限制类项目由国家发展和改革委员会核准。

国家规定的限额以上、限制投资和涉及配额、许可证管理的外商投资企业的设立及其变更事项;大型外商投资项目的合同、章程及法律特别规定的重大变更(增资减资、转股、合并)事项,由商务部核准。

上述项目之外的外商投资项目由地方政府按照有关法规办理核准。

十三、境外投资

中方投资 3000 万美元及以上资源开发类境外投资项目由国家发展和改革委员会核准。

中方投资用汇额 1000 万美元及以上的非资源类境外投资项目由国家发展和改革委员会核准。

上述项目之外的境外投资项目,中央管理企业投资的项目报国家发展和改革委员会、商务部备案;其他企业投资的项目由地方政府按照有关法规办理核准。

国内企业对外投资开办企业(金融企业除外)由商务部核准。

第四节 基本建设法律法规

一、法律法规的普遍意义

1. 法律法规具有明示作用

法律法规的明示作用主要是以法律条文的形式明确告知人们,什么可以做的,什么是不可以做的,哪些行为是合法的,哪些行为是非法的,违法者将要承担怎样的法律责任等。这一作用主要是通过立法和普法工作来实现的。法律所具有的明示作用是实现知法和守法的基本前提。

2. 法律法规具有预防作用

对于法律法规的预防作用,主要是通过法律法规的明示作用和执法的效力以及对违法行为进行惩治力度的大小来实现的。法律的明示作用可以使人们知晓法律而明辨是非,即在人们的日常行为中,什么是可以做的,什么是禁止的,触犯了法律应受到的法律制裁是什么,等。这样人们在日常的具体活动中,根据法律的规定来自觉地调节和控制自己的思想和行为,从而来达到有效避免违法和犯罪现象发生的目的。严格及时有效的执法也可以警示人们不违法,违法必受罚,受罚不可变通。这样可以在每一个人的心底上建立起一道坚不可摧的思想行为防线。只有这样才能做到有令必行、有禁必止。

3. 法律法规的校正作用

法律法规的校正作用也称为规范作用。这一作用主要是通过法律的强制执行力来校正社会行为中所出现的一些偏离了法律轨道的不法行为,使之回归到正常的法律轨道。

4. 法律法规的净化作用

法律法规具有扭转社会风气、洗涤人们心灵、净化社会环境的社会性效益,可以理顺、改善和稳定人们之间的社会关系,提高整个社会运行的效率和文明程度。作为一个真正的法治社会,则是一个高度秩序、高度稳定、高度效率、高度文明的社会。这也是法治的最终目的和最根本性的作用。

二、基本建设法律法规

(一)法律

我国关于基本建设的法律已经形成一个完整的体系,有关法律甚多,以下仅列举重要的部分。

1.《中华人民共和国民法通则》

《中华人民共和国民法通则》是中国对民事活动中一些共同性问题所做的法律规定,是民法体系中的一般法。1986 年 4 月 12 日由第六届全国人民代表大会第四次会议修订通过,1987 年 1 月 1 日起施行。

2.《中华人民共和国建筑法》

《中华人民共和国建筑法》经 1997 年 11 月 1 日第八届全国人大常委会第 28 次会议通过,于 1998 年 3 月 1 日起施行;后又于 2011 年 4 月 22 日第十一届全国人大常委会第 20 次会议修订,自 2011 年 7 月 1 日起施行。

3.《中华人民共和国招标投标法》

《中华人民共和国招标投标法》由中华人民共和国第九届全国人民代表大会常务委员会第十一次会议于 1999 年 8 月 30 日通过,自 2000 年 1 月 1 日起施行,是国家用来规范招标投标活动、调整在招标投标过程中产生的各种关系的法律规范的总称。

4.《中华人民共和国档案法》

《中华人民共和国档案法》于 1987 年 9 月 5 日第六届全国人民代表大会常务委员会第二十二次会议通过,1988 年 1 月 1 日起执行,后于 1996 年 7 月 5 日第八届全国人民代表大会常务委员会第二十次会议修订。

5.《中华人民共和国合同法》

《中华人民共和国合同法》是为了保护合同当事人的合法权益、维护社会经济秩序、促进社会主义现代化建设制定。由中华人民共和国第九届全国人民代表大会第二次会议于 1999 年 3 月 15 日通过,1999 年 10 月 1 日起施行。

6.《中华人民共和国政府采购法》

《中华人民共和国政府采购法》是为了规范政府采购行为、提高政府采购资金的使用效益、维护国家利益和社会公共利益、保护政府采购当事人的合法权益、促进廉政建设而制定,由中华人民共和国第九届全国人民代表大会常务委员会第二十八次会议于 2002 年 6 月 29 日通过,自 2003 年 1 月 1 日起开始施行。

7.《中华人民共和国审计法》

《中华人民共和国审计法》于 1994 年 8 月 31 日第八届全国人民代表大会常务委员会第九次会议通

过,1995 年 1 月 1 日起执行,后又于 2006 年 2 月 28 日第十届全国人民代表大会常务委员会第二十次会议修订,于 2006 年 6 月 1 日起施行。

8.《中华人民共和国安全生产法》

《中华人民共和国安全生产法》是为了加强安全生产监督管理、防止和减少生产安全事故、保障人民群众生命和财产安全、促进国民经济安全稳定发展而制定。由中华人民共和国第九届全国人民代表大会常务委员会第二十八次会议于 2002 年 6 月 29 日通过,自 2002 年 11 月 1 日起施行。后于 2014 年 8 月 31 日经第十二届全国人民代表大会常务委员会通过修订,于 2014 年 12 月 1 日起施行。

(二)行政法规

我国关于基本建设的行政法规已经形成一个完整的体系,有关法规文件很多,一由国务院和各有关部委颁布,二由各省、区、市颁布。以下列举重要部分。

1.《国务院关于投资体制改革的决定》

《国务院关于投资体制改革的决定》,2004 年 7 月国发[2004]20 号文发布。该《决定》不属于国务院行政法规,但是对于工程建设来说,有着很重要的意义,因为随同《决定》发布同时还公布了“政府核准的投资项目目录(2004 年本)”,目录中规定了国家对投资项目只核不批的项目清单,这是我们国家简政放权、减少行政审批的第一次重大改革,这项改革,于 2014 年又有了新的重大突破。

2.《工程建设若干违法违纪行为处罚办法》

《工程建设若干违法违纪行为处罚办法》于 1999 年 3 月 3 日由国家建设部、监察部(联合部令)第 68 号发布,从发布之日起执行。

3.《建设工程安全生产管理条例》

《建设工程安全生产管理条例》经 2003 年 11 月 12 日国务院第 28 次常务会议通过,2003 年 11 月 24 日第 393 号国务院令予以发布,自 2004 年 2 月 1 日起施行。

4.《建设工程质量管理条例》

《建设工程质量管理条例》经 2000 年 1 月 10 日国务院第 25 次常务会议通过,2000 年 1 月 30 日发布起施行。

5.《注册造价工程师管理规定》

《注册造价工程师管理办法》于 2006 年 12 月 11 日经建设部第 112 次常务会议讨论通过,自 2007 年 3 月 1 日起施行。

6.《公路建设市场管理办法》

《公路建设市场管理办法》于 2004 年 11 月 22 日经交通部第 36 次部务会议通过,自 2005 年 3 月 1 日起施行。

7.《公路工程竣(交)工验收办法》

《公路工程竣(交)工验收办法》于 2004 年 3 月 15 日经交通部第 6 次部务会议通过,自 2004 年 10 月 1 日起施行。

8.《公路工程质量管理办法》

《公路工程质量管理办法》(交公路发[1999]90 号),交通部 1999 年 2 月 24 日发布,从发布之日起施行。

9.《建设工程价款结算暂行办法》

《建设工程价款结算暂行办法》于 2004 年 12 月 4 日由财政部(财建[2004]369 号)文发布。为加强和规范建设工程价款结算,维护建设市场正常秩序,特制订该办法。

（三）介绍以上法律法规的目的

以上介绍的不是我国有关基本建设的全部法律法规，只是其中的一小部分。自改革开放以来随着我国经济发展，国家的法制建设逐步完善，已经形成了一套完整的法制化体系，其中有关国家基本建设的法律法规多达50部以上，这里面还不包括各省、市、区地方政府发布的地方法律和地方行政法规。管理高速公路的项目法人要时时牢固树立法治观念，要处处依法办事，用法律准绳约束项目法人行为，保证高速公路建设项目的实施在法治范围内健康推进。

三、关于《中华人民共和国审计法》

在以上诸多法律法规中，特别要提到的是《中华人民共和国审计法》（以下简称《审计法》）。该法从草拟到由全国人民代表大会常务委员会表决通过，发布实施，从1984年到1994年，先后酝酿了长达10年之久，第一部《中华人民共和国审计法》于1994年8月31日通过，1995年1月1日起施行，后又于2006年2月28日通过修订，同年6月1日起施行。通过《审计法》制定和修订过程，不难看出《审计法》的重要性和特殊性。

在比较早的一段时间里，高速公路基本建设领域里，出现了众多的腐败问题，令人触目惊心，《审计法》出台，极大地遏制了腐败现象蔓延的势头。近些年来，基本建设项目都实行了审计制度，对工程项目的审计包括两个方面：一是跟踪审计；二是事后审计。跟踪审计就是在工程项目实施过程中，随着工程施工进展，对每个正在发生的工程进展过程的经济活动都一一进行审计；事后审计就是在工程施工完成之后，对工程经济造价进行审计。前者适用于大型、敏感工程，后者适用于所有工程。

1.《审计法》的基本功能

建设工程项目的经济价值评价、招标投标文件、物资采购供应合同、施工（承包）合同、履约保证金、预留工程尾款、工程会计及工程项目会议纪要等都应是工程项目审计的构成要件。审计工作对保证我国经济建设正常进行，防止和惩治腐败具有不可替代的功效。近年来通过审计所发现的腐败事件不胜枚举。

2.跟踪审计内容

建设工程项目跟踪审计的内容主要包括以下几个方面：

（1）项目前期主要关注项目决策情况及基本资料是否合规。具体而言，主要审查项目建设是否符合政策、规划要求，确认项目建议书、项目可行性研究及设计概算等是否已获有关部门的批准，并索取相应的文件资料，包括项目建议书、可行性研究报告、初步设计及审批文件等，作为审计报告建设依据、投资总额的基本资料。

（2）项目招投标阶段主要检查勘察设计、施工、监理和材料设备采购等是否实行招投标制度，有无搞虚假招标，检查投标是否合规，有无借用资质或挂靠合格资质单位投标情况，有无围标和哄抬标价等现象，定额的套用是否正确，取费标准是否合理，计算程序是否合规，检查招标文件是否符合有关法规要求，评标办法是否科学合理，评标工作是否严谨细致和公平、公正。

（3）项目施工阶段主要关注对建设项目有重大影响的经济活动，如"三通一平"、基础开挖、建设资金的计量支付、设备和材料采购、隐蔽工程、重大设计变更等。审查勘察、设计工作质量是否符合要求，有无勘察设计不准确和设计深度不够，及因此引起设计变更、返工、随意施工等问题，工期、质量是否符合有关定额、标准、合同及项目批准文件的有关规定和要求。

（4）项目竣工阶段主要关注项目竣工结算。审查建设成本是否真实，工程量计算是否准确，建设资金是否按用途使用，有无挤占挪用建设资金的现象，有无采购质次价高的材料设备，工程结算有无高估冒算行为，工程有无通过相关部门验收。

第二章　高速公路建设项目法人

高速公路项目建设推行项目法人制度、招标投标制度、施工监理制度，是适应社会主义市场经济发展、转换基本建设项目建设经营体制、实现我国建设管理模式与国际接轨、基本建设全面走向规范化与正规化的重大举措。在这三项制度改革中，项目法人制度是核心，其他两项制度均是通过项目法人制度来体现和保证的。在公路项目建设中，尤其是在高速公路项目建设中，推行项目法人制度是我国公路工程建设项目体制改革成果的必然体现，是保证公路工程建设项目顺利开展的关键，对推动我国公路基本建设的快速发展起着决定性的作用。

第一节　法人成立的基本条件

一、法人基本概念

1. 法人的概念

什么是法人？“法人”一词是由英语 Legal Person 翻译而来，是指法律上具有人格的组织。《中华人民共和国民法通则》（中华人民共和国主席令第 37 号）第 36 条规定：“法人是具有民事权利能力和民事行为能力，依法独立享有民事权利和承担民事义务的组织”。它就像自然人一样享有法律上的权利与义务。但法人不是人，是一种社会组织，是一种集合体，是由法律赋予法律人格的组织集合体。法人是社会组织在法律上的人格化，是法律意义上的“人”，而不是实实在在的生命体。为了便于理解和记忆，我们将法人统一定义为：法人是依法成立的具有民事权利能力和民事行为能力的，依法独立享有民事权利和承担民事义务的组织。简言之，法人就是具有民事权利、承担民事义务的社会组织主体。

2. 法人的特征

法人作为民事法律关系的主体，是与自然从相对应的另外意义的法律人，它具有如下特征：

（1）法人不具有自然属性

自然人是基于规律而出生与生存的人，具有一定国籍的自然人称为该国的公民。自然人生老病死依照自然规律进行，具有不可回避的自然属性。但是法人不是人，是一种社会组织，是社会组织在法律上的人格化，是某种法律意义的“人”，所以称为“法人”。它不是实实在在的生命体，它依法产生、依法消亡，可以像自然人一样参加民事法律活动、享有民事权利、承担民事义务的社会组织。法人不具有自然属性。

（2）法人享有民事权利能力和具有承担民事义务能力

自然人在民事法律关系中，享有民事权利并承担民事义务，这称为自然人的民事行为能力。法人作为一种社会组织，也能够参与民事法律活动，也享有民事权利和承担民事义务，与自然人一样具有民事行为能力。不过法人是用组织的名义出现在民事法律活动中，是以其组织的名称和行为来参与民法法律活动，用法人的组织体现法人享有民事权利和承担民事义务的资格。虽然自然人和法人都是民事法律主体，但是法人是一个集合的民事法律主体，是一些自然人的集合体。对比之下与之不同的是，自然人则是以单个人本身来作为民事法律主体。

（3）法人具有独立的财产

法人之所以具有享有民事权利的能力和具有承担民事义务的能力，就是因为它具有独立支配的财产。这是它参与其民事法律活动、享有民事权利和承担民事义务的基础。

(4)法人能独立承担民事责任

国家行政机关批准法人成立,这就意味着国家承认了一个民事法律主体的产生和存在,这个法律主体就可以享有各种民事权利,也必须承担各种民事义务。

二、法定代表人和法人代表

"法定代表人"和"法人代表"是两个不同的法律概念,法定代表人是一个独立的法律概念,法人代表是一个非独立的法律概念。但在实际生活中常把这两个概念混淆。

1.法定代表人的法律概念

《中华人民共和国民法通则》(中华人民共和国主席令第37号)第38条规定:"依照法律或法人规章制度规定,代表法人行使法人职权的负责人,是法人的法定代表人"。

"法定代表人"是依法代表法人行使民事权利、履行民事义务的主要负责人。他在法人成立时依照一定的法律程序被确定并不得随意变更,是法人的唯一代表人。法定代表人的行为可以被认为是法人的行为,其行为所产生的一切法律权利和义务均由其所代表的法人享有和承担。在日常口语中也经常把法定代表人直接称为"法人代表",实际上这种称法是不严谨的。

2.法人代表的法律概念

"法人代表"是在法人内部担任某种职务,由法定代表人授权对外代表法人行使民事权利、承担民事义务的人。法人代表不是唯一的,法人在行使不同的民事权利时,可以由法人的法定代表人同时授权多个法人代表。

前面已经提到,法人代表不是一个独立的法律概念,之所以说它不是独立的,就是因为法人代表必须是由法定代表人授权而产生,没有法定代表人的授权就不能产生法人代表。法人代表受其授权范围的限制,只能在法定代表人的授权范围内代表法人对外进行民事活动,他的行为不是法人本身的行为,但是,在授权范围内的行为对法人直接产生法律效力。法人代表的产生不需要一定的程序,也不需要登记,行使完授权后自动消失。

3.法定代表人和法人代表的区别

(1)法定代表人和法人代表概念不同

法定代表人和法人代表是完全不相同的两个法律概念。法定代表人是一个确定的法律概念,在法人成立时就已经产生,是代表法人行使职权的负责人,一般都是法人组织的正职负责人,在没有正职负责人的情况下,也可以是法人组织的第一副职负责人,但任何时候都只能是唯一的。

而法人代表却是一个不确定的法律概念,他是根据法人的内部规定,由法定代表人指定委派和授权的、代表法人对外依法行使民事权利和承担民事义务的人。这个人是不确定的,可以是法人组织内部担任某种职务的任何一个人,法人代表同时可以有多个。

(2)法定代表人和法人代表产生的方式不同

法定代表人在法人成立时依法产生的,是由上级依法任命的,或是由法人组织的权力机构依照一定的法律程序推选产生的。

而法人代表则是由法定代表人授权产生的,没有法定代表人的授权,就不能产生法人代表。

(3)法定代表人和法人代表两者发生变更时法律程序不同

法定代表人是法人成立时必须依法登记确定的,是法律规定的法人成立必须履行的程序,如有变更时则应该及时办理变更登记手续,新的法定代表人依法登记产生,旧的法定代表人同时注销。

而法人代表的变更没有规定的程序,不需要登记。在代表法人对外行使授权范围内的法人民事权利和承担法人民事义务完成之后自动注销。

(4)法定代表人和法人代表两者权限不同

法定代表人在法律规定范围内,直接代表法人行使民事权利和承担民事义务,法定代表人的行为可以被认为是法人的行为，其行为所产生的一切法律权利和义务均由其所代表的法人享有和承担。

法人代表对外行使民事权利和承担民事义务时，都要受到法定代表人授权的限制。法人代表的行为不是法人本身的行为，只有在授权范围内的行为才对法人直接产生法律效力。

三、法人制度及法人分类

1. 世界各国法人制度

法人制度是世界各国规范经济秩序以及整个社会秩序的一项重要法律制度。各国法人制度具有共同的特征，但其内容不尽相同。不同的法人形成了不同的法人理论，法人制度理论成为世界各国建立和完善法人制度、规范经济秩序以及整个社会秩序的理论基础。

2. 我国法人制度

我国建立法人制度相对比较晚，法人理论研究工作滞后。新中国成立后，分别在 20 世纪 50 年代、60 年代、70 年代末 80 年代初起草过民法典，但是都没有成功。在计划经济体制下，整个社会经济秩序依靠行政手段和指令性计划来维持，缺乏法人制度存在和发挥作用的社会环境。直到 1986 年颁布、1987 年施行的《中华人民共和国民法通则》对法人作了专章规定以后，才开始建立法人制度。这种传统法人制度理论是对《民法通则》确立法人制度的反映，对于依法建立法人制度、规范经济秩序以及整个社会秩序起到了积极指导作用。

3. 法人分类

(1)法人类型

我国法学理论界一致认为，根据法人的设立宗旨和活动性质，将我国法人分为三大类型：一是企业法人；二是国家机关、事业单位法人；三是社会团体法人。

(2)民营企业属于企业法人

随着中国经济体制改革的不断深入，民营经济得到快速发展，新型经济组织大量涌现。民办的从事营利性生产经营活动的社会组织被称为“民营企业”，同国有企业一样由工商管理行政部门进行登记管理，纳入了企业法人管理体系。

(3)民办或民间社会组织的法人性质

民办的从事非营利性社会服务活动的社会组织，如同学会、同乡会，归侨协会、非营利民办学校、非营利民办医院、非营利民间文娱体育组织等，属于哪一类法人？如何进行管理？传统法人制度理论不能做出正确地回答，现有《中华人民共和国民法通则》也不能予以界定。

1998 年 3 月中国立法机关决定恢复民法典的起草工作，2002 年 12 月 23 日在第九届全国人民代表大会常务委员会第三十一次会议上，新中国的第一部民法典首次提请最高国家立法机关审议，指出“民法通则将法人分为企业法人、国家机关法人、事业单位法人和社会团体法人。现在社会中介组织越来越多，民办、合资办学校、医院等日益增加，很难归入民法通则划分的四类法人。有关民事主体以及法人分类，如何规定为好，需要进一步研究。”

四、法人成立的基本条件

1. 法人和自然人的区别

(1)法人不具有自然属性

法人是社会组织在法律上的人格化，是法律意义上的“人”，而不是实实在在的生命体，其依法产生、消亡。自然人是基于自然规律出生、生存的人，具有一定国籍的自然人称为该国的公民。自然人的生老病死依自然规律进行，具有自然属性，而法人不具有这一属性。

(2)法人是集合民事体

虽然法人、自然人都是民事主体,但法人是集合的民事主体,即法人是一些自然人的集合体。如大多数国家的公司法都规定,公司法人必须由两人以上的股东组成,但在中国根据《中华人民共和国公司法》(2013 修订)允许设立一人有限责任公司。对比之下,自然人则是以个人本身作为民事主体的。

2. 法人成立的条件

法人的民事权利能力,民事行为能力与自然人也有所不同。根据《中华人民共和国民法通则》第 37 条规定,法人必须同时具备 4 个条件,缺一不可。

(1)依法成立

依法成立是指依照法律规定而成立。首先,法人组织的设立要合法,其设立的目的、宗旨要符合国家和社会公共利益的要求,其组织机构、设立方案、经营范围、经营方式等要符合法律的要求;其次,法人的成立程序要符合法律、法规的规定。

(2)有必要的财产和经费

法人作为独立的民事主体,要独立进行各种民事活动,独立承担民事活动的后果。因此,法人应有必要的财产或者经费,否则,法人无法进行各种民事活动。所谓必要的财产或者经费是指法人的财产或者经费应与法人的性质、规模等相适应。中国一些法律法规对有关法人的财产或者经费要求作了规定。如《中华人民共和国商业银行法》第 13 条规定:设立商业银行的注册资本最低限额为 10 亿元人民币;城市合作商业银行的注册资本最低限额为 1 亿元人民币;农村合作商业银行的注册资本最低限额为 5000 万元人民币。必要的财产或者经费是法人生存和发展的基础,也是法人独立承担民事责任的物质基础。因此,法人具备必要的财产或者经费是法人应具备的最重要的基础条件。

(3)有自己的名称、组织机构和场所

法人应该有自己的名称,通过名称的确定使自己与其他法人相区别。《企业名称登记管理规定》对企业名称的组成、适用等作了规定。根据该规定,企业的名称应依次由字号、行业或者经营特点、组织形式组成,并在企业名称前冠以企业所在地省或者市或者县行政区划名称。企业名称应当使用文字,民族自治地方的企业名称可以同时适用本民族自治地方通用的民族文字。企业使用外文名称的,其外文名称应当于中文名称相一致,并报登记主管机关登记注册。可见,企业名称不是可随便确定而使用的。作为机关法人、事业单位法人、社会团体法人等非企业法人的名称,应与其活动范围、活动内容等相适应。这类非企业法人的名称,有的是国家直接命名而无须工商登记,如国家机关法人名称;有的则应根据活动性质命名,并依法进行登记,如社会团体法人依法由民政部门登记。总之,每一个法人都应有自己的名称。名称不允许随意变更。

法人是社会组织,法人的意思表示必须依法由法人组织机构来完成,每一个法人都应该有自己的组织机构,如股份有限公司法人的组织机构依法应由 3 部分组成:权力机构——股东大会;执行机构——董事会;监督机构——监事会。3 个机构有机的构成公司法人的组织机构,代表公司进行相应的活动。如果没有组织机构,就不能够成为法人。机构如有变动可不需申报变更。

法人应有自己的场所。作为法人的场所,可以是自己所有的,也可以是租赁他人的。法人的场所可以是一个,也可以是多个。《民法通则》规定自己的场所是法人应具备的条件,主要是为了交易安全和便于国家主管机关监督。场所如有变动,则须进行变更登记。

(4)有法人章程

设立中的法人还需满足法律规定的其他条件。如《中华人民共和国公司法》第 11 条规定,设立公司必须依照公司法制定公司章程。再如《社会团体登记管理条例》第 11 条规定,申请成立社会团体,应当向登记管理机关提交社会团体的章程草案。

3. 法人变更原则

法人的变更,是指法人成立后,其组织、名称、住所、经营范围等重要事项发生的变化,这些事项的变更,可依法人意思自主决定,法人只要作相应的变更登记,即可发生变更效力。但是,企业法人的分立或合并,因涉及法人与相对交易人的债权债务关系,为了维护交易秩序和相对人的信赖利益,法律对分立或合并后法人的债权债务移转,作了强制性规定。民法通则第44条第1款规定,企业法人分立、合并或者有其他重要事项变更,应当向登记机关办理登记并公告。

第二节　高速公路项目法人组建规定

随着我国市场经济发展不断深入完善,各种垄断行业不断被打破,公路建设市场同样已经不再是交通部门一统天下。公路建设市场的开放,各种社会力量和社会资本的准入为公路建设的发展带来了一片欣欣向荣的春天,使公路建设得到了前所未有的快速发展。改革的浪潮为公路建设提出了一系列的新问题和新挑战。首先遇到的一个突出问题就是"准入问题"。"高速公路项目法人"应运而生。但是,一哄而起,蜂拥而入,必定会乱象丛生,所以必须制订有关高速公路项目法人和法人准入的市场规则。

一、市场准入一般规定

2000年8月28日,交通部〔2000〕6号令对公路建设的准入做出了明确规定。

为了维护公路建设市场秩序,规范公路建设市场行为,确保公路工程质量,根据《中华人民共和国公路法》、《建设工程质量管理条例》和国家有关法律、法规做出的有关规定,凡进入公路建设市场的项目法人和从业单位必须符合下列准入规定:

(1)具备项目法人资格

项目法人是指依法组建、享有公路项目建设管理权利,承担相应义务和责任的法人。可分为公益性公路建设项目法人和经营性公路建设项目法人。

(2)具备从业单位资格

从业单位是指从事公路勘察设计、咨询、施工、监理、试验检测业务的单位及提供相关服务的社会中介机构。

(3)通过资格审查

公路建设市场准入是指对项目法人的资格审查和对从业单位的资信登记。

资格审查是指政府交通主管部门对进入公路建设市场的项目法人的机构设置、人员配备和管理能力的审核确认。

资信登记是指政府交通主管部门对进入公路建设市场的从业单位的资历、能力和信誉的审核确认。

(4)审查单位及权限

①交通运输部主管全国公路建设市场准入管理工作,对各省、自治区、直辖市公路建设市场准入规定执行情况进行监督检查。

②省级交通主管部门主管本行政区域内公路建设市场准入管理工作,对省内各地(市)、县公路建设市场准入规定执行情况进行监督检查。

③各级政府交通运输主管部门依法对公路建设市场进行监督管理,维护公路建设市场的统一开放、竞争有序,禁止地区分割和行业保护。

(5)审查通过

通过资格审查的项目法人,可独立享有批准的公路建设项目管理权利,对建设项目质量、投资和工期负责。

通过资信登记的从业单位,依据核定的资信登记等级和经营范围,可在全国范围内参加相应公路工程建设活动。

公路建设市场的资格审查和资信登记工作应当遵循公平、公正、客观的原则。项目法人和从业单位进入公路建设市场,应当遵守国家法律、法规,诚实信用,注重质量。

二、公路项目法人成立的基本条件

为加强对公路建设项目法人的资格管理，规范项目管理行为，提高项目管理水平，根据《公路建设市场准入规定》，公路建设项目法人分甲、乙两个等级。成立的条件应符合以下一些规定。

1. 甲级公路建设项目法人

(1)甲级公路建设项目法人经营范围

甲级公路建设项目法人能承担各级公路(含各类桥梁和隧道)工程的项目管理，负责项目筹划、资金筹措和建设实施。对经营性公路，项目法人还应负责项目的运营管理、债务偿还和资产管理。

(2)甲级公路建设项目法人的资格标准

①具有项目法人成立的批准文件，法定代表人的任职文件。

②具有拟建工程项目的工程可行性研究报告的批复文件。

③对经营性公路，项目法人应具有工商行政管理部门颁发的《企业法人营业执照》；对公益性公路，项目法人应具有事业单位登记管理机关颁发的《事业单位法人证书》。

④公路建设项目资金来源已经落实。

⑤负责项目管理的机构和人员必须具备以下条件：

a. 机构内设有计划、工程、财务等主要职能管理部门，部门职责分工明确，管理制度完善。

b. 项目负责人具有高级职称，熟悉国家有关工程建设的法律法规，政治素质好，业务水平高，具有丰富的工程管理经验，担任过1项以上一级公路以上或特大桥工程项目或2项以上二级公路以上工程项目负责人。

c. 技术负责人具有公路工程专业高级职称，担任过1项以上一级公路以上或特大桥工程项目或2项以上二级公路以上工程项目的技术负责人；财务负责人具有中级以上会计职称。对经营性公路，项目法人还应具有中级以上职称的工程经济负责人。

d. 具有公路工程专业中级以上职称的工程技术人员10人以上，初级以上会计职称的财务管理人员3人以上。对经营性公路，项目法人还应具有初级以上职称的工程经济管理人员2人以上。

2. 乙级公路建设项目法人

(1)乙级公路建设项目法人经营范围

乙级公路建设项目法人能承担二级公路及以下(含大桥和长隧道工程)的项目管理，负责项目筹划、资金筹措和建设实施。对经营性公路，项目法人还应负责项目的运营管理、债务偿还和资产管理。

(2)乙级公路建设项目法人的资格标准

①具有项目法人成立的批准文件，法定代表人的任职文件。

②具有拟建工程项目的工程可行性研究报告的批复文件。

③对经营性公路，项目法人应具有工商行政管理部门颁发的《企业法人营业执照》；对公益性公路，项目法人应具有事业单位登记管理机关颁发的《事业单位法人证书》。

④公路建设项目资金来源已经落实。

⑤负责项目管理的机构和人员必须具备以下条件：

a. 机构内设有计划、工程、财务等主要职能管理部门，部门职责分工明确，管理制度完善。

b. 项目负责人具有中级以上职称，熟悉国家有关工程建设法律法规，政治素质好，业务水平高，具有较丰富的工程管理经验，担任过1项以上公路工程项目的负责人。

c. 技术负责人具有公路工程专业中级以上职称，担任过1项以上公路工程项目的技术负责人，财务负责人具有中级以上会计职称。对经营性公路，项目法人还应具有中级以上职称的工程经济负责人。

d. 具有公路工程专业中级以上职称的工程技术人员5人以上，初级以上会计职称的财务管理人员2人以上。对经营性公路，项目法人还应具有初级以上职称的工程经济管理人员1人以上。

三、公路市场准入条件

为了维护公路建设市场的正常秩序，就需要建立市场准入的条件，有条件的准入才能保证市场的健康发展。

1. 项目法人准入条件

公路建设项目法人必须通过资格审查后方可进入公路建设市场。申请资格审查必须具备以下条件：

(1)法人资格。

(2)与拟建工程规模相适应的组织、技术、财务管理人员和相应机构。

(3)对项目筹划、资金筹措、建设实施负责的能力；经营性公路建设项目法人还应具有运营管理、债务偿还和资产管理全过程负责的能力。

(4)公路建设项目法人如委托具有相应资格的单位进行建设管理，必须按项目管理权限报交通运输主管部门核备。

(5)经营性公路建设项目法人应当依法设立有限责任公司或股份有限公司。

2. 公路建设从业单位准入

公路建设从业单位必须通过资信登记后方可进入公路建设市场。申请资信登记必须具备以下条件：

(1)从事公路工程业务的营业执照。

(2)相应等级的公路工程资质证书。

(3)近 5 年从事公路建设活动的业绩、人员、设备、资金、信誉等方面的评价和证明。

3. 其他规定

(1)对项目法人的其他规定

项目法人资格审查和从业单位资信登记的标准由交通运输部另行制定。

(2)对从业单位的其他规定

勘察设计单位的资信登记等级分为甲、乙、丙、丁级；咨询单位、招标代理机构和监理、试验检测单位的资信登记等级分为甲、乙、丙级；公路工程施工单位资信登记等级分为一、二、三、四级。

四、准入审批程序

1. 项目法人审批程序

(1)项目法人的资格审查和从业单位的资信登记，由交通运输部和省级交通运输主管部门按分级管理的原则审批。

(2)国道主干线项目和国家、部重点公路建设项目的项目法人的资格审查，由交通运输部负责；其他公路建设项目的项目法人的资格审查，由省级交通运输主管部门负责。

(3)项目法人的资格审查申请，应在可行性研究报告批准后，初步设计批准前，按项目管理权限报交通运输主管部门审批。交通运输主管部门应在收到资格审查申请 30 日内予以批复。

(4)申请进入公路建设市场的项目法人，应当填写《公路工程项目法人资格审查申报表》一式三份。

2. 从业单位审批程序

(1)甲、乙级勘察设计单位和咨询、监理单位，甲级试验检测单位和招标代理机构，一级公路工程施工单位的资信登记，由企业注册地或所在地省级交通运输主管部门进行初审，报交通运输部审核登记。其他等级从业单位的资信登记，由企业注册地或所在地省级交通运输主管部门审核登记，登记结果报交通运输部备案。

(2)从业单位由交通运输部进行资信登记的，每年3～5月为申报时间，6月为审查登记时间；由省级交通运输主管部门进行资信登记的，申报时间以及审查登记时间由省级交通运输主管部门自行确定。

(3)申请进入公路建设市场的从业单位，应当填写《公路工程建设从业单位资信登记申报表》一式三份，并提供相关文件。

注：《公路工程项目法人资格审查申报表》和《公路工程建设从业单位资信登记申报表》格式由交通运输部统一制定。

第三节　高速公路项目法人工作职责

依照“精干、统一、高效”的组织原则，一般工程建设指挥部会设置以下部门：综合管理部、工程管理部、质量技术部、安全管理部、计划合同部、征迁协调部、财务管理部、纪检监察室。同时，根据交通部《公路工程施工监理规范》(JTG G10—2006)要求，指挥部还应成立总监理工程师办公室，与指挥部一门两牌，合署办公。

一、项目法人各部门工作职责

以指挥部名义出现的高速公路建设项目法人，根据职能的需要，大都会在指挥部设置多个部门，一般设置的部门有：综合管理部(有时又称为综合办公室)，总监理工程师办公室(简称总监办)，质量技术管理部，安全环保管理部，计划合同管理部，征迁协调管理部，财务管理部，纪检监察室等部门。为了分工明确，责任落实，在指挥部成立之后，首先的工作除了制订指挥部各种管理办法及制度以外，制订各个部门的工作职责也是一项非常重要的工作。

1.综合管理部工作职责

(1)负责综合文件的收发，督办行政文件起草、印发。

(2)负责各类档案的收集、归纳、整理、保管。

(3)负责会议活动的组织筹备、接待。

(4)负责督办、检查指挥部的决定、决议的布置执行。

(5)负责宣传报道和精神文明建设。

(6)负责党、团、工会工作协调和劳动人事工作。

(7)负责信息资料收集、整理、保管、归档。

(8)负责往来接待和一般来信、来访受理。

(9)负责后勤生活保障、食堂和车辆管理工作。

(10)负责环境卫生和职工健康体检和职业病防治管理。

(11)负责办公用品及后勤保障物品的采购、管理、发放。

(12)负责指挥部行政印章管理。

(13)完成指挥部领导交办的其他工作。

2.总监理工程师办公室工作职责

(1)对项目工程的质量监督负总责。

(2)制订项目工程监理计划，建立健全项目质保安保体系。

(3)负责审批各监理驻地办监理计划、监理细则，并监督执行。

(4)负责对各驻地办监理工作进行领导、指导、监督、检查。

(5)负责对监理驻地办开展监理业务培训和考核。

(6)负责审查各监理驻地办上报的承包人报告、报表。

(7)协助新工艺、新材料、新技术、新设备推广、应用。

(8)负责审查签署各施工项目部施工组织设计和专项方案。

(9)负责组织各项目部工程项的交、竣工验收。
(10)配合负责项目安全、环保、施工协调管理。
(11)负责工程质量事故的调查,并提出处理意见。
(12)完成指挥部领导交办的其他工作。

3.质量技术管理部工作职责

(1)直接为项目工程的质量和技术负总责。
(2)制订项目工程质量管理制度,并组织贯彻落实。
(3)配合计划合同部负责进行工程变更管理。
(4)配合计划合同部负责工程中间交工计量审核。
(5)对监理驻地办的技术质量管理工作进行督促、检查、考核。
(6)对各施工项目部的技术质量管理工作进行督促、检查、考核。
(7)负责新工艺、新材料、新技术、新设备推广、应用与总结。
(8)负责各施工单位施工组织设计、施工专项施工方案审查。
(9)负责项目工程总结并组织交工验收检查。
(10)管生产必须管安全,配合安全部做好施工安全管理。
(11)组织开展工程技术总结交流和技术培训。
(12)负责工程质量事故调查,提出处理意见。
(13)经常深入工地巡回检查施工现场。
(14)完成指挥部领导交办的其他工作。

4.安全环保管理部工作职责

(1)贯彻国家安全生产、环境保护方针、政策、法律与法规。
(2)制订建设项目的安全生产、环境保护工作目标、计划、措施,并贯彻执行。
(3)制订建设项目的安全生产、环境保护管理制度、规定、办法,并贯彻执行。
(4)负责建设项目的安全生产、环境保护工作宣传、教育和全面管理。
(5)负责指导、检查、考核、监督各参建单位安全管理工作。
(6)负责项目环境治安管理,协调处理项目内、外各类矛盾事件。
(7)组织安全月检、年检、突击检,并定期做好安全总结汇报。
(8)负责组织安全生产、环境保护检查、隐患排查、风险评估等工作。
(9)负责安全事故的调查,并提出处理意见和落实处理。
(10)负责督促参建单位编制专项安全方案,审核并落实执行。
(11)负责督促参建单位编制应急预案,并审核和监督演练。
(12)负责安全事故统计工作,定期发布安全生产信息。
(13)管理安全生产、环境保护生产费的使用和支付情况。
(14)完成指挥部领导交办的其他工作。

5.计划合同管理部工作职责

(1)贯彻国家、部委有关工程计划、合同法律、法规及地方规定。
(2)负责制订项目招标工作计划,负责工程招、投标工作管理。
(3)负责与中标单位合同谈判,组织承包合同签署工作。
(4)负责编制审查工程总体进度计划及阶段性进度计划。
(5)负责检查各参建单位履约情况,对违约提出处理意见。
(6)负责审核各参建单位工作计划,并监督、检查落实执行。
(7)组织处理合同变更、工程延期、索赔、工程分包等。

(8)负责审查和办理工程计量支付和结算。

(9)负责报送工程统计报表,并发布进度报告。

(10)参与项目工程交、竣工验收。

(11)完成指挥部领导交办的其他工作。

6. 征迁协调管理部工作职责

(1)贯彻执行国家征地、拆迁、安置政策,不得侵犯群众利益。

(2)负责拟定拆迁方案,组织落实征地拆迁方案。

(3)编制征地、拆迁、安置统计报表,并办理报送审批手续。

(4)负责征迁资金计划管理、核定,督促并拨付。

(5)负责处理征地拆迁中发生的所有牵连事情。

(6)负责协调施工环境,为工程实施扫清阻力。

(7)负责协调处理各参建单位之间的相互合作与协调。

(8)负责处理项目内外各种工作纠纷,调解内外矛盾。

(9)协助参与项目安全、环保管理和环境治安管理。

(10)参与项目工程交工、竣工验收。

(11)完成指挥部领导交办的其他工作。

7. 财务管理部工作职责

(1)贯彻执行国家财会法律、法规和地方财经管理规定。

(2)自觉遵守会计制度、财经纪律,坚决抵制非法财务开支。

(3)负责制订指挥部财务管理制度、财务管理办法。

(4)负责制订项目投资计划、财务计划,编制财务报表。

(5)负责项目指挥部财务管理、会计核算,处理日常财会事务。

(6)积极筹措项目建设资金,保证流动资金周转。

(7)负责各种资金的分类管理,保证专款专用,不挪用不混用。

(8)审核各参建单位的计量支付报表,按规定办理支付手续。

(9)检查、指导、监督对建单位的财务工作。

(10)参与工程交、竣工验收,做好项目结算、核算、决算。

(11)配合审计部门做好项目投资审计。

(12)完成指挥部领导交办的其他工作。

8. 纪检监察室工作职责

(1)贯彻执行党和国家廉政法律、法规,负责指挥部廉政建设。

(2)负责制订指挥部各项规章制度、廉政纪律,并监督落实执行。

(3)负责指挥部党风廉政宣传教育,法律、法治宣传教育。

(4)负责对工程招标、征迁、采购等重点环节实施过程监督。

(5)监督指挥部各种资金使用流向,防止财经管理漏洞。

(6)建立廉政责任制,主持签订各有关廉政合同,并督促执行。

(7)开展指挥部和各参建单位廉政建设明察暗访,严肃政纪党风。

(8)指导、检查、监督各参建单位的廉政监察工作。

(9)配合审计部门做好项目投资审计。

(10)接待信访、来访、举报,调查违法违纪问题并提出处理意见。

(11)完成指挥部领导交办的其他工作。

9. 中心试验室工作职责

(1)遵守国家、部委有关工程技术标准、规程、规范和地方规定。

(2)制订项目质量管理规定、试验检测规定,并落实执行。

(3)制订中心试验室管理办法,报指挥部审批后落实执行。

(4)代表指挥部进行工程质量检查,做到公平、公正、真实。

(5)负责指导、检查、督促、监督各施工项目部工地试验室工作。

(6)负责各施工单位分项、分部工程验收的试验检测工作。

(7)规范整理试验检测资料,及时完成整理试验检测竣工资料。

(8)参与处理工程质量事故,准确提供检查数据。

(9)参与工程交工竣工验收,完成交工竣工验收检测。

(10)完成指挥部领导和有关部门交办的其他工作。

二、指挥部领导成员工作职责

党的方针政策落实,各项工作任务的完成,领导干部是关键。领导班子风气正,作风硬,工作雷厉风行,有条不紊,互相之间不推诿、不扯皮,各职务工作职责明确是关键。因此,高速公路项目建设指挥部建章立制中一项很重要的工作是制订指挥部领导干部工作职责。

1. 总指挥长工作职责

(1)贯彻执行党和国家有关方针、政策、法律法规,领导项目依法建设。

(2)贯彻执行工程建设的标准、规范、规程,领导项目科学建设。

(3)行使和履行法定代表人职权、义务,是项目建设的第一责任人。

(4)负责主持制订指挥部工作规划、管理办法、规章制度并组织贯彻。

(5)决定指挥部生产管理的重大事项,推进建设项目改革创新。

(6)审核批准建设项目质量保障体系,对项目工程质量负领导责任。

(7)审核批准建设项目安保体系,对项目工程安全负领导责任。

(8)决定指挥部干部任用或聘用,审查批准指挥部人力资源调配。

(9)对指挥部财务实行一支笔管理,批准指挥部所有重要财务决定。

(10)对指挥部上级和横向实行一个口径管理,实行一个口径对外。

(11)审核、批准并最后签发指挥部所有公事文件。

(12)接受纪检部门和群众监督,定期向指挥部职工大会报告工作。

(13)做好指挥部干部间的团结协调,形成指挥部工作合力。

(14)支持工、青、妇等群众组织开展工作。

2. 党委书记工作职责

(1)贯彻执行党和国家方针政策,执行上级党指示决定。

(2)制订项目建设指挥部的党建工作,制订党建计划并实施。

(3)负责各个时期党的中心工作在指挥部开展、完成。

(4)执行民主集中制,加强指挥部领导班子工作作风建设。

(5)负责基层党组织项目建设中发挥政治核心和战斗堡垒作用。

(6)教育党员在项目建设中发挥先锋模范作用。

(7)加强职工思想教育,树立社会主义核心价值观。

(8)负责党风廉政建设,加强党风监督,经常开展党纪检查。

(9)参与指挥部重大问题研究决策,支持行政领导依法履行职权。

(10)加强对工、青、妇组织领导,支持群众组织正常开展工作。

(11)完成上级党委交办的其他工作。

3.总监理工程师工作职责

(1)全面负责总监办的工作,执行国家方针政策,落实监理规范。
(2)负责项目质量安保工作,是项目质量安保第一技术责任人。
(3)负责各监理驻地办的工作,并经常进行指导、检查、监督。
(4)负责处理项目建设质量问题和质量事故,并确定处理方案。
(5)审查批准项目建设所有技术文件,签发总开、停工令,变更令。
(6)负责监理技术培训,组织监理业绩考核,查处监理违纪事件。
(7)审查批准专项施工方案,必要时组织专家会议进行评审。
(8)组织研究项目建设重要技术问题,审查确定重大技术方案。
(9)负责组织项目施工定期和不定期质量、安全检查。
(10)负责组织开展新材料、新工艺、新技术、新设备推广应用。
(11)组织主持或协助主持项目建设交工、竣工验收。
(12)完成上级和总指挥长交办的其他工作。

4.安全副指挥长工作职责

(1)协助总指挥长开展全面工作。
(2)主管项目安全和环保工作,对项目安全环保负直接领导责任。
(3)负责制订并组织实施项目安全环保工作方针、目标、计划。
(4)负责组织开展定期、不定期安全检查和安全隐患排查。
(5)主持安全事故调查,确定安全事故处理意见。
(6)组织开展安全教育和专门安全培训。
(7)审查批准各施工项目部安全专项方案,必要时组织专家评审。
(8)完成总经理交办的其他工作。

5.生产副指挥长工作职责

(1)协助总指挥长开展全面工作。
(2)主管项目建设实施,是质量安全领导责任人之一。
(3)负责制订项目建设工作计划,并组织实施。
(4)组织制订项目建设质量、成本、进度控制措施并实施。
(5)组织编制项目实施总生产计划、年度生产计划并实施。
(6)负责对各施工项目部开展质量、进度检查、监督管理。
(7)组织对工程质量事故进行调查处理,确定处理方案。
(8)负责施工项目的成本控制,主持组织各施工项目的成本核算。
(9)协助做好项目安全管理,对工程安全负间接领导责任。
(10)主持或协助主持项目工程交、竣工验收。
(11)完成总指挥长交办的其他工作。

6.行政副指挥长工作职责

(1)协助总指挥长开展全面工作。
(2)在总经理领导下,主管公司行政事务工作。
(3)负责组织分管部门制订工作目标、工作计划。
(4)负责对分管工作进行布置、安排、落实。
(5)负责对分管工作进行督促、检查、总结。
(6)组织卫生文明、劳动保护、职工健康定期检查。

(7)负责沟通指挥部各部门工作关系，做好协调配合。

(8)完成总指挥长交办的其他工作。

7. 总会计师工作职责

(1)主管指挥部财务工作，直接对总指挥长负责。

(2)贯彻执行国家财会法律法规，带头执行财经纪律。

(3)负责制订财务信贷计划，拟订资金筹措使用方案。

(4)主持制订指挥部财务管理制度、办法，并贯彻执行。

(5)负责对分管工作进行布置、安排、检查、总结。

(6)负责指挥部财务管理部门开展日常财务工作。

(7)负责违反财经纪律事件调查，并提出处理意见。

(8)负责指挥部财务人员培训、考核、管理。

(9)支持、监督会计人员依法履行财务职责。

(10)完成总指挥长交办的其他工作。

8. 纪委书记工作职责

(1)贯彻党和国家方针政策，执行上级党委纪委的指示决定。

(2)在党委领导下，对指挥部党纪、党风、行风建设负监督责任。

(3)领导指挥部纪检监察室开展党风廉政建设工作。

(4)组织制订纪律检查工作的方针目标、工作计划并督促实施。

(5)全面履行党章规定的纪律检查工作的三大任务。

(6)监督全体党员、干部，执行党的方针政策，遵守党章党纪。

(7)负责受理指挥部内部投诉、申诉、信访，组织处理党内违纪案件。

(8)主动协调指挥部各部门之间的相互配合、协作和联系沟通。

(9)完成上级领导交办的其他工作。

第四节　高速公路项目法人的社会关系

项目法人的社会关系，是指与项目法人产生直接影响与联系的社会各部门、单位、组织或个人。高速公路项目法人的社会关系主要有政府主管部门，政府质量、安全、环保监督部门，以及参与高速公路项目建设的从业单位。从业单位主要有：勘测设计单位、施工单位、监理单位、材料设备供应商等。

一、公路建设项目的主体单位

1. 项目法人是高速公路项目管理的主体

高速公路项目法人和参与高速公路建设的各从业单位的关系，是一种新型的适应社会主义市场经济运行的合作关系。项目法人在项目管理上是主体，项目法人对项目的投资负责，不管这种投资是来自政府的、社会的、境外的还是合资的。项目法人要管理和协调好与各从业单位的关系，项目法人要依法办事，要知法、学法、懂法、用好法。要熟练地运用合同条款、合同语言进行工程建设管理，保证高速公路建设健康有序地进行。

2. 各从业单位是高速公路建设市场的主体

各从业单位通过招标、投标平等竞争获得项目的参与权，通过签订、履行经济合同为项目法人提供工程建设服务。各从业单位是高速公路建设市场的主体，在法律上与项目法人处于平等、独立的主体地位，但必须接受项目法人的管理。从业单位也要知法、学法、懂法、用好法，要熟练地运用合同条款、合同语言为项目法人提供优质的工程建设服务，保证高速公路建设健康有序地进行。

二、项目法人与政府主管部门、监督部门的关系

1. 高速公路项目建设的主管部门和监督部门

交通运输部是高速公路项目建设唯一的主管部门，但是，在通常情况下交通运输部都会将一些高速公路建设项目授权给省、区、市一级的交通运输厅管理，个别也有进一步下放授权给地、市一级交通运输局管理，不会下放给县一级交通运输部门管理。

高速公路项目建设的质量、安全监督部门是各地市级以上质量、安全监督局或监督站。

2. 政府主管部门的职能

这里所说的政府主管部门的职能不是指政府主管部门的全部职能，而是专指政府主管部门对高速公路项目建设的监督管理职能，这只是主管部门全部职能中的一部分。

政府主管部门对高速公路项目建设管理的主要职能有：

(1)汇总编印有关公路建设的法律法规文件，编制制定有关高速公路建设的地方性补充规定，补充概预算编制办法和补充定额，传达贯彻国家有关基本建设的政策文件。

(2)建立省级公路工程专家库和数据库，供公路基本建设招、投标随机使用。

(3)商请各有关地方政府共同落实高速公路建设配套资金，或共同筹措资金。

(4)受理和审查批准高速公路项目法人组成和建立。

(5)指导协助项目法人做好高速公路建设的征地、拆迁补偿工作的外部协调工作，监督执行国家关于征地、拆迁有关政策法令。

(6)审查高速公路项目的有关设计、施工、验收文件。

3. 政府质量、安全监督部门的职能

政府主管部门经常都是委托质量安全监督部门对在建高速公路项目的质量、安全问题进行监管。质量安全监督部门实际上起着政府监督作用，因此政府监督部门应切实负起责任，落实对在建高速公路的各项监管工作。政府质量、安全监督部门对高速公路建设项目监管的主要职能有：

(1)根据高速公路建设特点和本地区具体情况，起草并制订地方政府关于高速公路建设的地方性规章制度、地方性规范规程，经批准后贯彻执行。

(2)接受本地区高速公路建设项目的报监申请，并制订对该项目的质量、安全监督计划，开展对在建项目的质量、安全监督工作。

(3)对建设项目的工程管理和质量安全开展定期或不定期质量、安全检查或稽查，对检查或稽查发现的问题下达整改通知并督促整改落实。

(4)调查处理质量、安全事故。

(5)受理和处理关于工程建设方面的举报。

(6)组织监督工程交工验收和竣工验收。

(7)接受并完成政府主管部门交办的其他工作。

4. 项目法人与政府主管部门的关系

政府主管部门对项目法人的关系是监督与被监督、管理与被管理、指导与被指导的关系。

(1)政府主管部门有权对项目法人的全部工作进行监督与检查，包括对设计、招标文件的审批，以及对项目法人在执行高速公路项目建设中出现的重大质量、安全问题的处理。

(2)项目法人应主动接受政府主管部门的监督和检查，及时将工程建设进展的有关情况向政府主管

部门汇报，认真执行政府主管部门的行政指令和命令，保证项目建设按正确轨道运行。

三、项目法人与勘察、设计单位的关系

1.委托与被委托关系

高速公路项目法人将高速公路项目的勘察、设计通过委托招标，将该项目的勘察、设计工作委托给某一勘察设计单位。高速公路项目法人与勘察、设计单位双方都是高速公路建设的主体单位，双方通过合同发生联系，所以双方又都是合同主体。其主体条件应符合有关规定，勘察设计单位必须具备有相应的资质证书。

2.合作与配合关系

高速公路项目法人将该项目的勘察设计委托给某一勘察、设计单位完成，在勘察设计过程中，项目法人应充分尊重勘察、设计单位的意见，积极予以合作和配合，及时足额支付勘察设计费用，留给勘察、设计单位足够的设计时间和设计空间。

3.服务与被服务关系

勘察设计单位按规定收取一定的勘察设计费用以后，应该为项目法人提供优质、全面的勘察设计服务，因此双方又是服务与被服务的关系。在项目的勘察设计阶段，项目法人有权要求勘察设计单位全面完整的在勘察设计过程中充分体现项目法人对工程的设计意图和要求，科学设计，完整设计。

4.延伸合作、服务关系

项目施工是勘察设计的延伸，勘察设计单位在提交了全部勘察设计图纸和资料之后，提供的勘察设计服务并没有结束。在项目的施工阶段，项目法人有权要求勘察设计单位派遣设计代表进驻施工现场，解决施工中出现的问题并参加隐蔽分部、分项工程验收，尤其是基坑、基槽等地下工程验收。项目法人应及时把施工发现的问题向勘察设计单位反映，组织施工单位、勘察设计单位针对施工发现的问题进行修改设计。

四、项目法人与监理单位的关系

项目法人通过招标选择具有相应资质的、合适的监理单位，签订委托监理合同，委托监理单位对项目工程的质量、安全进行全面管理。

1.项目法人与监理单位的委托关系

项目法人与监理单位通过委托监理合同，建立了委托与被委托的关系以后，在工程整个施工过程中，项目法人既不能对监理单位放任不管，任其所为，失去项目法人责任主体的职责，也不能越俎代庖，代替监理单位行使职权，致使监理单位职能不清，责任不明。

2.项目法人与监理单位的关系协调

项目法人制、工程招标投标制、施工监理制，是建筑市场改革发展的新生制度，其中监理单位作为项目法人与承包人之间独立的“第三方”，应该在项目法人的授权范围内独立行使监理职权。在项目的投资控制、质量控制、进度控制、合同管理、安全管理、信息管理、协调施工环境内外部关系(俗称“三控三管一协调”)中，全面发挥作用。如果项目施工发生问题，项目法人可以不必直接找承包人，而是通过监理与承包人联系解决。项目法人与承包人各自关于施工项目的诉求，都是通过监理作中间桥梁负责进行转达、处理。项目法人与承包人两方均不得绕开监理直接接触和处理项目问题。监理单位从项目法人获取酬金，有义务为项目法人提供监理咨询服务，协助项目法人监督和督促承包人切实履行与项目法人签订的施工承包合同。

五、项目法人与承包人、材料设备供应商的关系

1. 互为合同关系

项目法人与承包人、材料设备供应商之间的关系是合同关系。项目法人与承包人签订了该项目建设的施工承包合同，项目法人与材料设备供应商签订了材料设备供应合同。承包人应该严格施工承包合同和相关标准、规范、规程、施工图等文件要求，完成项目施工。

材料设备供应商应该根据供应合同规定，及时为项目法人提供质量合格的材料和设备，并提供材料设备的厂家、产地、批次、产品说明、质量合格证明等文件。

2. 同为主体关系

项目法人与承包人、材料设备供应商同是建筑市场的主体。项目法人在执行与承包人、材料设备供应商签订的合同过程中，应充分尊重承包人、材料设备供应商的主体地位，合理运用合同赋予的权利，采取积极态度处理好人际关系。在施工进度、工程质量、施工安全等方面，起到项目法人应起的作用，及时拨付工程款项，做好工程项目与地方各方面的协调，为项目施工的顺利进行创造良好的社会外部环境条件。当与承包人、材料设备供应商发生合同纠纷时，按程序处理好合同纠纷，做到有理、有节。

第三章　项目法人对项目前期准备阶段的管理

自1984年12月21日开始建造中国大陆的第一条高速公路——沪嘉高速公路以来，截至2014年底，我国高速公路总里程已达到11.2万km，居世界第一位。这12万多公里高速公路的建成，都是以项目法人的形式管理建成的。30年高速公路建设实践，我们总结出了一整套高速公路项目建设管理经验。这些管理经验概括起来，主要有以下一些方面：以项目法人名义出现的高速公路项目管理机构，作为项目法人高速公路建设主体，首先要知道自己在高速公路建设的各个阶段需要做什么、怎么做；再就是要明确高速公路项目的其他参建单位应该做什么、怎么做；同时还要清楚项目法人对其他参建单位必须管、管什么、怎么管。

第一节　项目法人在项目前期阶段的主要工作

高速公路项目法人在高速公路项目建设管理中的职责，应师出有名，应有法理依据，依法行事。所依照的法律法规主要有建筑法、招标投标法、合同法、质量管理法、安全生产法等。项目法人应根据这些法律法规行使职权。

工程项目上所说的前期阶段一般是指工程项目的前期准备阶段。这个阶段由两部分工作组成：一是项目可行性研究阶段，即项目的决策立项阶段；二是勘测设计阶段，即项目方案形成阶段。

一、项目法人在项目决策阶段主要职责

高速公路项目法人的主要职责概括起来，包括以下一些内容。

1.组建项目管理机构

经批准授权取得某一高速公路建设项目的管理权以后，即法人依法成立以后，就应根据工程建设的需要组建项目现场管理机构，并召集任命管理机构各级主要行政、技术、财务、安全等方面的负责人。建立健全所管辖的高速公路高速公路项目的各项管理制度、管理办法、工作职责、管理人员岗位职责。

2.项目建设立项

近20年来，高速公路一直保持快速发展的势头，建设规模也不断扩大，国家和各省关于高速公路建设的法律法规、地方规定不断完善，对高速公路建设项目的前期工作要求越来越明确。尤其是在现阶段国民经济建设为了服从“扩内需、保增长、促民生”的需要，各地高速公路建设项目的立项决策都希望得到省交通运输厅、交通运输部、国家发改委的快速批准。项目法人应明确为获得高速公路建设项目的立项批准，应做好哪些工作，应办理哪些手续，怎样申报。

3.立项过程中的报审程序

高速公路建设项目在立项决策阶段应进行包括立项审批、专项评价等两个方面的审批工作。立项审批主要是指可行性研究报告审批；专项审批有包括环保评价在内的十一个专项内容。下面分别介绍这些审批工作的具体内容和流程。十一个专项审批工作没有得到批准，高速公路建设工程项目的立项就不能成立。

(1)立项审批

立项审批主要是指可行性研究审批。根据有关规定，预可行性研究报告提出的“项目建议书”一般都是由项目所在地的省级交通运输行政主管部门和省发改委审批。由以上部门进行项目评估、论证、审

查、批准。

(2)工程可行性研究报告审批

根据有关规定,工程可行性研究报告提出的"立项申请"由省交通运输行政主管部门审查后,报交通运输部、国家发改委批准。国家有关主管部委在批准立项之前,项目法人还必须先完成包括"建设用地审批"、"环境影响评估"、"文物影响评估"、"项目选址评估"四个方面的专项审批。

(3)三类项目的前期审批

所谓三类项目的审批是指:根据项目资金来源区别对待的三种类型的高速公路建设项目。根据国务院《关于投资体制改革的决定》(国发〔2004〕20号)的规定:高速公路建设项目前期工作的管理方法与过去相比,有了较大的变化,按照项目的资金来源,是否使用政府投资资金,将高速公路建设项目的立项决策阶段的审批分为:审批、核准、备案三种类型。凡是使用政府财政性资金投资的项目,应严格遵守审批制度的各项程序,依照"预可行性研究报告、项目建议书—可行性研究报告、立项申请——项目开工报告"的流程进行项目的申请批复。不使用政府财政性资金投资的企业项目,采取核准或备案的方式进行管理。

其中,核准制项目需向省级交通运输行政主管部门上报,并完成项目核准流程;备案制项目只需要向省级交通运输行政主管部门完成备案登记即可。但是,对于三类项目无论是哪一类,均需要通过审批决策,满足土地使用、环境保护、产业政策、项目社会效益等多方面的要求,并于项目开工前完成项目施工许可。

4.十一个方面的专项申请

(1)环境影响评估审批

根据《中华人民共和国环境保护法》和《关于简化建设项目环境影响评估报批程序的通知》精神,高速公路建设项目在立项批复之前,项目法人应首先完成建设项目的环境影响评估报告书。必须对建设项目产生的环境污染和环境破坏影响的可能性程度做出评估,经省级环保部门预审后,并依照规定程序报环境保护部批准。然后国家发改委或省级发改委方可批准立项。

(2)建设用地专项审批

根据《中华人民共和国土地管理法》和《建设项目用地预审管理法》的规定,高速公路建设项目在可行性研究阶段,项目法人应分别向地方土地主管行政部门和国土资源部提出"建设项目用地预审"申请。向国土资源部提出预审申请时,应当提交相关资料,包括:建设项目用地说明预审申请表,建设项目用地预审申请报告,建设项目占用耕地初步方案,县级以上土地利用总体规划图及相关附件资料等,由国土资源部批复建设项目用地预审文件。待建设项目完成施工图设计后,再向省级国土资源行政主管部门及国土资源部申请建设用地正式申请批复文件。土地预审批复文件是建设项目立项批复的依据之一,而且是必备依据之一。缺此项依据,建设项目不得批准立项。

(3)文物影响评估报告审批

根据《中华人民共和国文物保护法》的规定,国家重要工程建设项目的选址应尽量避开不可移动文物。因特殊情况不能避开时,应尽可能实施原址保护。无法原址保护的,实行移址保护。凡实行移址保护的,应事先确定移址保护方案和保护措施,根据文物保护的级别,报相应的文物保护单位批准。原址保护和移址保护文物的方案、措施均须列入可行性研究报告,因此,文物影响评估批复必须在项目法人报送可行性研究报告之前完成。

(4)工程选址意见审批

根据国务院办公厅《关于加强和规范新开工项目管理的通知》和《关于建设项目选址意见书管理办法》的精神,对实行审批制的政府财政性资金投资的项目,依照项目立项批复文件,应向省级城乡建设规划部门申请办理建设项目选址意见书。经省级城乡建设规划部门批准的意见书,是省发改委和国家发改委批复项目立项的依据之一,缺此项依据,建设项目不得批准立项。

(5)水土保持方案审批

根据《中华人民共和国水土保持法》的规定，建设项目中的水土保持设施应坚持与主体工程“三同时”原则，即同时规划，同时设计，同时施工。由项目法人编制报送“建设项目水土保持方案”，向省级水土保持行政主管部门报告，省级水土保持行政主管部门对项目法人的报告，先进行初审并提出初审意见，然后项目法人将修改后的水土保持方案报告和初审意见一起，再按项目批准权限报水利部或省级水利厅，进行水土保持方案批复。经批复的水土保持方案是项目法人编制“建设项目环境影响评估报告”的依据之一，项目法人编制的“建设项目环境影响评估报告”中必须包含有经批准的“水土保持方案”内容，没有水利部或省水利厅批复“水土保持方案”内容的“建设项目环境影响评估”，有关单位可不予受理。

(6)地质灾害危险性评估备案登记

根据《地质灾害防治条例》规定，项目法人应请地质灾害危险性评估单位对建设项目受地质灾害危害的可能性进行评估，提出防治处理措施，并由省级国土资源行政主管部门负责审批。在地质灾害易发生区域内进行的工程建设项目，需在项目可行性研究阶段进行地质灾害危险性评估，评估结果作为下一阶段工程设计中防治措施设计的依据。

(7)工程防洪评价审批

根据《中华人民共和国防洪法》和《河道管理范围内建设项目管理的有关规定》，项目法人应编制高速公路建设项目防洪评价报告，经河道主管机关审查同意后，方可按照基本建设程序履行审批手续。在长江、黄河等河道及主要支流上修建的建设项目，应由水利部所属的流域管理机构实施办理审查同意手续(长江流域管理机构称长江水利委员会，设在武汉；黄河流域管理机构称黄河水利委员会，设在郑州)。项目法人应根据河道主管单位的审查批复同意意见办理河道施工许可手续。

(8)占用、征用林地审批

根据《中华人民共和国森林法》和《占用征用林地审批管理办法》规定，当工程建设项目必须占用或者征用林地时，项目法人应向县级以上林业行政主管部门提出申请，经审查同意后，由项目法人依照有关土地管理法律、行政法规办理建设用地审批手续，并由用地管理单位依照国务院有关规定向有关单位缴纳森林植被恢复费。林地占用的相关手续是报批建设项目用地的前提条件，没有林地占用批准手续，国土资源部门不受理“建设项目用地预审”申请。

(9)矿产资源压覆审批

根据《关于规范建设项目压覆矿产资源审批工作的通知》精神，对工程建设项目是否压覆矿产资源，应向项目所在地省级国土资源行政主管部门提出申请，经审核同意后，依照有关矿产资源管理法律、法规办理压覆矿产资源审批手续。

(10)地震安全性评价审批

根据《地震安全性评价管理条例》规定，国家重大建设工程项目必须进行地震安全性评价。由地震安全性评价单位对建设项目进行地震安全性评价后，编制建设项目地震安全性评价报告，项目法人根据管理权限，上报省级或国家地震安全管理部门，由其进行评审确定建设项目的抗震设防要求，出具地震安全性评价审查意见，项目法人按此意见交设计单位，对工程项目中等以上桥梁、隧道等重要人工构造物采取相应抗震防震设计。

(11)建设项目施工许可审批

根据《关于实施公路建设项目施工许可工作的通知》精神，对已经完成建设项目前期立项审批、初步设计、施工图设计审批等审批手续程序的建设工程，项目法人应向省级交通运输行政主管部门提出项目施工许可申请，经初步审查提出初审意见后，项目法人再将申请材料连同初审意见报交通运输部做出建设项目施工许可批复。

5. 施工许可后的报建程序

(1)报建与报监

项目法人应依据基本建设程序组织项目的建设管理，负责对工程质量、进度、安全进行监督管理，并对以上主动报请政府监督。因此项目法人应在项目立项以后，主动办理建设项目的施工许可申报，项目建设质量、安全、环保监督等方面的申报。

项目法人应定期向政府主管部门报告项目建设的质量、安全、环保情况，主动接受有关政府监督部门的监督。省、区、市政府质量安全监督部门有权力和义务，对项目建设的质量、安全、环保进行监督管理。

(2)报投资与控制管理计划

项目法人应负责组织编制项目建设的总体计划、年度计划，落实年度建设资金，严格按批准的建设概算控制项目建设投资，管好、用好建设资金，进行投资控制。国家有关部、委，各省市有关主管部门应对高速公路建设资金的来源、使用情况，纳入年度管理计划，监督控制高速公路建设资金的使用。

(3)报项目招标与投标计划

项目法人应根据国家招标投标法和其他有关法律法规，对项目的勘察、设计、施工、监理和材料设备采购等环节组织招标，与中标单位签订合同，并明确各参建单位的质量终身责任人，以及各自应负的责任。国家有关部委、各省市有关行政主管部门应对高速公路建设项目的招标与投标工作依据管理权限进行控制管理。

二、项目法人的外部协调工作

项目法人应负责与项目所在地的人民政府、相关部门、相关团体，以及当地人民群众做好项目外部施工环境的协调工作，概括起来有以下几个方面。

1. 征地拆迁和移民安置

由项目法人申报征地、拆迁计划，进行实地丈量，办理征地拆迁手续，落实征地拆迁赔偿，落实移民安置。项目法人应积极主动与当地政府部门沟通，取得政府部门对征地、拆迁、移民工作的支持。

2. 燃料与材料供应

项目法人应调查确定燃料与材料的供应来源和供应渠道，制订供应计划，确保主要燃料和主要材料供应。

3. 电力与水力供应

电力、水源是工程施工建设不可缺少的两大资源。项目法人应调查确定电力、水力的供应来源，办理供电、供水手续，确保电力、水力供应。

4. 通信联络

项目法人应确定施工现场通信方式，接通通信光纤宽带线路，建立项目法人与当地政府、与社会外界、与各参建单位的网络联系。

5. 交通条件提供

项目法人应调查施工现场进出交通条件，为参建单位提供便利交通条件和信息。

6. 外部配套设施建设管理

项目法人应设置专门的“三改”机构，进行改道路，改管线、改沟渠调查，落实“三改”计划，疏通“三改”工作渠道，办理“三改”工程手续，主动向当地政府部门汇报“三改”工作计划，取得当地政府部门尤其是当地村民对“三改”工作的支持。

7. 治安、消防、交管、防疫、防汛与减灾管理

项目法人应主动与当地治安、消防、交管、防汛、防疫部门建立联系，落实施工现场范围内的治安、消防、交通、防汛、防疫管理措施，落实各项防灾与减灾措施。

8. 重大设备、专项设备联系加工制作

项目法人应对项目建设所涉及使用、安装的重大永久性设备及临时设备，联系加工场所或提供供应

渠道，保证这些重大设备的供应质量和供应时间。

9. 人文地理、民风民俗与历史文物管理

项目法人应深入调查当地民风民俗，当地的人文地理，地下的历史文物，做好人文地理、民风民俗、历史文物管理，特别是在少数民族地区，更应注意民族政策和民族团结问题。

10. 与社会团体联络管理

项目法人应积极争取社会各界和当地群众团体对项目建设的理解和支持，广泛宣传项目建设的重大意义，主动向社会公开项目建设的监督渠道，畅通项目建设与社会的联系沟通方式，建立良好的项目施工环境。

第二节　项目法人在可行性研究阶段的主要工作

根据国家规定的基本建设程序，公路基本建设从前期工作开始，到竣工验收结束，共分为 8 个阶段，分别为：预可行性研究阶段，工程可行性研究阶段，初步设计阶段，技术设计阶段，施工图设计阶段，施工准备阶段，施工实施阶段，交(竣)工验收阶段。

一个高速公路建设项目是一项复杂的系统工程，是国家基本建设的重要投资，它的决策必须慎重。首先应进行项目可行性研究，调查项目立项的依据，所以我们把这个阶段称为立项阶段，又称为可行性研究阶段。可行性研究阶段的工作，根据其工作性质和工作深度要求，可分为两个阶段，即预可行性研究阶段和工程可行性研究阶段，简称“预可”和“工可”。

一、预可行性研究阶段

1. “预可”的工作目的

预可行性研究的目的是为了制定“项目建议书”。项目建议书的制定需要根据国家关于国民经济建设和社会发展长远规划，交通基本建设中、长规划，地区交通基本建设综合规划，以及地区近期交通基本建设计划、专业计划，对拟建高速公路项目进行预先可行性研究，对拟建高速公路项目的可行性进行初步说明，是项目法人向国家提出建设某一高速公路项目的“建议书”。项目建议书的作用是向国家推荐一个高速公路拟建项目，初步说明项目建设的必要性、建设条件的可行性和项目效益的可能性，并建议项目继续进行下一步工作。

2. 项目建议书的编制

根据对项目进行预可行性研究所获得的资料，编制预可行性研究报告，提出项目建设建议。预可行性研究工作和项目建议书编制工作一般都是由项目法人委托具有相应资质的单位承担，项目法人支付一定费用，并提供一定的外部工作条件。

应该指出的是，现在的高速公路项目预可行研究都是由具有一定资质的设计院所完成，设计院所参与该项工作的大多是工程技术人员，而可行性研究有一项很重要的工作是对项目进行经济分析，由工程技术人员完成经济分析评价内容，难免会有一些缺陷和片面。

3. 项目建议书的结构组成

高速公路项目建议书的结构组成，应按照交通运输部规定的要求编写，它的结构组成和具体内容应包括以下内容：

(1)项目建设的依据和必要性

说明依据是否符合国家关于国民经济建设和社会发展长远规划，交通基本建设中、长规划，地区交通基本建设综合规划；然后从工程所在地区的交通现状和经济发展情况说明项目建设的必要性。

(2)项目建设的条件

主要说明当地的自然、地理、水文条件，建设环境和外部施工条件（如交通、水源、能源、材料供应条件等），工程本身施工条件。

(3)建设规模

建设规模主要从以下3个方面进行说明：一是路线的基本走向、主要控制点；二是路线里程长度、施工难易程度（包括难点工程说明，如特大桥、隧道、特殊路基处理等）；三是当地施工技术水平和施工能力（附路线平面图）。

(4)工程基本设计方案

说明工程等级和技术标准、主要技术指标，初估工程数量大小，主要大型构造物。

(5)总体施工方案

说明计划开工日期、完工日期，施工工期，总体施工计划。

(6)工程环境保护

说明工程对环境保护、水土保持的影响，估算征地与拆迁并说明拆迁移民安置方案。

(7)投资估算

初步估算工程总投资费用，并说明投资来源，资金筹措方法。

(8)经济评价

说明经济评价依据，并进行国民经济初步评价。进一步进行财务评价，并根据初步评价和财务评价结果对工程项目进行综合评价。

(9)结论与建议

结论与建议包括以下4个方面的内容：

①首先综合叙述工程项目的隶属关系，充分说明项目建设的必要性、建设条件的可行性和项目效益的可能性。对建设规模、建设条件、工程总体布置、征地拆迁、对环境保护的影响、拟开工竣工时间、建设工期、投资估算、经济评价等问题，一一做出明确结论。

②对工程项目建设施工中的一些重点问题进行比较详细的说明。

③对工程所在地的政府部门、各级村镇、当地群众的有关要求和意见，全面列举说明。

④最后对工程项目的建设与否，做出明确结论，并提出下一步工作建议。

二、工程可行性研究阶段

1. 工程可行性研究阶段的作用

工程可行性研究阶段是项目决策的最重要阶段，是为了进一步深入论证项目建设的必要性，重点研究项目建设条件的可行性，充分说明项目经济效益的可能性。这个阶段对各方面工作需要进行比较深入的分析研究，需要取得实事求是的各种数据。

工程可行性研究阶段的工作成果是“工程可行性研究报告”，报告的结果是提出“项目立项申请”。有关交通运输主管部门批准后的“项目立项申请”则将会转化成“计划任务书”的形式下达。

2. 立项申请报告的编制

高速公路“项目立项申请报告”主要是针对企业投资的重大项目和限制类项目为获得政府行政主管部门许可而报送的项目论证报告，这个报告重点是：论述项目的合理性与公共性。

同样应该指出的是，现在的高速公路项目工程可行性研究都是由具有一定资质的设计院所完成，设计院所参与该项工作的大多是工程技术人员，而工程可行性研究有一项很重要的工作是对项目进行经济分析和国民经济评价，由工程技术人员完成经济分析评价内容，难免会有一些缺陷和片面，设计单位应尽量避免出现这种缺陷和片面性。

3. 工程可行性研究报告的结构组成

高速公路项目可行性研究报告的结构组成应按照交通运输部规定的要求编写，它的结构组成和具体内容应包括以下方面：

(1)综合说明

综合说明的内容主要有：

①说明工程可行性研究报告编制的依据，工程可行性研究经过，报告编制过程。

②简要叙述项目所在地点、里程长度、主要控制点、地形地貌条件、工程水文地质情况。

③简要叙述工程建设性质、建设意义、建设规模、工程特点、技术等级、主要技术指标。

④拟开、完工日期，施工周期。

⑤征地、拆迁及移民安置。

⑥工程项目经济评价、国民经济评价、综合评价结论，后续工作建议等。

⑦附相应图表。

(2)项目外部环境概况

简要介绍工程项目所在地的自然环境、气温气候、水文地质、地震烈度、工农业面貌、人口密度、现有交通状况、施工条件(包括施工力量来源、材料供应及运输、水利电力资源供应、人文地理条件、环境保护与安全、当场民情风俗)等情况，均应分节分条一一说明。

(3)建设任务和建设规模

建设任务重点说明项目建设对当地国民经济建设的影响和作用，属于国家交通发展中长规划的何种项目；建设规模主要说明工程项目里程长度，大型人工构造物数量，主要工程数量，分期分批建设安排。

(4)工程总体方案

说明工程项目平面布置、技术等级、经济技术指标的执行情况、主要建筑物结构形式、附图表。

(5)工程管理

说明工程管理机构的筹备、组建情况，初步拟定的施工方案，主体工程施工方法，施工总体进度计划，施工总体平面布置，项目建设管理办法等。

(6)征地与拆迁

说明工程征用土地数量，拆迁房屋、电力电信用其他建筑物数量，移民安置情况，改渠、改路、改管线情况等。

(7)环保与安全评价

说明工程建设对环境的影响，工程地震预防设计，工程安全评估，工程对人文地理、历史文物、民情风俗的影响与保护等。

(8)投资估算

按交通运输部有关规定进行投资估算，并说明估算依据和估算编制办法，编列投资估算表。必要时进行影子价格计算。

(9)投资分析

概述投资分析说明；分别进行项目国民经济评价分析、财务评价分析；如果有利用外资时还应进行外资利用经济评价分析。在以上评价分析的基础上进行项目综合评价。

(10)汇总编制工程可行性研究报告，研究确定该项目可行性研究报告结论意见，提出工程项目立项申请报告。批准后立项申请报告将以“计划任务书”的形式下达。

三、项目法人在可行性研究阶段的主要工作

在可行性研究阶段，项目法人可以不必进行提前干预，而是由政府主管部门出面委托有关单位完成可行性工作。如果需要项目法人对项目进行提前干预，项目法人的工作主要有：

(1)由项目法人或项目法人筹备机构委托有资质的设计单位对项目进行工程可行性研究，签订项目可行性研究合同，负担“预可”工作所需要的费用。

(2)做好外部环境协调,为项目可行性研究单位提供外部环境支持,方便可行性研究单位开展工作,提供后勤保障服务。

(3)提出对可行性研究的要求,并对工作过程进行监督和督促。组织对可行性研究成果进行检查验收。

四、可行性研究报告的审查与批准

1. 预可行性研究报告的审批

预可行性研究报告的审批,也就是项目建议书的审批。

20 世纪 90 年代,交通部制定了我国 2020 年交通发展远景规划,确定了全国高速公路网 9 纵 9 横的框架结构。后又于 2004 年由交通部制定,经国务院审议通过了中国历史上第一个"终极"的高速公路骨架布局。这也是中国公路网中最高层次的公路通道。国家高速公路网覆盖 10 多亿人口,其直接服务范围,东部地区超过 90%、中部地区达 85%、西部地区近 70%,覆盖地区的 GDP 将占到全国总量的 85%以上;实现东部地区平均 30min 上高速,中部地区平均 1h 上高速,西部地区平均 2h 上高速。国家高速公路网将连接全国所有的省会城市及 85%的 50 万以上人口的大型城市和 75%的 20 万以上人口的中型城市;连接全国所有重要的交通枢纽城市,其中包括铁路枢纽 50 个、航空枢纽 67 个、公路枢纽 140 多个和水路枢纽 50 个,形成较为完善的集疏运系统和综合运输大通道。

根据国家 2020 年交通远景规划拟定的高速公路建设项目,属于国家层面的交通基础设施建设,项目建设书的审批应由交通运输部审批。其他地方高速公路项目,应根据项目管理权限,由地方市级以上交通运输行政主管部门审批。

2. 可行性研究报告审批中存在的问题

因为可行性研究报告中有很大一部分内容是经济分析,要分别进行国民经济分析、财务分析。如果利用外资时,还应进行外资利用经济评价分析。在以上评价分析的基础上,进行项目综合评价。而目前这部分工作不是由经济师完成,而是由工程师完成。报告的内容可能偏重于工程技术方面,而对经济方面的问题论证不足,审批时也就可能对经济方面的问题有所忽视。

第三节　项目法人在勘测设计阶段的主要工作

公路建设项目的勘测设计阶段是一个非常重要的阶段,是公路项目在建设过程中必须遵循和落实的重要技术环节。它是在工程可行性研究的基础上,根据交通运输主管部门所下达的"项目计划任务书"要求,对工程项目的具体实施在设计上作进一步的技术性深化、细化工作。

公路建设工程是一项技术很强的系统工程,点多、线长、面广、涉及的因素很多,而且是单一性工程,一次设计只生产一件产品,任何时候不可能有两条一模一样的公路,也不可能有两座一模一样的桥梁和隧道。每一个公路建设项目,都必须先设计,后施工。坚决反对边设计、边施工工程。每一项公路建设项目的设计文件,都应该进行认真的审查,进行设计方案比选优化,尽可能做到设计方案合理完善、安全可靠、经济适用、环保美观。

一、公路勘测设计阶段的划分

公路勘测设计是指具体完成一条公路所进行的外业勘测和内业设计的全部工作。由于公路建设项目涉及面广、影响因素多,必须经历一个调查研究范围由大到小、工作深度由粗到细的过程。按照公路的使用性质、技术等级和建设规模,公路勘测设计阶段通常分成和采用:一阶段设计,两阶段设计,三阶段设计 3 种方式进行。

1. 一阶段设计

一阶段设计只适用于技术简单、方案明确的小型公路建设项目，也称为一阶段施工图设计。一阶段施工图设计的工作程序是：对已经确定的公路建设项目，采用一次性详细勘测，即不经过初步测量和初步设计，而是按照工程可行性研究报告和计划任务书所确定的修建原则和路线走向方案，在现场进行方案比选与优化勘察、测量，完成路线的平面设计、纵断面设计、横断面设计，以及桥梁、涵洞、隧道、防护工程等布置和设计，并在施工过程中对设计未涉及的细节现场进行综合补充和修改。对地形十分复杂、现场定线很困难的地段，也可先测导线、测绘地形图进行纸上定线后再实地放线。

2. 两阶段设计

公路设计一般都采用两阶段设计。两阶段设计的工作程序包括：第一阶段为初步勘测、初步设计——编制设计概算阶段；第二阶段为详细勘测、施工图设计——编制施工图预算阶段。初步设计文件根据批复的可行性研究报告（计划任务书）、勘测设计合同和初测资料进行编制，并根据初步设计文件进一步完成设计概算工作；施工图设计文件根据批复的初步设计、详细勘测合同和详细勘测资料编制，并根据施工图设计文件进一步完成施工预算工作。

3. 三阶段设计

对于技术上复杂、基础资料缺乏或不足的建设项目，或建设项目中的特大桥、互通式立体交叉、隧道、高速公路和一级公路的交通工程及沿线设计中的机电设备等，必要时采用三阶段设计，即初测—初步设计—设计概算阶段；详测—技术设计—修正概算阶段；补充勘测—施工图设计—施工图预算阶段。初步设计文件根据批复的可行性研究报告（计划任务书）、勘测设计合同和初测资料进行编制，并根据初步设计文件进一步完成设计概算工作；技术设计应根据批复的初步设计文件、测设合同和定测、详勘资料编制技术设计文件，并根据技术设计文件进一步完成修正概算工作；施工图设计应根据批复的技术设计文件、测设合同和补充定测、补充详勘资料编制，并根据施工图设计文件进一步完成施工预算工作。

二、初步设计阶段的工作内容

1. 初步设计阶段的工作目的

初步设计阶段的工作目的是确定设计方案。必须根据批复的可行性研究报告、测设合同的要求，拟定修建原则，选定设计方案，计算工程数量及主要材料数量，提出施工方案的意见，编制设计概算，提供文字说明及图表资料。初步设计文件经审查批复后，则为订购主要材料、机具、设备，安排重大科研试验项目，联系征用土地、拆迁，进行施工准备，编制施工图设计文件和控制建设项目投资等的依据。采用三阶段设计时，审批后的初步设计亦为编制技术设计的依据。

2. 初步设计阶段的工作要求

初步设计在选定方案时，应对路线的走向、控制点和方案进行现场核查，征求沿线地方政府和建设单位意见，基本落实路线布置方案，一般应进行纸上定线，赴实地核对，落实并放出必要的控制线位桩。对复杂困难地段的路线、互通式立体交叉、隧道、特大桥、大桥的位置等，一般应选择两个或两个以上的方案进行同深度、同精度的测设工作和方案比选，提出推荐方案。

3. 初步设计阶段的工作任务

(1)选定路线设计方案，基本确定路线位置、路线走向、主要控制点、里程长度，完成路线平面设计、纵断面设计、横断面设计。

(2)基本查明沿线地形地貌、地质水文、气候降水、地震烈度、人文地理等情况，基本查明沿线筑路材料的质量、储量、供应量及运输情况，并进行原材料试验检验、混合料设计和试验。

(3)基本确定排水系统与防护工程设计，确定排水、防护工程的位置、长度、结构形式和尺寸。

(4)基本确定路基标准横断面和特殊路基横断面的设计方案及沿线路基取土、弃土方案，计算路基土石方数量并进行调配。

(5)基本确定路面设计方案、路面结构类型及主要尺寸。

(6)基本确定特大、大、中桥桥位,设计方案,结构类型及主要尺寸。

(7)基本确定小桥、涵洞、漫水桥及过水路面等位置、结构类型及主要尺寸。

(8)基本确定隧道位置、设计方案、结构类型及主要尺寸。

(9)基本确定路线交叉的位置、形式、结构类型及主要尺寸。

(10)基本确定通道及人行天桥的位置、形式、结构类型及主要尺寸。

(11)基本确定交通工程及沿线设施各项工程的位置、类型及主要尺寸。

(12)基本确定环境保护的内容、措施及方案。

(13)基本确定渡口码头的位置、结构形式及主要尺寸。

(14)基本确定占用土地、拆迁建筑物及电力、电信等设施的数量。

(15)提出需要试验、研究的项目。

(16)初步拟定施工方案,并经论证确定分期修建实施方案(含交通工程及沿线设施)。

(17)基本确定线外工程,即改河改渠改沟工程、改路工程、改迁管线工程的位置与数量。

(18)计算各项工程数量,计算人工及主要材料、机具、设备的数量。

(19)编制设计概算。

三、技术设计阶段的工作内容

1.技术设计阶段的工作目的

其目的是根据初步设计批复意见、测设合同的要求,对重大、复杂的技术问题通过科学试验、专题研究,加深勘探调查及分析比较,解决初步设计中未解决的问题,落实技术方案,计算工程数量,提出修正的施工方案,修正设计概算。

2.技术设计阶段的工作要求

技术设计是针对一些在技术上复杂、基础资料缺乏和不足的建设项目,或建设项目中的特大桥、互通式立体交叉、隧道、高速公路和一级公路的交通工程,以及沿线设施中的机电设备工程,在设计中所增加的一个阶段的工作,以便进一步完善初步设计方案,为施工图设计提供更加详尽的基础资料。

3.技术设计阶段的工作内容

因为技术设计阶段是针对一些技术性复杂的项目,或者是高速、一级公路中技术性复杂的部分,在初步设计和施工图设计之间,增加一个设计阶段,所以它的工作内容针对性很强,它的主要工作内容包括:

(1)对初步设计所定方案详加研究,进一步补充和修改。

(2)补充必要的地质、水文、气象、地震和地质钻探资料,以及土工、材料结构或模型试验成果。

(3)提出科学试验成果、专题报告。

(4)提出修正的施工方案。

(5)编制修正概算。

技术设计批准后即成为编制施工图设计的依据。

四、施工图设计阶段的工作内容

1.施工图设计阶段的工作目的

两阶段(或三阶段)设计的施工图设计阶段,是在两阶段初步设计(或三阶段技术设计)的基础上,进一步对所审定的修建原则、设计方案、技术决定加以具体和深化,最终确定各项工程数量,提出文字说明和适应施工需要的图表资料以及施工组织计划，并编制施工预算。一阶段施工图设计则是根据可行性研究报告批复意见和测设合同，拟定修建原则，确定设计方案和工程数量，提出文字说明和图表资料以及施工组织计划，编制施工图预算，满足审批要求和适应施工的需要。

2.施工设计阶段的工作依据

施工图设计的依据主要有3个方面：一是经过上级交通运输主管部门审批后的初步设计、技术设计文件（采用两阶段设计时只有初步设计文件）；二是有关交通运输主管部门对以上设计的批复意见；三是勘测设计合同的要求。

3.施工图设计阶段的工作内容

（1）确定路线具体位置。

（2）确定路基标准横断面和特殊路基横断面，绘制路基超高、加宽设计图，计算土石方数量并进行调配，确定路基取土、弃土的位置，绘制取土坑纵、横断面图。

（3）确定路基路面排水系统和防护工程的结构类型和尺寸，绘制相应布置图和结构设计图。

（4）确定特殊路基设计的结构类型及尺寸，绘制特殊路基设计图。

（5）确定各路段的路面结构类型及尺寸，绘制路面结构图。

（6）确定特大、大、中桥的位置、孔数及孔径、结构类型及各部尺寸，绘制结构设计图。

（7）确定小桥、涵洞、漫水桥、过水路面等位置、孔数及孔径、结构类型及各部尺寸，绘制布置图。特殊设计的，应绘制特殊设计详图。

（8）确定隧道及其附属设施的形式及尺寸，绘制布置图和设计详图。

（9）确定路线交叉形式、结构类型及各部尺寸，绘制布置图及设计详图。

（10）确定交通工程及沿线设施的各项工程的位置、类型及各部尺寸，绘制布置图和设计详图。

（11）确定环境保护设施的位置、类型及数量，绘制布置图及设计详图。

（12）确定渡口码头及其他工程的位置、结构形式及尺寸，绘制相应的位置图和设计详图。

（13）落实沿线筑路材料的质量、储藏量、供应量及运距，绘制筑路材料运输示意图。

（14）确定征用土地、拆迁建筑物以及电力、电信等的数量，计算各项工程数量。

（15）确定线外工程数量、位置、结构形式及尺寸，绘制相应的位置图和设计详图。

（16）确定安全设计、环保设计。

（17）编制施工组织设计。

（18）提出人工数量及主要材料、机具、设备的规格及数量。

（19）编制施工图预算。

施工图设计是工程项目交付施工前的最后一道设计工作，应该对设计项目的施工图文件充分把关。

五、项目法人在设计阶段的工作

工程项目的设计阶段是工程施工实施前的一个非常重要的阶段，项目法人作为项目实施的主体单位，应对设计阶段高度重视。项目法人应全力配合勘测设计单位做好项目勘测设计阶段的工作。

1.项目法人的主要工作

项目法人应该十分关注勘测设计阶段的工作。一个高速公路建设项目，经批准立项以后，紧接着进行的是项目勘测设计，勘测设计所包括的内容主要有地质勘探、现场测量、内业设计、编制概预算、设计文件报审、设计文件出版等工作。作为项目法人自始至终都应加强对项目勘测设计阶段的管理。项目法人在勘测设计阶段的工作主要有：

（1）由项目法人或项目法人筹备机构委托有资质的设计单位对项目进行工程可行勘测设计，签订项目勘测设计合同，合同应详细载明设计工作的具体要求，设计工作深度、设计工作质量等。必要时应采取邀请招标方式选取勘测设计单位。

(2)由项目法人负担勘测设计工作所需要的费用。勘测设计合同应载明付款方式和付款时间,按时拨付勘测设计费用,以便保证勘测设计工作顺利进行。

(3)做好外部环境协调,项目法人应组织专门机构,配合勘测设计单位一起工作,为项目勘测设计单位提供外部环境支持,方便其开展工作,提供后勤保障服务。

(4)提出对可行性研究的要求,并对工作过程进行监督和督促,必要时可以用邀请招标方式委托监理单位代为管理勘测设计工作。

(5)组织邀请专家结成专家组,召开专家会议,对勘测设计成果进行检查验收。

(6)勘测设计文件和概预算按项目管理权限报有关行政主管部门审查批准。

2.勘测设计单位选择

勘测设计工作在项目实施过程中,具有举足轻重的地位,设计质量的好坏,直接关系到工程项目质量的好坏。勘测设计阶段是项目实施过程中最辛苦的重体力劳动,更重要的又是一种高智力型劳动、是技术与艺术的结合性劳动。一项高质量的设计只能出自一个高素质的勘测设计队伍,勘测设计队伍技术水平的高低决定了设计质量的高低,设计质量的高低直接决定了项目工程质量的高低。为了保证高速公路项目的工程质量,选择一个高水平的勘测设计队伍是关键。

(1)勘测设计资质

《建设工程勘察设计管理条例》(国务院第293号令)规定:建设工程勘察、设计单位应当在其资质等级许可的范围内承揽建设工程勘察、设计任务。禁止建设工程勘察、设计单位超越资质等级许可的范围,或者以其他建设工程勘察、设计单位的名义承揽建设工程勘察、设计业务。禁止建设工程勘察、设计单位允许其他单位或个人以本单位的名义承揽建设工程勘察、设计业务。项目法人或发包方不得将建设工程勘察、设计业务发包给不具有相应勘察、设计资质等级的建设工程勘察、设计单位。

公路行业各级勘测设计资质承担业务范围如下:

①甲级工程设计单位承担的工程设计范围和地区不受限制。

②乙级工程设计单位可承担中、小型建设项目的工程设计任务,承担工程设计任务的地区不受限制。

③丙级工程设计单位可承担小型建设项目的工程设计任务,承担工程设计任务限定在省、自治区、直辖市所辖行政区范围内。

大、中、小型公路建设项目的区分,见表3-1。

公路项目建设规模划分 表3-1

序号	建设项目	结构类型	规模区分		
			大型	中型	小型
1	公路	等级公路	高速、一级公路	二级公路	三、四级公路
		互通立交	全苜蓿叶型、双喇叭型	—	—
2	桥梁	预应力钢筋混凝土连续结构、钢结构桥	总长1000m以上,基础水深15m以上,单孔250m以上预应力钢筋混凝土连续结构,400m以上斜拉桥,主跨250m以上钢筋混凝土拱桥,800m以上悬索桥	—	—
3	隧道		1000m以上独立隧道;500~1000m地质复杂隧道	—	—
4	交通工程	等级公路	高速、一级公路交通安全设施,监控系统,通信系统,收费系统,管理养护服务系统	二级公路交通安全设施,收费系统管理养护服务系统	三、四级公路交通安全设施,道班房

(2)勘测设计单位资格审查

项目法人应按照上述规定,严格勘测设计单位的审查,拒绝接受超过资质等级允许范围的勘测设计单位参与本项目勘测设计。拒绝其他单位或个人假借有合格资质勘测设计单位的名义参与本项目勘测设计。在进行勘测设计单位资格审查时应把住以下三关:一是审查勘测设计单位资质的业务范围;二是审查资质的真伪,年审、登记手续是否齐全,假借冒用其他单位资质;三是审查勘测设计单位的人员素质水平。

3.设计质量审查

项目法人要求达到的工程勘测设计的总体目标是:所建工程质量安全可靠,方案设计技术上可行,项目造价经济合理,项目建筑美观适用。项目法人应根据以上目标,对勘测设计的全过程尤其是对勘测设计单位提供的设计半成品、设计成品进行严格审查。

(1)从专业技术的角度审查设计质量

从专业技术的角度审查设计质量,项目法人应从功能性、安全性、经济性、可能性、可行性等多角度对设计质量把关。

①工程地质审查。工程地质审查实际上是对地质勘探资料及勘探成果的审查。

a.功能性:评定建设项目地质勘探成果是否能达到项目设计和施工要求的深度,确定是否需要补充地质勘探。

b.安全性:评定地质勘探成果能否保证设计项目本身的安全,能否保证施工操作安全。对工程影响工程安全的地质情况是否有应对的方案措施。

c.经济性:评定地质勘探成果提供的地质参数是否满足设计方案经济合理性要求,地质资料是否有过于保守的倾向。

d.正确性:评定地质勘探成果的各项数据取值依据是否科学,计算方法、计算结果是否正确,实验手段和实验方法是否规范。

e.可行性:评定勘探资料所推荐的设计方案是否具有付诸实施的可行条件,施工技术、设备水平是否达得到方案推荐高度。

②设计图纸和计算书审查。计算书是设计图纸的根据,设计图纸是工程形象体现。对图纸和计算书的审查同样是非常重要的。

a.功能性:评定设计图纸和计算书内容是否齐全,是否能满足施工整体和施工深度的需要,所有计算项目是否全覆盖;设计图纸所反映的工程是否全面涵盖了项目建设的目的、用途、功能。

b.安全性:设计图纸所采用的方案是否能达到工程本身使用安全标准,方案的采用、计算数据的采用是否能保证施工过程的安全,各项安全技术指标是否达到规范要求。

c.经济性:设计方案是否有经济比选、优化,数据计算是否正确,取值范围是否合理,施工工期、施工工艺是否合理。对新材料、新设备、新技术、新工艺的推荐采用是否充分。结构设计是否存在过于偏大偏保守现象。

d.正确性:评定工程建设项目在设计方案是是否充分体现了项目使用阶段要求,设计方案是否能完全实现项目的使用功能。

e.可实施性:设计方案推荐的施工方法在施工技术上是否可行,施工设备上是否可行。要求设计方案应满足施工现场要求,应方便施工,方便安装。尤其是大型桥梁、隧道的施工,设计方案推荐的施工方法应符合实际情况,符合地质地形条件。

f.适应性:设计方案是否考虑了环境保护、水土保持、文物保护、民风民俗的保护,是否考虑了使用上的舒适美观,与周围环境协调等。

③概、预算审查。主要包括:

a.全面性:工程概、预算的直接费是否包括了工程的所有分部、分项,是否有漏项;对非图纸产生的工程费用是否有充分考虑；各种应取的间接费是否都已计列在内。

b. 安全性：安全性取费是一项强制性指标，概、预算是否规定取足；对个别危险项目的设计是否计取了安全措施费。

c. 经济性：应审查工程量计算是否有偏大现象，工、料、机的概预算单价是否合理，各项取费指标是否使用正确，各分部分项取费是否多计、重计。

d. 正确性：应审查各种数据的取用是否正确，计算方法是否规范，计算结果是否有错误。

④施工方案审查。公路建设项目的各阶段设计都应提出施工方案、施工方法或施工组织设计，对这部分设计文件的审查应注重以下方面：

a. 功能性：施工方案的功能是否齐全，各种施工方案是否全部包含整个工程的全部内容，各种方案是否符合现场施工条件。

b. 安全性：各项施工方案是否安全可靠，计算是否充分准确，安全措施是否考虑充分合理，重点、难点工程项目施工的安全保证是否突出。

c. 经济性：审查施工方案是否实事求是，采用的技术措施是否经济合理，有没有贪大求洋现象。各种措施对新材料、新设备、新技术、新工艺的采用是否有充分考虑。

d. 可行性：审查施工方案是否建立在实事求是、符合现场实际、符合施工技术、符合机械设备人力物力条件的基础之上，执行起来是否行得通。

⑤安全、环保审查。对设计文件的审查，安全、环保的内容也是审查的重要方面。

a. 功能性：主要是审查设计方案中的安全环保设计是否充分、齐全，安全、环保设计是否能充分达到安全、环保效果。

b. 安全性：主要是审查安全、环保设计是否真正安全、环保，是否有设计漏洞，对防洪、防台风、防震、防冰冻等是否符合规范规定要求，环保措施是否具体。

c. 经济性：审查安全、环保是否经济、实用。

d. 正确性：审查安全、环保设计措施是否准确到位，是否放置妥当，是否实用有效。

e. 可行性：审查安全、环保设计方案在施工执行中是否行得通，是否有与项目主体工程相冲突的地方、相违背的地方。

(2)设计质量审查重点

设计质量审查的重点应从设计效果的角度对勘测设计文件进行审查分析。项目法人应从设计方案的合理性、工程系统设计的协调性、各分部分项设计工程的完整性等方面对设计质量进行审查。

①总体设计方案审查的重点。总体方案设计方案所运用的设计依据有：项目批准文件、相关法律法规、公路设计标准、设计施工规范规程是否正确、准确；总体方案是否符合项目建议书的要求、规定，是否完全执行落实了可行性报告审查批复意见；总体方案与实际情况是否相符，与自然景观是否协调，与水文地质、地形地貌条件是否吻合；总体方案是否充分体现了项目的经济效益和项目的社会效益。

②地质勘探资料审查的重点。地质勘探所反映的地质数据资料是否真实；资料的计算、整理是否正确；勘探深度能否满足工程设计的需要。

③初步设计审查的重点。审查初步设计内容是否全面，能否满足招标需要，各部设计方案是否与总体方案一致，概算编制是否正确。

④施工图审查的重点。审查施工图能否满足施工要求，工程结构施工图设计各部尺寸的标注是否完备、正确，施工预算是否正确。

(3)设计质量审查方法

①分段把关控制

公路建设项目的勘测设计是分步骤分阶段进行的，设计质量的审查应分段把关。

对于勘探与测量工作，分外业钻探取样与测量收集资料阶段、内业资料计算阶段、资料成果整理阶段。项目法人应详细了解各阶段的工作内容，进行跟踪把关。

对于图纸设计工作，一般可以分为方案拟定阶段、方案草图阶段、设计校核阶段、成图阶段、工程量计算阶段。同样项目法人应分段把关，分步骤进行质量控制。

对于概预算工作，可以分为工程量校核阶段、运用概预算计算办法进行分项工程概预算阶段、资料汇总阶段。项目法人应对每个阶段的计算过程层层控制，做到步步跟踪。

②多方案优化比选

由于设计单位对于项目投资多少没有例行利害关系，而偏重从安全角度考虑问题，往往采用保守设计。项目法人在进行设计质量审查时应采用多方案优化比较法，提出不同的比较方案，进行经济、技术比较。特别是在水文地质、地形地貌复杂的条件下，设计方案更应该采用优化比选。如路线设计方案中，地形条件复杂时，是否可以考虑采用分离式线形方案，路线通过湖沼河滩地区的高填路堤是否可以考虑采用高架桥通过等。

③分层次、分级会审

审查设计质量最好应该对设计成果采用分层次、分级会审。所谓分层次分级会审就是随设计进度进行层层会审。当设计进展到某一步时，就可以考虑对已完成的设计半成品进行初步会审，会审通过后设计单位继续延伸设计，设计深入到某一步时又再审一次，到设计全部完成之后，最后总会审一次。这种分层次分级会审方法，既可以让项目法人随时掌握设计进度，又可以避免一次性会审工作量复杂繁多的弊端。

更值得指出的是：分层次、分级审查还可以为设计单位减少很多不必要的返工工作量。分层次审查，审查出需要返工重作时，返工量不会很大。如果是采取一次性会审，当审查出某些分部、分项工程需要返工重做时，有时需要从头返起，造成浪费。

④专家诊断定案

专家会审定案也是控制设计质量的一种有效方法。对于一些大型的、技术复杂的高速公路项目，设计单位往往会因为抢设计进度，忽略了某些关键性设计，需要请专家会审把关；另外，如果项目法人自己的技术能力、知识水平达不到相应高度时，就更应该邀请专家进行会审把关，保证设计。

⑤设计结果反证分析

仔细审查设计质量，是使设计完全满足建设工程“结构质量安全可靠、方案设计技术可行、项目造价经济合理、工程建筑美观适用”必不可少的手段。审查的最后一道程序是使用反证法。

反证法的具体做法是：如果采用已经确定的设计成果，项目施工技术可行性、安全性会怎样？项目使用营运的适用性、安全性会怎样？如果更换采用另外的设计方案，项目施工技术可行性、安全性会怎样？项目使用营运的适用性、安全性会有怎样的变化？通过正反两个方面的比较，证明设计成果是否合理。

六、设计常见问题

项目法人应充分了解勘测设计单位存在的常见问题，有的放矢进行勘测设计管理，及时纠正勘测设计偏差，保证按时完成勘测设计任务，避免设计质量问题，有很大的好处。勘测设计单位常见的问题主要有：

1.越权勘测设计

越权勘测设计主要表现在：低资质勘测设计单位超出资质范围承担勘测设计项目，无资质单位或个人承担勘测设计项目，非公路专业资质承担公路勘测设计项目，挂靠有合格资质的单位承担勘测设计项目，设计单位将承接的项目转包给不具备相应资质的其他单位或个人等，这些都属于越权设计。只要是设计单位的资质资格不相应，设计成果一定漏洞、错误百出。

2.设计深度不够

设计深度不够，容易造成工程项目的先天性缺陷，或者是设计无法指导施工，导致工程返工、停顿、互相干扰等。具体表现在：

（1）勘探资料不充分。路基施工大量出现地质地段软基处理增加，承包人在投标时采用不平衡报价（有意抬高软基处理单价），引起项目投资成本增加或超出；桥梁基础设计方案不当，基础落实不到位，产生工程安全隐患；隧道开挖施工采用的方式方法不对、支护设计方案不对、造成施工和工程本身安全事故等问题都可能发生。

（2）初步设计深度不够。不能满足招标投标要求，工程概算控制不好造成预算突破概算。还会导致施工图设计不完善，工程出现缺陷、造成使用功能不全，甚至丧失使用功能。

（3）施工图设计深度不够。体现在对初步设计审查意见没有全部落实执行，设计文件不能全部符合施工要求，工程各分部、分项衔接组合不上，质量控制有缺陷造成工程安全隐患。由此而引发工程质量事故、安全事故。

3. 设计漏项或擅自增减设计内容

设计文件不全面，不充分，有明显的漏项发生，或者是设计单位对某些设计项目出于某些原因有意增减。

4. 施工图设计违背初步设计

这种现象在设计阶段时有发生，施工图设计与初步设计在设计规模上、总体方案上、结构组合上、细部尺寸上出现与初步设计不符。既没有合法的变更手续，也没有变更理由说明。项目法人应对这种情况作充分了解之后进行处理。

5. 设计单位现场服务不到位

施工是设计的具体化过程，施工还是设计继续深入延续的过程，进入施工阶段，设计单位的工作并没有结束，设计单位应用善始善终的态度，认真负责地完善对施工的服务。

设计单位对施工服务不到位的常见问题有：

（1）设计单位派驻施工现场的设计代表组力量不强。设计单位派出的设计代表，经常在人员数量上和素质水平上都不能满足施工需要，造成施工困难。项目法人应行使权力，监督、督促设计单位派出符合施工要求的设计代表。

（2）现场交桩不完备。设计到施工，在时间上有一段差异，因为时间的久远，现场有部分勘测的控制桩点可能被损坏，可能被移动。设计单位没有认真查看各桩点的可靠性，交桩可能发生错误而导致施工出现误差。项目法人应督促设计单位认真考查勘测设计桩点正确性，另外，应由设计、监理、施工、项目法人四方现场签署交桩记录。

（3）打桩交底不彻底，图纸会审咨询意见回答不具体。设计单位应在开工前到施工现场进行图纸介绍和技术交底，对项目法人、监理、施工方对图纸提出的咨询意见给予回答解释。经常有这步工作走过场的现象。项目法人有责任要求设计单位认真对待技术交底和咨询意见解答。

第四节　项目法人在招标投标阶段的主要工作

为了规范公路工程施工招标投标活动，保证公路工程施工市场秩序，维护公路建筑市场各方当事人的合法权益，依据《公路法》和《招标投标法》，交通部于 2002 年 6 月，再次重新修订了《公路工程施工招标投标管理办法》。并于 2002 年 8 月 1 日起执行。

一、公路建设项目招标、投标意义

建筑市场改革的重要表现就是建设项目管理实行法人制，施工单位选择实行招标、投标制，施工管理实行监理制。高速公路施工项目采取招标、投标办法，是项目法人（又称为招标人）对自愿参加某一特定高速公路项目建设施工的企业（又称为投标人或承包人）进行审查、评选确定的过程。高速公路建设项目的招标、投标充分体现了建筑市场公平竞争的市场化机制，在我国社会主义市场经济条件下，推行的招标、投标制度，对于促进建筑市场的资源的优化配置，提高建设项目的管理水平，增加项目投资的经济效益，保证工程建设的质量与安全，加快施工进度确保工期，具有重要意义。

二、项目法人(招标人)招标准备工作

工程招标工作是一项政策性很强的工作，要求项目法人（或招标代理人）应该做好各方面的准备工作，周密计划安排，保证招标工作顺利进行，圆满成功。招标准备工作大致有以下一些方面。

1. 招标计划报告备案

(1)制定招标计划

项目法人(招标人)应在招标工作正式展开之前，制定招标工作计划，确定招标日期、招标内容、招标方式与投标人资格要求等。应根据建设项目的工程特点、建设规模，执照方便管理、方便施工的原则，将整个建设项目划分成若干独立标段。如果是采用分两步走的方式进行邀请招标时，还应确定分两步走的工作划分内容(分两步走的邀请招标形式，第一步：对特定投标人和招标项目进行技术摸底；第二步：对有把握的特定投标人发出投标邀请)。

(2)提交招标报告备案

根据项目招标计划，项目法人(招标人)应按照项目管理权限，向有关政府交通运输主管部门提交招标报告备案。招标报告的内容包括：招标项目名称，工程性质，建设规模，招标计划，标段划分，招标方式，已具备招标条件说明，投标人资格要求，评标方法，评标委员会组建方案，评标安排等。

2. 编制招标文件

招标文件是项目法人(招标人)向投标人发出的旨在向其提供编写投标文件所需要资料的书面文件，把建设项目招标与投标的依据、规则、程序等内容，在招标文件中向投标有告知。招标文件是招标过程中最重要的文件之一，是形成合同文件的主要组成部分。

(1)招标文件编制前提

项目法人(招标人)应根据国家有关法律法规规定、建设项目特点编制或委托编制招标文件。项目法人(招标人)自己具有编制能力的，可以自己组织编制招标文件；不具备编制能力的可以委托具有编制招标文件专业能力的招标代理机构或咨询机构代为编制。委托编制的招标文件，完成后应由项目法人(招标人)审查批准，并报相应交通运输主管部门核准备案。

(2)招标文件内容

招标文件的主要内容有：工程名称，工程性质，工程类别，建设规模，合同类型选择，招标条件，投标条件，合同条件，工程量清单，投标书要求，投标保证，履约保证，价格调整模式，施工规划要求等。

①招标说明。招标说明的内容包括工程概况、自然环境、施工环境、招标工程规模等。

②投标须知。投标须知是为了让投标人全面了解工程特点、合同性质、业主要求、标书编写原则的告知性文件。投标须知内容包括：招标承包方式，投标应具备的基本条件和强制性条件，招标程序及时间安排，投标人编写标书应遵守的原则要求，工程标段划分，标段投标安排，合同工期，合同价款支付规定，调价方式，投票保证条件，中标后履约保证条件等。

③合同主要条款。合同条款是标书的重要组成部分，它的重要作用就是让投标人预先知道一旦中标后的权利、义务和责任，以便在投标时充分考虑这些因素，决定是否愿意和能够承担各项合同责任，是否能承受有关合同风险。合同主要条款的主要内容有：基本条款，技术条款，经济条款，双方权利和义务条款，法律条款。根据《公路工程国内招标文件范本》规定，合同条款包括两部分：一是合同通用条款；二是合同专用条款。其中合同通用条款，在每个工程项目招标中都是通用的，重点是专用条款，它是项目法人根据本工程的特点所提出的一些有别于通用条款的特殊要求。项目法人为了维护项目利益，为了保证项目的顺利进行，对专用条款应特别关注考虑，力求做到全面与准确。

④工程设计说明与图纸及工程量清单。工程设计说明与图纸及工程量清单是编制合同报价的依据,力求准确全面。其主要内容有:工程总体说明,图纸说明,安装工程说明,工程量清单说明。特别是关于工程量清单说明,招标用工程量清单不一定很准确,也不要求百分之百准确,它不是施工过程中工程计量支付的依据,仅仅是各投标人平等计算标底的依据。

⑤工程技术与工程质量要求。这部分内容主要包括:工程交工验收应达到的质量标准,工程质量检查的依据,技术检验和质量监督规定,本工程有关质量方面的特殊要求等。

⑥工程报价和报价须知。在工程报价和报价须知中,主要说明投标人计算报价的依据,工程直接费、间接费、其他费用的取费标准,工程量清单说明和某些分项分部工程量的计算规则,价差处理等。

⑦其他说明。主要是说明超出《公路工程国内招标文件范本》以外的一些内容和关于本工程项目招标的一些特殊规定。

3. 编制标底

标底又称底价,也称之为标的。标底是招标工程项目的预期价格,是项目法人或其委托的设计单位、咨询公司计算出的项目标准造价。标底应具有合理性、公平性、公正性、真实性、可行性,应具有合理的利润空间。

(1)编制标底的原则要求

①计算标底的数据应与招标文件中的标段划分、工程量清单、招标文件载明的施工条件相一致。

②标底应根据招标文件所指明的图纸资料、国家和有关部委颁布的现行技术标准、公路工程概预算定额或其他补充定额、公路工程概预算编制办法进行编制。不得以概算金额乘以简单系数所得出的数字或调整概算金额作为标底。

③在标底总金额中,必须按国家规定列入施工企业应得的计划利润。

④公路工程建设项目的标底可以不列入大型技术装备费、施工措施费,但应有另外的使用途径,标底不得突破总概算加包干系数的合计金额。

⑤一个标段只能有一个标底。

⑥标底一经制定,就应立即封存,所有编制和接触过标底的人必须保密并负法律责任,必要时可以将这些人封闭隔离,直到开标后再解除封闭隔离。

⑦编制标底所采用的人工单价、材料价格、机械台班价格,都应是招标文件规定的现行市场价格,不得随意压低单价。

(2)标底价格的构成

标底价格的构成应包括工程项目成本(含主体工程费用,临时工程费用,其他工程费用)、投标人的合理利润、风险系数金额。标底中应按规定列入保险费用和安全费用,并申明该项费用不列入竞争性报价。

4. 投标人资格审查

投标人资格审查是项目法人(招标人)一项非常重要的工作。根据《中华人民共和国招标投标法》规定,投票人应当具备承担招标项目的能力,应具备国家对投标人资格的有关规定条件或招标文件中规定的资格条件。

(1)资格审查分类

投标人资格审查分为资格预审和资格候审两种形式。

资格预审是项目法人(招标人)在投标工作正式开始前进行的资格审查。即在接受潜在投标人的投标报名时,发给资格预审文件,要求潜在投标人填报好资格审查文件后,按规定时间提交给项目法人(招标人)。资格预审就是项目法人事先对投标人的资质条件、身份、业绩、人员素质、管理水平、生产资金、技术装备、负债水平、在建项目、能力信誉等进行综合审查。资格预审是招标过程的一个重要环节,实际上它是事先对所有报名的招标人进行的一次“筛查”。早期剔除资格条件不适合履行合同条件的投标人。

资格候审是项目法人（招标人）在投标人提交了投标文件之后，在评标过程中对已投交了合格标书的投标人进行的资格审查，或是在已经确定中标候选人后，对中标候选人进行的资格审查。

（2）资格审查程序

投标人资格审查应遵照一定的程序进行，应首先明确一定的资格审查条件，采取公开透明的原则进行投标资格审查。采用资格预审招标时，项目法人（招标人）只对通过资格预审的投标人发出投标邀请。具体资格审查程序如下：

①资格预审程序，主要包括：

a. 在发出招标公告时，告知本建设工程项目实行资格预审。

b. 在接受潜在投标人的投标报名申请时，售给资格审查文件。

c. 按规定日期收回投标人填报好的资格审查文件。

d. 组织对潜在投标人的资格审查文件进行审核，做出审核结论。资格预审机构及人员、预审结果，均要存档备查。

e. 项目法人（投标人）按照招标公告或资格审查文件中载明的要求和标准，对提交的资格预审文件的潜在投标人的资格做出决定，告知所有提交了资格审查文件的潜在投标人，资格审查是否合格。

f. 向通过资格预审合格的潜在投标人发出投标邀请函。

②资格候审程序，主要包括：

a. 在发布招标自信时，说明本建设工程项目招标实行资格候审。

b. 在接受所有潜在投标人投标报名申请时，同时发售招标文件和资格审查文件。

c. 按规定时间收回投标文件时，同时收回资格审查文件。

d. 在进行投标人标书评审时，同时或稍后进行资格审查文件评审。

e. 在通过资格审查合格的潜在投标人中，确定中候选人。

f. 只在中标候选人中再审查投标人资格是否合格。

（3）资格审查文件

资格审查文件是指导对投标人进行资格审查的纲领性文件，尤其是对于资格预审阶段，是关系到投标人是否具有投标资格的裁决书，应做到严肃认真、公平合理。其主要内容有：

①工程概况。

②资格审查说明。

③合同条款，特别是强制性条款和限制性要求。

④要求投标填报的各种报表

⑤主要工程图纸。

⑥资格评审要求。

（4）资格审查内容

选择合格优秀的参建单位，是保证工程质量的最基本条件。选对了参建单位，项目法人在项目实施过程中，将会减少很多麻烦。因此，合理的确定资格审查条件内容，对选准参建单位是至关重要的。一般来说，资格审查内容有以下几个方面：

①投标人合法身份。投标人应是正式注册的法人或其他合法组织，应具有独立签约能力和独立履行合同的能力，应处于正常的营运状态，有合法的投标权利。

②投标人资质。投标人的资质证书应是有效的，投标人的资质证书等级应与投标工程项目的规模和要求相对等或超出。选择资质等级高的、信誉好的投标人，是项目法人（招标人）愿望要求。

在建筑市场处于竞争激烈、处于买方市场时，项目法人（招标人）在选取投标人处于有利地位的前提条件下，对审查投标人资质应尤为慎重。防止弄虚作假而上当受骗。

③投标人综合实力。考察投标单位的人员综合素质，技术人员的数量和技术职称水平，公路工程专

业或相关专业的业务综合能力。必要时可以实地考察或明察暗访。

投标的综合能力表现在以下一些方面：一是看投标人的基本能力，包括公司的人员素质和结构组成、装备水平、检测手段；二是看投标企业的综合管理能力、技术水平、以往业绩和信誉；三是看派出的项目部经理、总工和其他主要人员的能力，注意考查他们的学历、专业职称、本专业工作经历，工作经验，管理能力，以往完成过哪些工程，规模大小，工程性质，复杂程度，完成情况，工作精神，责任态度，合作共事的团队精神等；四是看投入该项目的机械设备、实验检测手段等；五是看投标人目前已承担的在建项目数量及完成情况，还有多少剩余能力等。

④投标人财务状况。主要审查投投标人的资金总额（包括固定资产和流动资金），近几年的财务状况，近几年的财务报表和资产负债表；开户银行的信誉额度及保险公司证明；流动资金的承受能力等。

⑤资格认证情况。主要审查投标人的质量体系是否通过国际质量管理体系贯标认证，企业安全生产达标等级等。

⑥以往业绩完成情况和商业信誉。应综合评价投标人近 5 年完成各项工程的业绩表现，考查投标过去完成工程的质量、工期、安全方面的履约情况，过去是否有弄虚作假和欺诈行为，是否有串标围标等不良记录，是否有违法犯罪等。

⑦其他方面考查。全面了解投标人名称、住地、电话、隶属关系、联营单位等。

5. 发布招标公告

项目法人（招标人）所属的公路建设项目，进入招标阶段后，应在国内公开媒体上发布招标公告。真实地向社会公布建设项目的性质、要求，吸引有能力的投标人积极参与投标，也使一些不合格投标人知难而退。

（1）招标公告内容

招标公告的主要内容应该明确招标项目的性质和要求，让投标人对工程项目有一个充分了解。招标公告的主要内容有：

①项目工程概述。包括项目名称，工程等级，建设规模，所在地点，资金来源，招标范围，标段划分，投标分配，工期要求等。

②招标机构介绍。说明招标机构是项目法人自己招标还是请招标代理机构委托招标。准确公布招标机构的名称、地点、联系方式、联系人、负责人等。

③招标投标要求。说明发售招标文件的地点与时间，招标文件价格与付款方式。投标地点及投标截止日期（写清楚年、月、日，北京时），开标地点及开标时间（写清楚年、月、日，北京时），开标时间与投标截止日期相差时间不能隔得太远，一般在投标截止日期后 1～2 小时就应该是开标时间。公告还应说明投标人起码资格要求等。

④项目法人（投票人）联系方式、联系人等。

（2）招标公告发布

招标公告的发布应注意公告的时间性和时效性。项目法人（招标人）采用公开招标的，应在规定的国内媒体上发表招标公告，采用邀请招标的应邀请不少于 3 家投标企业参与投标。招标公告在媒体上发布的时间，距发售资格预审文件（或招标文件）的时间，最少不得少于 10 天。

三、公路工程施工项目招标工作组织过程

1. 招标范围规定

（1）招标范围

凡是在中华人民共和国范围内进行建设施工的“公路工程，包括公路、公路桥梁、公路隧道，以及与之相关的安全设施、监控设施、通信设施、收费设施、绿化设施、服务设施、管理设施等公路附属设施的新建、扩建、改建与安装工程”的以下项目，都应进行招标。

①投资总额在3000万元人民币的公路工程施工项目。

②施工单项合同估价在200万元人民币以上的公路工程施工项目。

③法律、行政法规规定应当招标的其他公路工程施工项目。

(2)不在招标范围内的项目

新的招标投标办法同时还规定：涉及国家安全、国家机密、抢险救灾或者利用扶贫资金实行以工代赈等不适宜进行招标活动的项目，可以不通过招标直接施工。

2. 招标组织形式

根据新的《公路工程施工招标投标管理办法》规定，公路工程建设项目的施工招标分为“公开招标”和“邀请招标”两种形式。

(1)公开招标

采用公开招标的，项目法人(招标人)或委托招标代理公司，应通过国家指定的报刊、信息网或者其他媒体，发布招标公告，通知具备相应资格的、不特定的施工企业法人参与投标。

国家招标投标法规定：公路工程建设项目施工一般都应当实行公开招标，勘测设计、施工监理、大宗材料采购、大型设备采购安装项目可以采用邀请招标。

(2)邀请招标

项目法人(招标人)以投标邀请书的方式，邀请3家以上具备相应资格的特定施工企业法人，参与某项公路建设项目的施工投标。

符合下列条件之一的公路工程建设项目施工，可以实行邀请招标：

①项目技术复杂或有特殊技术要求，且符合条件的潜在投标人数量有限。

②受地域环境限制的。

③公开招标的费用与工程费用相比，所占比例过大的。

某些邀请招标的公路建设项目，在进行邀请招标之前，必须履行审批手续。国家重点公路建设项目，应报交通运输部审查后经国家发改委批准，地方重点公路建设项目应报省级交通运输主管部门审查后报省发改委批准。

3. 高速公路建设项目招标条件

高速公路建设项目的招标，在招标投标工作刚在建筑市场领域展开时，只是对项目施工实行了公开招标，对施工监理实行了邀请招标，后来慢慢发展对勘测设计甚至包括可行性研究，都采用了招标方式。

高速公路建设项目的实施过程，包括决策和勘测设计前期工作阶段，需要进入招标程序时，必须具备招标的基本条件。

首先项目法人(招标人)必须具备自身资格，取得法人地位。即项目法人已经确定，并符合项目法人资格标准要求，才能进入实际招标程序。公路建设项目招标时，除必须具备法人资格的先决条件之外，还应分别满足下列各种条件：

(1)勘测设计招标条件

①项目可行性研究已经完成，项目建议书和立项申请报告已经过审查批准，并由有关部门已经下达计划任务书。

②项目勘测设计的有关前期文件已经全部编制、上报、审定。

③项目勘测设计的资金费用已经筹集到位。

④项目的建设规模、建设范围已经基本确定。

(2)施工监理招标条件

①项目设计文件已经全部完成，设计文件已基本具备项目施工要求，各种设计文件已得到审批。

②项目建设已列入年度施工计划，施工项目已经办理好施工许可证。

③监理费用已经落实。

(3)施工和材料设备采购招标条件

①初步设计和工程概算已经完成并经过审查批准。

②建房资金已经落实,年度投资计划已经安排确定。

③项目施工许可证已经办妥。

④具有满足招标所需的设计图纸、文件,并与设计单位已经签订了有保证施工进度所需的施工图设计文件。

⑤施工监理单位已经选定或正在选定,能保证监理单位在施工前到位。

⑥有关建设项目的永久性征地、拆迁、移民安置等已经基本落实,或已经有了明确的时间安排表和保证落实措施。

4. 招标组织方式的采用

高速公路建设项目招标是一项复杂的系统工程,具有完整的程序,需要复杂繁多的资料文件。过程烦琐、环节众多、专业性强、组织工作复杂,需要投入较大的专业人力和财力。现行的高速公路建设项目的招标一般均是采用以下两种方式进行。

(1)采用项目法人自办招标的条件

高速公路项目建设施工招标,项目法人在具备下列条件时,可以自行办理项目建设招标事宜:

①项目法人的人员组成、组织机构具有相应建设项目的工程管理、造价管理、财务管理水平能力。

②具有根据《公路工程国内招标文件范本》编制工程项目施工招标文件的水平能力。

③具有对投标人进行审查和组织评标的水平能力。

(2)委托代理招标的条件

项目法人不具备上述水平能力的,应当委托具有相应资质的招标代理机构代为组织办理项目建设招标事宜。任何其他组织和外人,不得为项目法人指定招标代理机构。

5. 具体招标程序

公路工程建设项目的招标活动,不管是采用自办招标还是委托招标,都应遵守下列程序:

(1)确定招标组织形式。可采用公开招标或采用邀请招标。采用邀请招标的,应当按照国家规定,首先报有关主管部门审批。

(2)编制投标资格审查文件和招标文件(资格候审的可暂缓编制资格审查文件),并根据《公路工程施工招标投标管理办法》第22条规定:国家公路主干线和国家高速公路网建设项目的工程施工招标文件,应当报交通运输部备案;其他公路建设项目的工程施工招标文件,应当项目管理权限报县级以上政府交通运输主管部门备案。

(3)发布招标公告,接受投标人报名;发售资格预审文件;采用邀请招标或采用资格候审的,可以直接发出投标邀请书,发售招标文件。

(4)对潜在的投标人进行资格预审。根据《公路工程施工招标投标管理办法》第25条的规定:国道主干线公路和国家高速公路网建设项目的资格预审结果应报交通运输部备案;其他公路建设项目的资格预审结果可根据项目权限,报县级以上交通运输主管部门备案。

(5)向资格预审合格的潜在投标人发出投标邀请书和发售招标文件。

(6)组织潜在的投标人考察项目工程现场,召开标前会议。

(7)投标人在编制标书过程中,在投标截止日期之前,项目法人(招标人)就招标项目发布补遗书,投标人确认补遗书已收到。

(8)在投标截止时间前接受投标人标书,并按招标文件规定时间进行公开开标。

(9)组建评标委员会,评审标书,推荐中标候选人。评标委员会由招标人代表、技术专家、经济专家三部分人组成,总人数为5人以上,其中专家人数不得少于2/3。根据《公路工程施工招标投标管理办法》第40条规定:国道主干线公路和国家高速公路网建设项目的评标委员会专家,应从交通运输部设立的评标专家库中随机抽取；其他公路建设项目的评标委员会专家，应从省级人民政府交通运输主管部门设立的评标专家库是随机抽取。

中标候选人推荐 3 名，并排定名次。

(10)确定中标人。评标报告和评标结果应按照《公路工程施工招标投标管理办法》第 48 条规定：招标人(或项目法人)应当将评标结果在招标所在地的省级交通运输主管部门政府网站上公示，接受社会监督，公示时间不少于 7 天。

(11)发出中标通知书。根据《公路工程施工招标投标管理办法》第 51 条规定：招标人(或项目法人)在确定中标人后，应向中标人发出《中标通知书》，并同时将中标结果通知其他两个未中标候选人。

(12)与中标人签订公路工程施工合同。根据《公路工程施工招标投标管理办法》第 53 条规定：招标人(项目法人)和中标人应当在自中标通知书发出之日起的 30 日内，签订书面公路工程施工合同。

6. 关于招标的说明

以上条文中的若干条规定，主要是针对公路工程建设项目施工而订立的。在公路工程建设项目施工招标中，必须完全按照条文规定执行。但在项目决策阶段、勘测设计阶段招标中，在施工监理招标中，在大宗材料和大型安装设备招标中，只需参照执行。在公路工程建设项目施工招标中，项目法人不管是采取自办招标还是委托招标，都应该完全遵守上述规定，做好项目法人应做的工作。

四、关于开标和评标

开标和评标是整个招标工作中两个极其重要的环节，也是两个政策性极强的敏感环节，应高度重视，加强组织。

1. 开标

(1)参加开标的单位和人员

高速公路建设项目的施工招标，开标会议所有的投标人代表(企业法定代表人书面委托的法人代表)都必须到场，项目法人(投标人)，监理单位代表，均应参加；当场上级主管部门、公证机关、代办金融机构均应派遣代表参加。

所有到会人员均应签到。

(2)开标地点、时间

开标的地点应是招标文件上规定的地点，最好是投标人交送标书的地点；开标的时间应该是标书投送截止日期后的某一时间，相差应在 1～2 小时之内，时间间隔太长有可能造成标书泄密。

(3)验标和开标

①项目法人(招标人)的具体负责人，在规定的时间、地点接受投标人的标书，应当场检验标书的包装和密封是否符合规定和完好无损。

②开标主持人宣布开标人员名单。开标人员至少应由下列人员组成：主持人、验标人、监标人、开标人、唱标人、记标人。由开标主持人对整个开标过程负责，查验并宣布应到人员，宣布开标程序和开标纪律。

③开标现场再次查验标书。现场开标前的标书查验包括以下几个环节：

第一个环节是对标书的外包装和密封进行查验，确认并当场宣布标书的外包装和密封符合规定，然后进入拆开标书环节。

拆开标书以后进入标书查验的第二环节。第二环节查验主要是文书查验。应查验标书文件是否齐全，有无明显重大错误和缺损。

第三个环节是技术审查，看标书的签字、印章是否齐全。

第四个环节是商务审查。看标书的文字书写，数字的大小写是否符合规定和一致。

第五个环节是投标保证金审查，看投票人是否按规定缴纳了投标保证金，查验缴费收据。

④唱标、监标、记标。由唱标人宣读唱标要素：一是宣布标书查验全部合格；二是唱读标书大小写标价。监标人一旁监督唱标人的唱读是否有误。记标人记录标价大小数据。

⑤开标会议纪要。由开标会务组人员现场写出开标会议纪要，交与会人员签认，公证机关代表宣读公证词。

2.评标

(1)评标原则

①评标工作应封闭进行，独立评标，不受外界任何干扰。

②合理标价原则，一般不采用最低标价中标，而是推荐合理低价中标。

③排除恶意低标原则，应审查个别投标人利用招标文件的条文钻空子，报出恶意低标价，影响评标结果。

(2)标书初步审查

在进行正式评标之前，应对所有标书进行初步审查，只有通过了初步审查的标书，才能进入评标程序。标书初审的要求如下：

①核查投标报价。报价的核查首先是核查报价的大小写是否正确，再核查计算是否有误。大写与小写不一致时，以大写为准；单价与合价计算有误时，以单价为准；合价与合计有误时，以合价为准；合计与总计有误时，以合计为准。按以上原则进行报价核查调整后，按从低到高排序填写“报价一览表”。

②评定标书的完整性和影响性。完整性评定主要是：对标书的技术文件和商务文件按招标文件要求进行对照审查，看是否满足和符合招标文件的各项规定。对编制和填报的标书有偏离了招标文件的，还要进一步评定偏离的影响程度。对只有微小偏离，不影响评标进行的标书，做记录在案。对有严重的实质性偏离影响评标结果的，或对招标文件规定申明有保留意见的标书，做废标处理。

③评定标书的法律手续。标书的法律手续评定包括三个方面的内容：一是核查投标人在所在国家地和所在地注册登记是否真实、合法、有效，资质证书、税务登记证、安全达标证是否齐全。如果有外国公司参与投标时，还要审查投标人是否持有有效的我国驻该国大使馆商务经济参赞铜处证明。二是审查投标人的代理人是否有公司法定代表人签署的书面授权。三是核查标书的签字和盖章是否齐全。法律手续不全的标书，一律作为废标处理。

④企业信誉评定。企业信誉评定主要是看企业近几年被授予合同的执行情况，工程、工期、安全履约情况，是否有违约欺诈行为，是否已列入市场黑名单。

⑤评价投标人的财务能力。投标人的财务能力的评价内容颇多，应详细逐条评定。主要内容有：投标人的年生产能力和承担本项目的能力；投标人完成本项目的年流动资金量与净流动资产的比率指标表现出是否有足够履行本合同的营运资本；用长期财务平衡系数衡量投标人目前自有资产对承包本合同项目的保证程度；用债务比例、利息率、收益率衡量投标的偿债能力和举债经营能力；用速动比率指标测定投标人偿还流动负债的能力；用经营利润率和资产利润率衡量投标人的获利能力；利用银行贷款信誉额度衡量投标人的金融信誉和贷款能力。以上各条应一一逐条核查。

⑥审查施工组织设计。对投标人标书中提交的施工组织设计，应进行可行性、合理性评定。主要看投标人施工组织设计中所提供的施工方法、施工方案、工期安排、质量控制、安全管理是否符合实际，是否真实可行。

⑦审查施工能力。施工能力的审查主要是看投标人投入本施工项目的主要管理人员、技术人员、机械设备、实验检测仪器、生产工人是否满足本工程项目的要求。主要管理人员、技术人员的施工经验是否能应付本工程项目的施工难度。

⑧质量保证体系、安全保证体系审查。审查投标人施工组织设计中的质量保证体系和安全保证体系的完整性和有效性，衡量投票人对工程质量和施工安全的可控能力。

⑨审查报价合理性。对报价合理性的审查，主要是看投标人的报价是否是根据招标文件规定的方法进行分析计算，是否有不合理报价和不平衡报价。应充分注意有投标人故意采取不平衡报价，将某些

分部分项工程压低报价，而对某些具有潜在利润的分部分项工程有意抬高报价。

(3)标书的终评

终评是对已经通过初审的潜在投标人的投标文件进行最后全面审查。要求投标人对在初审中提出的关于投标书质疑进行澄清，并将澄清意见进行书面确认。质疑澄清结束后，开始对标书进行终审评议。终评的步骤如下：

①复审投标人资格。对投标人的资质证书、施工信誉、财务状况，进一步进行复查。如复查中发现投标人资格与投标自己申报材料有重大出入的，项目法人(招标人)有权取消该投标人的投标资格，宣布该投票人的所有标书作废。

②复评投标人履约能力。对投标人的施工组织设计、施工能力、施工经验、履约信誉等进行复查，如发现有重大问题时，项目法人(招标人)有权取消该投标人的投标资格，宣布该投票人的所有标书作废。

③计算投标报价。进一步计算纠调整投标人报价中的错误。

(4)评标

国际上通常采用的秤标方法有最低投标价法、最低评标价法、综合评标法 3 种。

评标方法包括合理低投标价法和综合评标价法两种。

①最低投标价法。最低投标价法，顾名思义，就是报价最低的投标人中标。这种方法只适用于技术含量低、规模小、结构简单的一般公路建设项目，高速公路建设项目不宜采用。这种方法就是根据投标人的报价，顺序由低到高推荐 1、2、3 名中标候选人。

这种方法的最大特点是：评标中无法充分体现项目法人意图，一旦开始评标，项目法人再无法左右评标结果。有时会出现恶意低标中标。这种评标法不排除有少数投标人，为了获得中标，恶意压低标价，跌破成本报价，获取中标后，在项目进行中与项目法人无理纠缠。因此，项目法人(招标人)在招标文件中应规定排除恶意低价条款，将恶意报价的投标文件作为废标处理。

②最低评标价法。最低评标价法的核心是评标委员会应对投标的报价进行加价调整，得出所谓的“评标价”。最低评标价法的操作过程是：项目法人(招标人)在招标前应制订标书加价细则。开标后，评标委员会根据评标加价细则，将投标人的标书中的技术文件和商务文件对照细则逐条进行加价分析，得出加价数。投标人报价加上加价，即得出“评标价”。将“评标价”排序，由低到高 1、2、3 名为中标候选人。

一般来说，投标人报价低，加价少，评标价就会相对低。但也不排除报价相对比较高，但加价少，得出的评标价相对低的情况，出现报价相对高一点的投标人中标。

③综合评标法。综合评标法的评标过程，其核心是评标委员会对投标人的标书进行量化打分。评标委员会对满足招标文件实质性要求的投标文件的技术标书和商务标书，按照事先规定的评分标准进行打分，并按得分多少由高到低排序，前 1、2、3 名为中标候选人。综合评分相等时，以投标报价低的优先；投标报价也相等的，由招标人自行确定。

这种评标方法的要求是：评标委员会对各个评审因素进行量化时，应当将量化指标建立在同一基础或者同一标准上，使各投标文件具有可比性。对技术部分和商务部分进行量化后，评标委员会应对这两部分的量化结果进行加权，计算出每一投标的综合评估价或者综合评估分。根据综合评估法完成评标后，评标委员会应拟定一份“综合评估比较表”，连同书面评标报告提交给项目法人(招标人)。

(5)评标报告和评标结果公示

评标结束后，评标委员会应综合所有评委的评标结果，写出评标报告，报项目法人(招标人)。

①评标报告的内容组成。评标报告应包括：评标简单经过叙述，参与评标的标书数，宣布为废标的个数，列表说明有效标书的评审结果，依次推荐的中标候选人，所有评标委员亲笔签名。

②评标结果公示。项目法人(招标人)应将确定的中标候选人在一定范围的媒体上公示 7 天。公示未发生投标作弊线索时，确定中标人。第 1 名有投标作弊时由第 2 名中标；第 1、2 名有投标作弊时，第 3 名中标；第 1、2、3 名均有投标作弊时，项目法人(招标人)宣布流标。并研究确定该项目重新招标

方法。

招标公示结束后，项目法人(招标人)向中标单位发出《中标通知》。

(6)招标总结报告

项目法人(招标人)在招标工作结束、确定中标人后的15天内，向项目主管部门提交招标总结报告。

(7)签订书面合同

自中标通知书发出之日起，30天内项目法人和中标人进行合同谈判，并签订书面合同。中标人向项目法人缴纳履约银行保函。

五、招标投标存在的主要问题

工程项目建设实行招、投标制，在我国已经实行20多年。20多年来，招、投标制度的实行，对促进我国建筑市场健康、有序发展起到了很大的促进作用。但是，由于我国建筑市场发展太快，各项管理制度不是很完善，加上中国建筑市场本身市场化不健全，粥多僧少，市场导向长时间向买方市场倾斜，导致招标、投标工作问题突出，乱象丛生。

1.问题的主要表现形式

(1)资格审查违规操作

①在进行资格审查时，超过项目要求，故意抬高项目技术指标，用抬高门槛的方法排斥某些合格投标人，以达到让个别特定投标人中标的目的。

②在资格审查条件中，设置一些不平等条件，对本地区投票人采取降低门槛的做法，排斥外部投标人。这是一种明显的地方保护主义，非常不利于建筑市场的平等竞争发展。

③不采用交通运输部统一颁布的《国内公路工程招标文件范本》规定编制资格预审文件，而是采用其他行业的条件，使资格预审结果让其他行业某些具有高资质的单位过关，而把本行业一些相对资质较低的合格单位排斥在外。

④不公开资格预审条件、程序与方法，暗箱操作，使资格预审流于表面形式，让某些内定的投标人过关，使招标工作出现严重的不公平。

(2)招标文件编制不规范

①工程量清单不按《国内公路工程招标文件范本》编列，项目序号与范本不一致，导致标底计算、投标报价计算无法利用统一计算机软件进行。

②故意缺失某些内容。如有的招标文件有“评标办法”，但没有“评标标准”，故意为投标工作设下埋伏，为让某些特定的投标人中标创造条件。

③要求投标人报送的标书格式不明确，不是按范本要求列出，而是为了体现项目法人利益，增加一些其他不合理要求，出现招标偏离公平、公正原则。

(3)招标行为不守法

①项目法人(招标人)不与招标代理机构签订合同，或者合同中没有明确要求，致使招标代理机构不按规范行事，不遵守招标投标相应法律法规。

②项目法人(招标人)或招标代理机构不遵守招标、投标中的时效规定，为了工程能尽快开工，压缩标书编写、公示、签约时间等，增加投标人的工作困难。

③在合同专用条款中，项目法人(招标人)编列某些超标准条件，使投标人与招标人无法处在平等的地位上。

④项目法人(招标人)有意压低标底，完全压缩了投标人的合法利润空间，或者一味强调低报价中标，致使履行合同的过程困难重重，或者出现施工单位严重偷工减料，导致安全、质量事故发生，带来严重不良后果。

⑤招标行为不守法的另一个问题是：长官意志，领导插手，以权代法。这种现象在公路建筑市场中

发生的概率，过去还是个别现象。

(4)评标过程不合理

①专家数量不足，或者专家不是从交通行政主管部门的专家库中随机抽取，而是项目法人(招标人)聘请，有时甚至聘请的根本就不是交通运输行业专家。

②评标过程无评标记录，评标结束后无评标报告，有评标报告无全体评标委员签名，或者评标报告不向上级交通行政主管部门书面报审。

③评标不封闭进行，有泄密现象。

(5)投标行为不守法

①投标单位千方百计找关系，找熟人企图利用不正当途径、不正当手段中标。项目法人(招标人)应采取多种措施，杜绝这种现象发生，撕裂关系网，斩断利益链。

②采用不平衡报价。有意抬高隐蔽项目容易变更增加项目的报价单价，压低变更减少项目的报价单价。项目法人(招标人)应在招标文件中安排有防止不平衡报价的措施。

③围标。由于建筑施工市场竞争激烈，部分单位采取围标方法竞标，这种现象现在还不是少数。其实项目法人(招标人)、招标代理公司只要稍加注意，就不难发现围标问题。凡是围标，标书文件一般都是由主投标单位编制，文件中不可避免地会出现一些雷同的地方。发现这种情况，经落实确系围标的，应取消投标资格。

(6)中标单位违规

中标单位不按规定签约；中标单位将工程转包，甚至层层转包；中标单位不按合同承诺进场，所谓一流单位投标、二流单位进场、三流单位施工说的就是这种现象。

2.招、投标问题的严重后果

多年来由于招、投标存在诸多问题，产生的后果相当严重。它不仅严重破坏了建筑市场的公平竞争法则，极大地挫伤了施工企业的积极性，阻碍了施工企业的正当发展，破坏了建设市场的健康运行，而且让个别腐败分子有机可乘，以权谋私，以权乱法，滋生出种种市场腐败，这就是多年来为什么公路建筑市场是腐败重灾区的原因所在。严肃法纪，人人遵法守法，领导以身作则。

党的十八大以来，在全国开展的党的群众路线教育活动，开展了全面反"四风"活动，为建筑市场的招标、投标工作顺利开展扫清了道路，排除了障碍。项目法人(招标人)应抓住现在大好时机，趁势而上，正确运用招标、投标利器，把公路建设项目的招标、投标工作做好。

第五节　项目法人在项目开工前的准备工作

公路工程建设项目通过可行性研究、立项决策、勘测设计、招标投标等一系列前期工作完成后，就进入了施工阶段。一个公路工程建设项目在正式进入施工之前，还有很多施工前的准备工作。尤其是高速公路，作为高速公路建设项目的项目法人，对这些工作必须要有充分的了解和认识，并细致全面地完成这些准备工作，才能保证工程项目得以顺利施工、完工。

一、开工前内部工作准备

所谓内部准备工作，是指项目建设指挥部在开工前应做好的一系列围绕项目施工环境内部必须满足施工需要的一系列施工准备务虚工作，这些工作主要包括以下几个方面。

1.组建施工项目现场管理机构

关于现场管理机构的组建，也就是组建项目建设指挥部，制订各种规章制度、岗位职责和管理办法。本书在第一章和第二章的有关章节中对工程指挥部的建设做了详细说明，在此不再重复。

2. 组织指挥部人、财、物到位

项目开工前，工程指挥部应事先开始运作。运作所需的一些基本条件必须落实到位，这些基本条件包括人员、启动资金、办公地点、办公硬件软件设备、生活设备、交通通信手段等。

3. 办理质量安全监督申报手续

在工程项目开工之前，项目法人应向工程所在地市级以上政府质量安全监督部门，办理工程施工质量、安全监督申请，接受政府质量、安全监督部门对工程施工质量和安全的监督。

根据《公路工程质量监督管理办法》的规定：交通运输部、省级人民政府交通运输主管部门、有条件的设区的市级地方人民政府交通运输主管部门委托所属的质量监督机构具体实施公路工程质量监督工作。县级人民政府交通运输主管部门和未设置专职质监机构的设区的市级人民政府交通运输主管部门应有专职或者兼职质量监督人员，并接受上一级质监机构的业务指导。质监机构应当在交通运输主管部门委托事项的范围内实施公路工程质量监督工作。《公路工程质量监督管理办法》只说到了质量监督的问题，根据形势的发展需要，安全生产越来越受到重视，各级政府实已经把施工安全监督工作授权给了质量监督部门。

4. 签订各类合同

公路工程项目在施工阶段，参建单位主要有监理咨询单位、施工监控检测单位、施工单位、大宗材料供应单位、大型设备安装采购供应单位等。凡是这些参与的单位，项目法人都应一一与之签订协约合同。双方在合同范围内履行权利和义务。

二、开工前外部工作准备

所谓外部准备工作，是指项目建设指挥部在开工前应做好的一系列围绕项目施工外部环境必须满足施工需要的一系列施工准备务实工作，这些工作主要包括以下几个方面。

1. 督促检查参建单位进场

一个高速公路建设项目，施工阶段的参建单位主要有施工、监理、监测、设计单位等。项目法人应该对这些单位的进场情况进行认真督促检查。

对施工单位的检查主要是检查承包人按合同承诺组织进场，承包单位的人员、机械设备、试验检测仪器、材料是否与合同承诺相符。合同规定要求承包人建立工地实验室的，应检查承包人工地实验室的建设规模及水平，督促承包人工地实验室办理证照。检查时可以督促监理单位对承包人进场情况进行检查，听取监理对检查情况的汇报。

对监理单位的检查主要是检查监理单位履行合同承诺情况，人员、仪器设备是否按合同承诺进场，督促监理实验室办理相应证照。

对监测单位的检查主要是检查人员，仪器设备等。

对设计单位主要是要求派驻具有一定职称、水平的设计代表。

2. 施工图准备并进行图纸会审、技术交底

项目建设指挥部应积极督促、组织开工必要的施工图到场，并用时发到承包人和监理单位手中，然后督促监理单位主持施工图纸会审，并要求设计单位在会上进行全面技术交底。

3. 组织现场交桩

项目建设指挥部应积极督促监理单位主持现场交桩，已进行现场交接的各种控制点、水准点、导线点，要求监理和施工单位进行复核。要求施工部位加强保护，对已经被破坏的桩点或不能完全满足施工的桩点，要求施工单位进行补充和加密。

4. 完成永久性征地、拆迁、移民安置、联系临时建设用地

项目建设指挥部应在项目开工前，抓紧完成工程永久性征地，做好拆迁工作与移民安置；完成临时

用地、取土场、弃土场、预制场、承包人基地、临时道路等临时用地的选址征用手续。

5. 完成“五通一平”建设

项目建设指挥部应在项目开工前，积极组织力量完成“五通一平”建设，所谓“五通一平”是指施工道路通、电通、水通、通信通、宽带网通、施工场地平。

6. 审查承包单位提交的施工组织设计与安全组织设计

项目建设指挥部应督促检查、审查或委托监理督促检查、审查承包人的实施性施工组织设计、安全组织设计、专项方案设计。首先是要求监理对上述施工单位文件进行督促检查和审查，然后由项目指挥部的有关职能部门进行审批。

7. 审查监理提交的监理文件

项目建设指挥部应认真检查监理单位提交的监理文件，仔细审查监理管理办法、监理细则。

8. 建立会商制度

项目建设指挥部应建立固定的例会制度，包括承包人定期例会、监理例会、定期工地会议、定期安全检查会议等。将定期会商制度形成文件，及时下发到监理和承包人手中。

三、办理建设项目开工申请

做好公路建设项目的开工管理，是加强公路建设管理的重要手段，是严格执行公路基本建设程序的重要环节，是切实保证公路建设质量、落实施工安全的有力措施。高速公路项目法人（高速公路工程建设指挥部）应认真落实开工申请报批手续。

1. 项目开工申请

项目开工申请是项目法人的工作。作为项目法人管理的一项高速公路建设工程，整个工程项目在开工之前，应由项目法人办理项目开工申请手续。

（1）项目开工申请应具备的条件

高速公路建设项目通过招标投标，签订承包合同。因此，项目法人向项目主管部门提出的书面开工申请报告，应简单说明以下开工准备条件：

①项目法人或项目建设的责任主体（工程建设指挥部）已经组建完成，项目法人组织机构和各项管理制度、管理办法、岗位职责已经健全建立，项目法定代表人和各机构部门管理人员均已到位并已开展工作。

②项目初步设计和设计概算已经获得批准，项目法人已和勘测设计单位签订了保证施工图满足施工的供应合同，且施工图有能够保证满足3个月的施工储备。

③施工单位、监理单位均已确定，合同已经签订，监理主要人员已部分进场，满足施工需要。

④工程项目已经列入年度投资计划，项目投资筹措方案已经确定，年度开工资金已经落实。

⑤项目建设质量安全监督单位已经确定，并已经办妥质量安全监督手续。

⑥项目征地已经办妥土地征用手续，拆迁、移民安置已正在进行，对项目开工无影响；“五通一平”已基本就绪。

（2）开工申请报告的文件组成

项目法人向项目主管部门提交的项目开工申请报告，应由下列文件内容组成：

①工程概况。

②项目法人机构和人员情况。

③初步设计和设计概算批复情况。

④施工图供应合同。

⑤质量安全监督报批情况。

⑥监理、施工单位签订合同情况。

⑦投资落实和资金到位情况。

⑧征地、拆迁、移民安置情况。

⑨施工现场准备情况。

⑩其他应说明的情况。

2.项目开工批复

项目行政主管部门收到项目法人的开工申请报告后，应立即进行审查和考查，落实有关报告内容后进行批复同意开工与否。根据项目管理权限，由相应权限的行政主管批复，不得越权批复。

第四章　项目法人计划合同管理

高速公路建设项目在完成了前期准备阶段的工作以后，就进入了项目实施的实质性阶段，这是整个项目建设的最重要阶段，即施工阶段。项目法人在施工阶段的管理工作是最具体、最繁重、责任最重大。大致可以分为：计划合同管理，投资资金财务管理，工程质量管理，施工安全与环保管理，廉政建设管理，指挥部行政事务管理等方面。

本章所介绍的主要内容为"计划合同管理"。以建设指挥部的名义出现的项目法人，应建立一整套计划合同管理制度、办法、职责，完善项目管理体系，落实高速公路建设项目工期计划合同管理的实质内容，使高速公路建设项目的施工阶段健康运行。

第一节　项目法人投资计划管理工作

项目法人的计划管理包括投资计划管理、工程进度计划管理、计划统计管理三大方面的内容。项目法人应设置专门的计划管理部门，安排专职计划管理人员进行项目计划管理。制定计划管理办法与工作职责，制定各种计划管理报表，落实管理内容，真实地反映计划管理的实质情况。

一、投资计划管理一般要求

1. 专款专用

高速公路建设项目的投资管理要求，首先应分清建设项目的资金来源，凡是利用政府财政性资金投资的项目，应按项目专款专用，按批准的工程概算控制使用，不得以任何名义滞留、挪用、转变用途。专款专用只能用于批准的建设项目，不得擅自更改项目的设计内容，不得任意扩大项目建设规模，不得随意提高项目建设标准。

2. 不得以项目名义套取政府财政性资金

使用政府财政性资金投资的高速公路项目，地方资金应保证充分到位，不得以项目的名义套取政府财政性资金。

3. 不得随意变动经批准的投资计划

高速公路建设项目在开工前，应按项目管理权限向有关行政主管单位报送投资计划，项目法人应在批准后的投资计划内控制投资开支。不得越权调整投资计划，不得随意压低或提高工程造价。

4. 落实项目法人执行投资计划的主体责任

项目法人是投资项目的建设主体，也是执行项目投资计划的责任主体。项目法人要加强项目投资计划执行情况的监管，发现投资计划的执行出现问题或偏差，应及时纠正和处理。对投资计划执行出现大的问题，项目法人应如实向上级汇报，不得瞒报，不得谎报。凡是瞒报、谎报的，由项目法人承担一切后果。

二、投资计划编制

1. 投资管理计划的运行过程

(1)投资计划编制单位

由交通运输部管理的高速公路项目，使用政府财政性资金投资的项目，应根据交通运输部和国家发改委的要求，由项目法人编制项目投资计划，送交通运输部和国家发改委批准。地方项目，不使用政府财政性资金投资的项目，由项目法人编制项目投资计划，按项目管理权限报相应地方财政部门备案。

（2）投资计划下达

高速公路建设项目投资计划由以上批准部门下达给项目法人，由项目法人掌握使用。由国家发改委和财政部批准的高速公路建设项目投资计划，在下达时还应抄送省发改委和省级财政部门。

（3）投资计划执行

高速公路项目投资计划管理应遵守下列程序：

①上报项目投资计划，并获得批准。

②根据批准的项目投资计划，报年度投资使用计划，并获得批准。

③执行批准的年度投资使用计划。

④跟踪检查年度投资计划的执行情况。

⑤调整年度投资使用计划，并将有关情况报告上级有关部门。

2. 编制投资计划的控制措施

按照批准的项目概算管理高速公路建设项目的投资计划，是投资计划控制的核心。在项目建设过程中，投资计划控制的日常工作就是重点控制年度投资计划的执行。通过对年度投资计划的控制执行，达到项目总概算目标的实现。为了控制好项目总概算目标，应采取如下一些措施。

（1）做好项目招标与投标工作

控制在项目总概算的范围内做好招标与投标工作，保证合同包价控制在项目总概算的一定比例范围内，是实现投资计划管理目标的首要先决条件。为了将合同包价控制在项目总概算的一定比例范围内，招标投标过程应卡住“两关”：第一关是编制好项目标底。项目法人（招标人）的标底对于控制项目投资起着至关重要的作用。第二关是合同谈判。在合同谈判中应将合同包价谈判作为谈判的重点，有理、有节合理压低合同单价和总价，注意投标人的不平衡报价和变更陷阱。

（2）严格控制项目预备费开支

项目法人（招标人）的合同专用条款中应写入控制项目预备费的条款，在处理工程变更时，哪些变更可以使用预备费开支，合同条款应有明确规定。动用项目预备费时应按一定程序进行。控制项目变更，项目工程在施工过程中，往往因为设计得不合理或是某些其他原因，经常发生工程变更，而且这些变更都是使项目投资增加。遇到这种情况，项目法人的计划管理部门应深入工程实际，严格把好变更关。

（3）跟踪与调整

跟踪项目投资计划的执行，随时掌握项目投资计划执行动态，加强对项目投资的监督，发现不合理支出，坚决制止纠正，发挥项目跟踪审计的作用，对每一期中间计量都开展跟踪审计，对每一份变更都进行现场审计，堵住项目支出漏洞。同时对投资计划中出现的合理偏差进行投资计划调整，保证投资总目标的实现。

三、项目投资计划前期管理

所谓投资计划的前期管理，是指项目决策阶段和设计阶段对投资计划形成的管理。

1. 项目前期投资计划的形成

高速公路通过可行性研究、项目决策阶段和勘测设计阶段，形成项目的投资金额，也就是说，形成项目投资计划。可行性研究阶段，因为要对项目进行财务分析和国民经济分析，以经济评价为依据，进行国民经济初步评价，进一步进行财务评价，并根据初步评价和财务评价结果对工程项目进行综合评价。以上这些评价的核心问题，就是投资金额和投资回报率的分析评价，也就是项目投资计划和投资效益的评价。

2. 项目前期投资计划形成的倾向性问题

建设项目的可行性研究阶段，按照事物发展的常规逻辑，可行性研究的结果应该有两种可能性：一种是可行；另一种就是不可行。可是我们以往所有的可行性研究就从来没有发生过不可行的情况。这里面反映出可行性研究中掺入了一些人为因素的问题，把不可行也研究成了可行。作为项目法人，应充分注意可行性研究中的错误倾向：不管可行不可行，只要一研究，通通可行。这种倾向产生的主要原因就是：可行性研究时，人为地把项目的投资计划缩小了，把投资的效益夸大了。有一个突出例子是：某个城市的一条城际铁路，通过可行性研究，项目设计、施工，前后花了 5 年时间建成，总投资超过 100 亿元。2013 年通车以后营运了不到 20 天，因为没有客源，只好停运了事。我们国家在过去的建设历程中，这种惨痛的教训例子不少，前车之鉴，永不可忘。有意缩小项目投资计划，换取项目立项成功，这种做法后患无穷，实不可取。

3. 项目前期投资计划前期管理实事求是关键

实事求是进行可行性研究，用充分的可靠数据进行项目的财务分析和国民经济分析，科学地进行项目国民经济初步评价和财务评价，根据初步评价和财务评价结果对工程项目进行科学决策，是项目法人应尊重的起码准则。尤其是使用政府财政性投资的项目，要坚决反对虚假的可行性研究，反对面子工程，反对政绩工程。

四、项目投资计划过程管理

所谓投资计划过程管理，是指投资金额形成之后对投资计划执行情况的管理。

1. 项目投资计划的最终形成

高速公路建设项目通过可行性研究，获得立项许可后，由有关部门下达计划任务书，项目就进入了勘测设计阶段。初步设计和设计概算，是形成项目投资计划的依据，如果还有技术设计阶段的话，技术设计和修正概算就是项目投资计划的最终根据，经批准的设计概算或修正概算，就是项目投资计划的最终形成依据。项目法人依据设计概算或修正概算的结果，向国家有关行政主管部门报请批准后，项目投资计划便正式形成。

2. 项目投资计划最终形成中的主要问题

因为形成项目投资计划的依据是项目的设计概算或修正概算，那么设计概算或修正概算产生过程中的问题，不言而喻也就是项目投资计划形成中的问题。设计概算或修正概算产生的主要问题有：

(1)项目设计深度不够，有漏项存在，或设计有错误，引起工程量错误，直接导致工程概算出现错误。

(2)设计没有问题，而是工程量计算和统计有错，也会导致工程概算出现错误。

(3)设计概算或修正概算的计算方法，预算单价，取费标准错误，也会导致设计概算不准确。

(4)物价出现非政策波动，其影响超出项目概算所能承受的范围，引起施工图预算大幅度超出设计概算。

(5)施工图设计与实际情况有较大出入，引起施工过程中重大变更、多项变更、多次变更的出现，变更增加金额大大超出预备金额，导致项目投资计划失控。

(6)施工周期超出计划工期，在工程延期中物价大幅度波动上涨，引起项目投资计划突破。

3. 项目法人在项目计划最终形成中的作用

根据以上分析，项目法人在项目投资计划最终形成过程中的作用应该是很明确的。首先，如果是设计过程的问题影响项目投资计划，那么项目法人只要充分注意加强对勘测设计单位、勘测设计过程、勘测设计成果的监督管理，就能达到项目投资计划管理的目标。

另一方面，因为物价波动对项目投资计划的影响，这不是人的因素可控制的，作为项目法人，除了事先能对物价波动趋势做出科学预测之外，采取风险转移措施也是一种必不可少的策略。

五、年度投资计划管理

根据高速公路建设项目的管理权限，项目的行政主管单位就是项目年度投资计划的主管单位，主管单位的计划部门就是项目年度投资计划的责任部门。项目法人应将年度投资计划按期上报主管单位，主管单位交责任部门审核后，由主管单位向项目法人下达，项目法人按下达的年度投资计划执行。

年度投资计划是项目投资计划的按年度分解。

(1)年度投资计划编制原则

项目法人在编制下一年度投资计划时，应坚持以下编制原则：根据项目投资计划进行编制；根据施工进度计划在工程总工期的大框架控制下进行编制；根据下年度安排的具体施工内容进行编制。

(2)年度投资计划编制方法

项目法人将批准的项目投资计划分解成年度计划时，应掌握以下方法：一是按工程总工期和每年应完成的主体施工内容，以季度为时间段将年度投资分解到月；二是对用于“建设单位管理费”等非直接用于建设项目的投资项目计划管理费，应根据项目投资计划核准的额度、年度项目管理人员数量、工程计划进度等情况，调整平衡年度间的控制指标。

(3)年度投资计划编制内容

年度投资计划主要内容有：建设项目名称、建设性质、建设规模、建设时间；项目法人单位和其他参建单位；按年度分解的主体工程施工内容；工程施工形象进度；建议安排的投资金额；辅助图表等。

六、投资计划执行情况监督检查

1.项目投资计划执行部门的工作

项目法人是投资计划的执行部门，项目法人应将每年投资计划的完成情况向项目的投资计划主管部门如实报告，并对下一年的投资计划提出建议。

2.项目投资计划检查监督部门的工作

使用国家财政性资金投资项目，交通运输部是项目投资计划的检查监督部门；不使用国家财政性资金投资的项目，按项目的管理权限，项目的主管部门即项目投资计划的监督检查部门。

3.项目投资计划检查监督的内容

检查监督内容的主要内容有：国家关于投资计划管理的要求是否落实执行；资金的到位及使用流向；工程施工进度、质量安全、完成情况；合同执行情况；是否有越权调整投资计划、擅自改变建设项目内容、扩大建设规模、提高建设标准等违法违规情况。

4.投资计划检查问题整改落实

高速公路项目主管单位对项目法人每个季度上报的项目投资计划执行情况汇报材料，发现有问题时应及时提出整改意见和整改要求，通知督促项目法人限期整改到位。对于项目法人不落实整改要求的，主管单位可以采取调整计划措施，督促项目法人切实执行项目投资计划。

第二节　项目法人工程建设计划管理工作

项目法人在高速公路建设项目的实施过程中，自始至终都应实行严格的计划管理，使建设项目的实施过程按计划有条不紊地进行，以达到项目建设的目标和效果，充分发挥建设投资的作用。

一、项目法人建设计划管理内容

高速公路建设项目的建设实施计划管理，按项目的运行过程大致可以分为以下几个阶段：

(1)项目前期阶段的计划管理

在项目前期阶段计划管理的主要工作是做到:项目可行性研究阶段的工作安排,应与国家和交通运输部的发展规划相吻合,使项目建设如期或提前实现全国交通发展规划制定的目标。

(2)项目勘测设计阶段的计划管理

项目勘测设计阶段的计划与前期阶段计划的要求大致相同,勘测设计工作安排除了应与国家和交通运输部的发展规划相吻合外,还应考虑满足施工的需要。

(3)项目施工阶段的计划管理

项目施工阶段的计划是高速公路建设计划的重点,也是高速公路项目实施计划管理的关键阶段,本节的主要内容是介绍项目施工阶段的计划管理。

二、项目施工进度计划管理

高速公路建设项目进度计划管理,主要是通过计划管理手段,让高速公路建设各个阶段的工作内容、程序、持续时间、衔接关系都按照预先计划设计好的安排进行,从而达到项目建设质量控制、投资控制、工期控制、安全环保控制的效果。

1.建设进度计划的编制

高速公路建设项目进度计划主要包括前期工作计划和施工阶段性工作计划。施工阶段工作计划又分为项目总体施工进度计划、年度计划、月施工计划等。

(1)项目前期工作计划

项目前期工作计划主要是根据国家公路交通建设远景规划对拟建高速公路项目的可行性研究、勘测设计工作的时间安排进行计划管理,项目前期工作计划主要内容包括:上阶段工作结论及审批意见,阐述说明拟进行工作的性质、依据、大纲、要求、进度、成果审查、外部关系等,以时间为纵轴线编制成计划文件。为了准确详细,计划应附有大量图表。

(2)项目建设总进度计划

项目建设总进度计划是项目进入施工阶段性的实施路线图。通过路线图对项目建设从开工到竣工的全过程,进行统一部署、统一控制,以保证项目建设的各项工作有条不紊地进行。计划编列的内容可以把项目的前期工作、施工前准备工作、招标投标工作包括进来,以便于后期工作的有机衔接。但重点还是放在对施工阶段全过程的安排。建设项目总进度计划在编制时,可以分为总体综合进度计划、阶段单项工作计划分开编列,如招标工作计划、施工计划、大宗材料大型设备采购计划、工程交工验收计划等。

(3)年度实施计划

年度实施计划主要是指施工阶段的工作安排计划。一个高速公路建设项目,由于建设规模大,一般都是跨年度的工作,要多年时间才能完成,所以必须编制年度计划。

①年度计划编制依据

年度计划编制的依据主要有:项目上级主管部门对项目建设的要求,经批准的项目投资计划及年度投资计划,项目总体进度计划,项目初步设计和施工图设计文件,项目施工各单位工程、分部工程的衔接关系,以及工程建设内部、外部各种综合影响因素等。

②年度计划编制内容

年度计划编制内容主要有:项目总体进度计划对本年度的要求,前阶段项目的完成情况,本年度的工作内容;本年度工作内容的衔接关系和时间安排;年度人力、物力、财力投入;年度施工质量安全检查验收安排等。能用图表说明的应尽量采用图表。

③年度计划管理

高速公路建设项目的年度施工计划,应报项目行政主管部门和财政主管部门备案。

2.建设项目进度计划的控制

为了使高速公路建设项目的进度计划能圆满实现，充分达到计划管理的目标和效果，顺利完成项目建设任务，必须要有计划管理控制的措施，这些措施主要有：

(1)组织措施

项目法人应建立自己的计划管理部门，统管其他参建单位的计划管理工作；施工监理单位应设立合同计划工程师监督管理承包人的计划部门工作；承包人的施工项目应组建合同计划管理部门，专门进行合同计划管理，并接受项目法人的领导、接受监理单位的监督指导。

项目法人、监理单位、承包人三家的计划管理部门应建立联动机制，对项目建设进度计划实行动态管理。应建立工程计划季报、月报、旬报（或周报）制度，建立相互间的信息沟通制度，建立进度计划检查、协调会议制度。

(2)技术措施

项目法人应采取科学适用的技术管理措施，确保建设项目进度计划的落实执行。如采用多级网络管理技术，进行网络参数计算和网络参数优化，提高进度计划管理的质量水平；可以委托监理单位代为实行网络计划管理；编制工程建设形象进度图表，将量化数字指标形象化、图表化；审查施工单位提交的施工进度计划，要求施工单位采用新技术、新工艺、新设备、新材料，流水作业等技术措施，保证进度计划实现；监督检查施工单位所采取的保证进度计划实现的措施落实情况，及时纠正调整施工单位在执行进度计划中出现的偏差；定期召开专题会议，总结进度计划的执行情况，持续推进建设项目进度计划的顺利进行，保证进度计划如期实现。

(3)经济措施

采取必要的经济措施是控制进度计划执行的有效措施之一。为了保证建设项目进度计划的实现，项目法人应及时结算工程价款，按时做好计量支付工程进度款；项目法人还可以制订进度计划完成情况的奖罚措施，实行经济奖罚，对提前或按期完成进度的单位给予经济奖励，对无故拖延进度的单位进行经济处罚；对于某些施工项目，需要抢进度时，项目法人应采取一定的经济奖励措施，促进这些施工项目提前完成；为了促进承包人实现节点工期，在承包人的施工关键点上遇到资金周转困难时，项目法人应主动帮助承包人解决施工困难，可以采取预付款或借款方式，帮助承包人加快资金周转，促进计划工期实现。

(4)合同措施

在建设项目进度计划滞后时，项目法人应利用合同赋予的权利，视工期滞后的轻重程度，采取合同措施，保证进度计划的实现。这些合同措施主要有：约谈施工项目部主要管理人员或项目部上级机关的有关领导；指示监理单位下达强制性整改意见，要求承包人追回滞后工期；要求施工单位上级机关撤换施工项目部主要管理人员，重新组建有能力强的项目部管理机构；划出部分工作量，拨给进度快、质量好的其他施工项目部；勒令该项目部退场，将该部分施工项目转给其他施工单位或重新招标。

3.项目法人进度计划管理的主要任务

作为项目法人（业主）应该充分认识到：承包人是否能够顺利完成进度计划，与项目法人是否切实履行业主责任有很大关系；项目法人切实履行业主责任，实际上是在维护业主自身利益。项目法人和其他参建单位虽然都是项目建设的主体单位，但项目法人在项目建设中始终处在主导地位，对其他参建单位有领导管理职责。项目法人在进度计划管理工作中的主要任务有：

(1)审查批复其他参建单位的工作进度计划

①进度计划审查意义

高速公路项目建设中，勘测设计、施工承包、施工监理、施工监测、质量检测、材料设备供应等参建单位，都应向项目法人报送本单位的工作进度计划。项目法人在收到参建单位的工作进度计划之后，应对计划编制的科学合理性、计划措施的具体可行性进行审查，并批复。经批复的参建单位工作进度计划是执行合同、处理合同纠纷的重要依据。其中尤其是与之签订的施工承包合同的施工单位，所报送的施工进度计划，应进行仔细认真审查。

②施工单位进度计划审查要点

a.施工单位的进度计划，是否按"施工合同技术条款"规定期限和监理指令精神编制，开工完工日期是否与总进度计划一致，是否已经监理机构审批。

b.施工单位的进度计划，包括承包人的年度计划、季度计划、月计划、旬或周计划，是否与批准的项目总进度计划相吻合。

c.进度计划的重点工程、难点工程施工、施工计划关键线路是否突出，措施是否具体。

d.进度计划的施工顺序是否符合设计要求，是否合理。

e.施工工、料、机安排数量是否满足施工要求，工、料、机进场到位措施是否落实。

f.进度计划与季节气候、外界影响是否有矛盾冲突，外部施工条件是否必备，有否保证措施。

g.施工单位是否有二级分包单位，分包单位的进度计划是否满足总承包单位进度计划的要求。

h.综合审查施工单位进度计划的可信度，看有否进度计划承诺。

(2)保证施工材料供应，及时支付进度款

落实业主方材料设备供应，及时支付工程进度计量款，保证承包人不因业主材料供应不及时而停工待料，不因计量支付不及时导致承包人施工资金周转困难。

(3)做好项目进度管理协调

施工单位在履行进度计划中，会遇到各种外部环境干扰，项目法人应积极协调解决施工中遇到的问题，扫除施工障碍，方便施工。

(4)监督承包人进度计划的运行情况

随时掌握承包人施工进度计划的运行情况，当发现计划运行情况出现偏差时，应及时查明原因，采取措施，调整平衡，纠偏矫正。

(5)进度计划执行情况报告

及时上报进度计划执行情况也是项目法人的职责之一。项目法人应在季度末、年度末，将本季度、本年度建设项目进度计划的完成情况向项目主管行政部门、计划部门报告。利用国家财政性资金投资的高速公路建设项目，还应向相应级别的财政部门报告。

4.施工进度计划调整

施工进度计划在执行过程中，不可避免地会出现偏差，实际进度经常会落后于计划进度。为了保证进度计划的实现，往往需要对原进度计划进行调整，制订新的进度计划。调整处理分为以下两种情况：

(1)由于承包人的原因导致进度计划滞后

如果是承包人的原因导致施工进度计划滞后，项目法人应先责成监理去处理，只有当必须要项目法人出面时，项目法人才出面会同监理一起处理。应充分发挥监理的作用，让监理有充分权力处理施工进度计划滞后的问题。任何时候也不要发生项目法人单独出面处理进度计划滞后的问题。

(2)由于非承包人原因导致进度计划滞后

如果是非承包人原因引起进度计划滞后，在处理时就应具体情况具体分析。如果是因为项目法人(业主)方面原因，则应仔细分析原因产生的根源。因为业主方面的原因引起工程进度计划滞后，不外乎以下几种情况：计划任务改变，施工内容增加；经业主同意的合同变更数量超出一定的比例范围，影响施工计划关键线路改变；交付的施工图不用时，引起承包人无法在合同规定条款内进行施工顺序调整；业主供应的材料、设备不及时，引起承包人无法在合同规定条款内进行施工顺序调整；施工外部环境协调不到位，征地拆迁未完成，对施工产生关键影响；凡是因为业主原因引起的进度计划滞后，业主应主动承担责任，合理调整工期。

在这里还应该说明的是，特殊情况下会发生监理监管不当，发生进度计划滞后，这种情况一般监理是不负责赔偿责任的，应该是由项目法人和承包人协商，相互谅解合情合理解决。

如果非承包人原因引起进度计划的情况发生，承包人应在事件发生后的14天内向驻地监理提出报告转呈项目法人，以便引起项目法人注意，不至于扩大影响；如果事件还在继续发生，承包人应在事件发生结束后的14天内向监理报告事件发生过程和影响程度，提出处理要求，报告监理转呈项目法人，项目法人收到报告后应及时处理。

三、施工计划统计管理工作

施工计划统计工作是项目法人计划管理中一项很重要的工作，项目法人的计划管理部门在完成计划管理的同时，还必须完成计划统计工作。计划统计工作应根据交通运输部关于公路基本建设管理的投资计划管理办法、财务会计管理办法进行统计和上报。

1.计划统计指标

按照公路基本建设项目计划统计一般规定，高速公路建设项目的统计指标主要有：

(1)本年度继续施工项目、本年度新开工项目、本年度完工建成项目指标。

(2)项目投资资金来源分类指标，项目投资完成金额分类指标(按投资资金的来源分类)。

(3)资金到位情况，地方配套资金落实情况指标，应列出明细数字和比例。

(4)建设项目新增固定资产数字、指标。

(5)项目建成新增生产能力或新增经济效益指标。

(6)完成建设工程项目里程指标。

(7)投资效益回报率受益指标。

(8)施工安全、环保保护、征地拆迁、移民安置等指标。

2.统计程序

(1)建立统计工作制度

项目法人应把统计工作视为自身一项重要工作，提高对统计工作重要性的认识，建立统计工作制度，明确统计工作职责。

(2)建立统计工作数据库

收集统计工作原始记录，对投入建设项目的人员、材料、机械设备、水电资源分类收集原始资料数据，对消耗资料与产出资料关系比例进行推算保存。

(3)实行计算机信息管理

建立统计信息模板，系统化反映统计工作过程，包括建设项目性质特征、投资额度、资金到位与流向、新建固定资产、新增生产能力或效益、实物工程量、质量安全、征地与拆迁等统计内容，全部放入统计模板格式化、台账化，方便计算机统计操作。

(4)分析计算，汇总统计

利用统计模板，对原始数据进行分析计算，汇总统计，形成统计报表，编制统计报告，上报有关部门。

四、施工计划管理存在的主要问题

高速公路建设在我国已经有20多年历史，高速公路建设项目的计划管理经验积累，已经日趋完善，但还是存在诸多方面的问题。主要表现有：

(1)项目投资计划管理不据实

项目投资计划管理不到位具体体现在以下方面：超前编制报送项目投资计划，不以项目初步设计概算为依据编制报送项目投资计划，超概算编制报送项目投资计划，超初步设计内容编制报送项目投资计划。这些表现的共同目的都是想超标准套取资金。

(2)年度投资计划管理不到位

年度投资计划管理不到位表现在：计划上报不及时影响批复，投资不能及时到位影响施工进度、影响工期;年度投资计划安排不符合项目初步设计批复的设计概算,张冠李戴,引起投资使用方向混乱。报送的年度投资计划缺少施工项目具体内容、数量与进度,使年度投资计划、实物工程量、工程形象进度三者不相吻合。

(3)投资计划运行路线欠顺畅

投资计划运行的路线不顺畅表现在:在某些高速公路建设项目上,使用国家财政性资金投资的项目,国家财政资金在下拨过程中中间环节太多、有截留,地方配套资金不到位、迟到位;一个地区有两个或两个以上项目同时运作时,国家财政性资金下拨方向不明确,造成使用上对象不清。

(4)没有充分发挥计划管理功能

计划管理本来是件很严肃的事情,是高效率的科学管理手段。但是,由于管理人员水平低,制订计划时缺乏详细思考,缺少可靠的基础数据,闭门造车,制订的计划没有实事求是的基础,往往计划就成了一纸空文,工程的实际进度与计划进度相差甚远,完全丧失了计划应有控制功能。

(5)擅自动用预备费用

有些高速公路建设项目在执行过程中,擅自提高标准或改变规模,施工图设计突破初步设计概算;或是在报送年度投资计划时,考虑不充分,年度施工项目安排不合理,使年度投资计划出现执行缺口。在这种情况下,项目法人就采取擅自动用预备费用来补缺口,造成预备费开支过多,年度投资计划突破,导致整个项目投资计划超出。

(6)进度计划管理力量薄弱

进度计划管理力量薄弱的突出表现就是,有的高速公路项目法人对计划管理不重视,认为计划管理是空摆设,可有可无没什么作用,还是那种“计划不如变化”思想作祟,所以在安排计划管理人员时未免有些滥竽充数。加上有些计划管理人员自身不加强学习,没有积极进取精神,管理知识薄弱,自身管理水平与科学化计划管理要求相差太远。

(7)计划管理的外部环境条件不充分

在以往高速公路建设项目的施工过程中,经常出现项目法人自身工作不能如期落实,如项目投资资金到位不及时的问题,征地拆迁不落实的问题,施工道路、水电等条件不满足问题,造成施工没法按计划如期兑现;还有社会的各种干扰,钉子户无理要求等,都会引起意外停工,导致整个进度计划被打乱。这些计划管理的外部条件需要我们项目法人加强工作,减轻计划阻力,从外部促进计划管理。

第三节　项目法人施工合同管理工作

合同是协调双方民事权利和义务的协议文件,合同是具有法律意义的民事关系文件。公路基本建设工程项目的合同文件,是发包方与承包方为完成拟建工程项目而设立、变更、终止权利义务关系的协议书。直接影响合同双方的权利与利益,其实质就是一个权利、利益关系文件。合同管理是高难度、高风险、高智商管理工作。

在高速公路项目建设实施过程中,项目法人与其他参建单位签订的合同主要有:勘测设计合同,施工监理合同,大宗材料、大型设备采购供应安装合同,施工质量检测合同,施工监测合同,施工承包合同等。

本节主要介绍施工合同管理内容。

一、合同管理基本概念

工程建设项目合同管理的目的就是:对于甲方(项目法人,即业主)来说,就是为了完成自己所管理的项目,并实现项目建设的目标;对于乙方(承包方)来说,就是为了通过完成合同规定的义务,为企业获得经济效益。

合同管理是在“三控三管”(质量控制、进度控制、投资控制、合同管理、计划管理、安全管理)中起支配引领作用的一环。合同管理应正确维护合同双方的权益。

1.合同类别

(1)合同分类

①按合同专业性质划分,可分为:勘测设计合同,施工监理合同,大宗材料、大型设备采购供应安装合同,施工质量检测合同,施工监测合同,施工承包合同等。

②按合同双方的联系方式划分,可分为:总承包合同,分承包合同。

③按计价付款方式划分,可分为:总价承包合同,单价承包合同,成本加酬金合同。其中,总价承包合同可以细分为固定总价合同和调整总价承包合同;单价承包合同可以细分为固定单价合同和调整单价合同。

(2)合同分类定义

上述合同分类方法在公路项目建设合同中经常遇到。前两种分类法的合同不难理解,不需过多解释,下面仅对第三种分类方法加以说明。

①固定总价合同

合同金额以固定总价的形式确定不变。这种合同在基本完成施工图设计的基础上,工程量清单数量和工程范围均已十分明确,已经能够准确地计算合同总价的基础上签订的合同。在合同的实施过程中,工程范围变化没有或不大,其变化在合同总价允许范围以内,对合同双方风险均很小,在能承受的范围内。这种合同适用于合同工期短、工程结构简单、质量要求明确的单项工程。

②调整总价承包合同

调整总价承包合同是在以招标文件要求的当时物价基础上签订的合同。这种合同在执行过程中,由于物价波动幅度比较大,足以影响工程成本增加超出一定限度,应对合同总价进行调整。这种合同一般适用于工程工期一年以上的工程;这种合同要求项目法人(业主)承担通货膨胀带来的风险,同时也要求承包方承受物价下跌造成的风险,风险对合同双方都存在。

③固定单价合同

合同以固定单价的形式确定。这种合同一般适用于设计还没有充分完成,项目工程量还不能完全计算确定,工程范围还不能完全明确,投标只按合同所列施工项目的分部、分项工程报单价。按项目法人所能接受的单价签订承包合同。这种合同在工程量发生变化时,总价按固定单价进行调整。这种合同为招标、投标带来很大方便,公路建设项目上常用。

④调整单价合同

调整单价合同与调整总价合同形式基本相同,这种合同是通过调整单价进一步调整总价。这种合同,在合同执行过程中,当物价波动超出一定限度时,调整单价和总价。这种合同要求项目法人(业主)承担通货膨胀带来的风险,也要求承包人承担物价下跌带来的风险,风险对合同双方都存在。

⑤成本加酬金合同

成本加酬金合同又称为成本加补偿合同。项目法人(业主)向承包方支付项目成本的直接费,另外还按合同规定某种方式或某个比例,向承包方支付一定数量的管理费和利润。这种合同适用于工程项目的技术、经济指标还尚未完全确定,而工期要求紧迫、施工风险大的工程。这种合同,项目法人(业主)对项目造价难以控制,而承包方则可以从加大工程量中获得好处而不去精打细算。工程量越大,直接费越多,相应的管理费和利润也越多,承包方可以从中受益,而对发包方不利。

2.合同管理的内容

(1)合同管理基本概念

广义的合同管理是:对工程合同、履行、变更、终止进行监督、检查、考核;对在合同执行过程中发生的合同争议和合同纠纷进行协商、调解、仲裁处理。狭义的合同管理是:对合同条款执行、计量支付、工程变更、违约索赔、风险分担、合同纠纷进行处理。

(2)合同管理基本内容

①签约前项目法人(业主)的合同管理的主要内容是:要求项目法人(业主)应严格组织编制招标文件,选取理想的投标人和中标单位;认真分析制定合同专用条款,充分体现和保护建设项目利益;帮助承包方全面透彻理解招标文件内容,不盲目投标,不为签约后留下不必要的合同纠纷隐患,保证合同顺利执行。

②签约后项目法人(业主)的合同管理的主要内容是:要求项目法人(业主)透彻理解国家法律法规,特别是《合同法》、《招标投标法》和合同条款;履行合同约定;做好计量支付;认真审理工程变更;正确对待合同索赔;妥善处理合同风险;理性对待合同纠纷;加强合同档案整理。

3.合同管理的措施

(1)建立健全项目法人合同管理部门,制订合同管理办法、合同管理制度、合同管理部门职责和合同管理人员岗位职责,明确项目法人和项目法人合同管理部门的职责分工,目标明确、任务清楚。

(2)加强培训学习。对项目法人单位、监理单位、项目承包单位和相关合同管理人员,分期分批进行合同管理培训,提高合同管理的执行能力、管理水平。

(3)落实合同管理跟踪检查,实行合同管理月报制度,及时进行合同管理中期总结。对合同管理中出现的问题,加强调查研究,实施过程管理,动态管理,不断纠正合同管理偏差,保证合同管理顺利进行。

4.合同管理的功能

(1)合同文件相互解释功能

合同文件是一个系统,整个系统文件应有隶属关系,应能层层跟进解释。根据招标文件的规定,下列文件应视为构成本合同的组成部分并互为解释,解释的顺序为:

①合同协议书的附件(含合同谈判过程中澄清文件及补充资料)。

②中标通知书。

③投标书及投标书附录(含承包人在评标期间递交和确认并经业主同意的对有关问题的补资料和澄清文件等,如果有)。

④合同专用条款(含数据表和招标文件补遗书中与此有关的部分,如果有)。

⑤合同通用条款(范本)。

⑥技术规范(范本)。

⑦标价的工程量清单。

⑧图纸(含招标文件补遗书中与此有关的部分,如果有)。

⑨投标书附表。

⑩构成本合同组成部分的其他文件。

上述文件将互相解释,若有不明确或不一致之处,以上列次序在先者为准。

(2)合同文件的约束功能

合同管理贯穿于合同执行的全过程,从合同策划、合同类型选择、合同条件拟定、合同订立,到合同执行最后到合同终止,在合同运行的全过程中,项目法人(业主)与承包人之间的一切关于本工程项目的行为,均受到合同约束。

(3)合同的目标管理功能

项目法人(业主)所管理的项目工程,均是以合同形式确定向承包人购买。项目法人(业主)对项目工程的质量、工期、造价、安全要求、环保要求、保修责任等应达到的目标,都是通过合同管理来实现的。

(4)合同的风险管控功能

项目法人(业主)根据合同条款规定向承包人支付合同价款,这种支付行为对合同双方都存在有利益和风险的双重性。在某种特定情况下,执行合同出现的风险由哪一方承担,都是由合同条款规定好的。

(5)合同的违约处理功能

在合同执行过程中，可能出现违约和合同纠纷怎样处理，怎样办理合同索赔，怎样进行合同纠纷协商、调解、仲裁、诉讼，都是事先在合同条款中规定的，合同双方都应遵守规定，所有违约都只能在合同规定的范围内处理解决。

二、建设项目合同订立

建设项目的各类合同，都应以书面形式订立。合同双方可以依法通过委托代理人签署。按照国际惯例和《合同法》规定，合同经双方合法的委托代理人签字后即生效，但我国在多数情况下还需要加盖单位公章才生效。合同的签订需要一个过程。

1.合同谈判

合同的谈判过程是合同双方就合同的签订形式以及合同具体内容达成一致意见的协商过程。为了解决有关合同内容的分歧，达成一致，就需要谈判。

(1)合同谈判的依据

合同谈判的依据主要有：

①国家的法律法规，交通运输部和国家其他有关部委的规定，各省市地方政府的有关办法。

②项目法人(招标人)编制的招标文件和补遗书。

③中标通知书。

④中标人投送的标书。

⑤建设项目设计文件。

⑥其他材料。

(2)合同谈判内容

合同谈判谈什么内容，双方各自需要解决什么问题，希望达到什么目的，谈判前双方都会有所准备。实际上，对合同双方来讲，谈判内容都不外乎以下一些：

①争取双方都能接受的合同包价、调价方式(只对调价合同)、变更办法、计量支付规定等。

②争取合同工期，包括总工期、分工期等。

③确认施工图纸、工程质量、交竣工验收办法、保修规定等。

④补充修改合同条款。

2.合同签订

通过合同谈判，达成一致意见后就进入合同签订程序，公路工程建设项目实行招、投标制已经有近30年历史，项目法人(业主)和承包人对合同谈判都已司空见惯，尤其是承包人，早已对谈判完全驾轻就熟。所以合同谈判一般都会比较顺利，只经过简短的谈判过程，很快就进入合同签订程序。

但是，对于项目法人(业主)来说，还是应该从合同签订原则方面高度重视合同谈判和合同签订。

(1)合同的全面性原则。建设项目的承包合同应具备内容齐全、筹款具体、说明详细、系统完整等特点。项目法人(业主)尤其应熟悉建设项目的工程特点，建设规模、项目性质，对合同执行过程中可能出现的问题进行充分预测，不留下合同漏洞，将所有问题都反映在合同中，充分达到合同的全面性。

(2)合同的全面有效控制性原则。订立合同的目的就是要控制工程项目建设的全过程，那么合同首先必须在明确控制目标的基础上，有的放矢的制订合同条款，尤其是专用合同条款。达到控制目标全覆盖的目的，包括工期、质量、安全、环保、价款、支付、奖罚都应在合同中全面体现；更不能出现前后矛盾性条款，让合同失去有效控制的手段，使合同出现执行不下去的矛盾局面。

(3)合同的公平、公正性原则。合同的签订强调公平、公正对待合同双方的利益，要求达到双方的一致统一，不能把分歧意见放入合同，不能在合同中出现保留意见，应在公平、公正的原则下达到完全统一。如果过分地强调一方的利益、片面压制另一方的利益，这样的合同是不可取的。从表面上看，好像一方占据了有利地位，实际上这样的合同对双方都是不利的，会给合同的执行带来很多麻烦，合同不利的一方会千方百计挽回失去的合同损失，甚至节外生枝，阻挠合同顺利执行，给合同双方都带来伤害。所以，我们要坚持合同的公平、公正性原则，尤其是在当前建筑市场倾向买方前提下，作为买方业主，更应该用长远的战略眼光，对待合同的公平、公正性原则。

(4)合同的通俗性原则。公路工程建设项目合同，应全面使用合同规范语言、公路专业语言、普通白话语言进行表述，不用或少用方言、文言。做到通俗、简洁、易读、易懂。

(5)合同的时间性原则。合同签订日期、生效日期、终止日期、工程保修期都应要合同中充分体现。工程计量支付时间，包括中期计量支付时间，末期计量支付，预付款支付收回时间等，都应在合同中有明确规定。

3. 合同协议书格式

工程建设项目合同的签订工作，主要是签订"合同协议书"。《公路工程国内招标文件范本》中规定了合同协议书的基本格式和内容，项目法人(业主)单位可以参照范本的规定使用。不过近年来，各地根据本地特殊情况，对合同协议书的内容和格式稍有改动，但都不是原则性的改动。

公路工程合同协议书

鉴于业主为修建__(工程名称全称)__并接受了承包人对该项目工程第__(合同段名称或合同段编号)__标段的投标书，现由__(项目法人全称)__(下称"业主")为一方，和__(承包人全称)__(下称"承包人")为另一方，于______年____月____日达成共同意见并签订协议如下：

1. ________标段，起点桩号________，止点桩号________标段全长________m。其中主要工程量有：路基土石方________m^3，路基防护工程________m^3，特大、大桥________m/座，中桥________m/座，小桥______m/座，涵洞______m/道，隧道______m/座，沥青混凝土路面______m^2(其中垫层______m^2，底基层______m^2，上基层______m^2，沥青面层下面层______m^2，表面层______m^2)由承包人负责施工。

2. 下列文件应视为构成并作为阅读和理解本协议书的组成部分。即：

(1)合同协议书的附件(含合同谈判过程中澄清文件用补充资料)。

(2)中标通知书。

(3)投标书及投标书附录(含承包人在评标期间递交和确认并经业主同意的对有关问题的补资料和澄清文件等，如果有)。

(4)合同专用条款(含数据表和招标文件补遗书中与此有关的部分，如果有)。

(5)合同通用条款(见范本)。

(6)技术规范(见范本)。

(7)图纸(含招标文件补遗书中与此有关的部分，如果有)。

(8)标价的工程量清单。

(9)投标书附表。

(10)构成本合同组成部分的其他文件。

3. 上述文件将相互补充，若有不明确或不一致之处，以上所列次序在先者为准。

4. 根据工程量清单所列的预计数量和单价，或总额价计算的本合同总价为人民币(大写)____万____仟____佰____拾____万____仟____佰____拾____元(￥________万元整)。

5. 本工程质量要求，交工验收质量合格。

6. 承包人项目经理、技术负责人每月在工地天数不得少于______天，若需离开工地，必须向总监办请假并得到许可，否则每缺勤一天，处罚金________元/天。

7. 项目部主要成员(项目经理、总工程师)按投标书承诺人员进场，中途不得更换。遇特殊情况必须更换时，须报经业主同意，且接替人员资质不得低于标书承诺，每更换1人次，需缴纳项目主要人员更换费用________万元/1人次。

8.由于业主按本协议书第9条所述给承包人支付合同价款，承包人在此立约：保证在各方面按合同文件的规定承担本合同的实施和完成及其缺陷的修复。

9.作为本合同工程实施和完成及其缺陷修复的报酬，业主在此立约：保证按照合同文件规定的时间和方式向承包人支付合同价款。

10.承包人应在监理工程师发布工程总开工令之后，在投标书附录中写明的开工期限内开工。本合同工程期为________个月(日历天)，工期从上述开工期限的最后一天算起。

11.本协议书在承包人提供履约担保后，由双方法定代表人或其授权的代理人签署并加盖公章后生效。全部工程完工后经交工验收合格，以及缺陷责任期满，经业主发给缺陷责任终止证书后失效。

12.本协议书正本两份，副本______份，合同双方各执正本一份，副本______份，当正本与副本的内容不一致时，以正本为准。

业主：____(全称)____	承包人：____(全称)____
法定代表人	法定代表人
或	或
其授权的代理人(签字)	其授权的代理人(签字)
________年____月____日	________年____月____日

三、项目法人在合同管理中主要工作

高速公路施工项目的合同管理，主要是通过项目法人的合同管理工作来实现的。项目法人通过合同与设计、施工、监理、检测监督、设备供应安装、招标代理机构等单位构成协作关系，形成项目建设合同的主体单位。项目法人作为主体单位的中心，处在最重要的主导地位上，项目法人对合同的管理工作实质上是管理权限的工作。

1.建立以项目法人为核心的合同管理体系

一个管理体系是由管理机构、管理目标、管理办法、管理程序组成，合同管理体系也包括这些内容。

(1)建立项目法人合同管理机构

项目法人的合同管理机构是设立在工程建设指挥部里面的一个部门，这个部门的主要工作就是合同管理。项目法人的合同管理部门应和其他参建单位的合同管理部门相互衔接，形成联动机制和控制作用，以达到项目法人合同管理的目标，实现项目法人合同管理的责任。

(2)建立项目法人合同管理目标

项目法人合同管理的目标就是项目工程所要实现的目标，项目工程的目标就是通过合同管理，在明确合同管理工作职责范围的基础上，对工程实行质量控制、投资控制、进度控制、安全管理、资料信息档案管理、项目运作协调管理，达到圆满建成建设项目的目的，这是合同管理的核心。

(3)建立项目法人合同管理手段

项目法人的项目管理手段就是为了实现项目管理目标所建立的一整套合同管理的制度、办法、措施、岗位职责，用这些手段指导控制参与合同管理的部门和个人，共同围绕合同管理目标开展工作，完成合同管理任务。

2.项目法人合同管理的基础工作

为了做好合同管理，首先应做好合同管理的基础工作，其内容主要包括：

(1)准备合同管理条件

项目为实现合同管理的目标，首先应准备合同管理的各种必要条件，包括合同管理所需要的资金、办公设备、办公手段、资料、文件等，以满足合同管理工作的正常运作。

(2)依法与各参建单位签订合同

项目法人与各参建单位之间都是通过合同发生联系的，相互签订合同是合同管理的第一项工作，只有签订了合同才会有合同管理。

（3）建立合同管理协作关系

项目法人的合同管理牵涉项目参与单位各方，应事先建立与各方关系的联系机制、信息沟通机制。

（4）完成与各参建单位的合同工作往来。

与参建单位的合同往来包括：计量支付、合同变更、违约处理、违约索赔、合同纠纷处理、合同终止处理等。

3. 项目法人合同管理的基本内容

（1）处理合同包价以外的资金往来

项目法人与各参建单位在合同包价之外的资金往来有：各种投标、履约保证金，工程预付款，工程保险金，参建单位借款，项目法人为参建单位垫付款等。

（2）进行合同执行情况检查

在合同的运行过程中，作为项目法人的合同管理机构，应经常进行合同执行情况检查。检查的内容之一就是看承包人是否有违约行为。承包人的违约行为主要表现有以下方面：

①不按合同承诺进场，人员进场的资质水平低；机械设备、试验仪器进行数量少，不配套，满足不了履行合同的需要。

②频繁更换主要管理人员，更换时不办理申报手续，换进场的新人资质水平低。

③不按合同计量，超范围计量，超标准计量，重复计量，多计量等。

④承包人的管理人员经常私自离开现场不知去向，或请假后长时间超假不归。

⑤无证上岗及其他等违约行为。从事公路工程建设活动的专业技术人员，应当按照有关公路工程建设的法律、法规、规章的规定取得相应资格证书，并在资格证书许可的范围内从事公路工程建设活动；特殊工种操作人员应持证上岗。

⑥严禁设计、施工、监理单位将承接的公路工程建设项目转包，严格控制公路工程的分包。工程分包单位必须具有相应的资质等级，且不得二次分包。设计和监理合同分包必须经建设单位同意；施工合同分包必须经监理单位审查，项目法人批准。

分包单位必须按照分包合同的约定，对工程质量向总承包单位负责，接受总承包单位的质量管理；总承包单位按照总承包合同的约定，对全部工程质量向建设单位负责，对分包工程的质量与分包单位承担连带责任。

（3）处理合同变更

关于合同变更，在高速公路建设项目运作过程中，变更是不可避免的，尤其是在施工过程中，变更会经常发生。关于合同变更问题，牵涉的内容很多，变更的政策性极强，将在后面专门介绍。

（4）处理违约索赔

关于违约索赔，在高速公路建设项目运作过程中，违约也是很难避免的，尤其是在施工过程中，违约索赔会常有发生。因为违约索赔的内容也比较多，将在后面专门介绍。

（5）建立合同管理档案

项目法人合同管理机构应将合同管理资料、文件及时进行整理，按档案管理办法立卷建档，妥善保管；除此之外，项目法人的合同管理机构还有义务指导、督促、检查承包人的合同档案管理工件。

（6）上报合同备案材料

项目法人（招标人）招标结束后。应将招标结果、与中标单位签订的承包合同等文件上报有关主管部门，这项工作也是合同管理部门的职责。

四、关于违约索赔

项目法人应该理性看待索赔，不要把索赔看成是一件了不得的事情，不要认为承包人向业主提出索赔，就是对业主的不尊重。实际上违约索赔是合同执行中经常遇到的平常事情，是合同执行过程中的正常程序。索赔过程是合同在执行过程中，合同当事人的某一方根据合同、法律规定，向合同有过错的一方提出损失赔偿要求的维权行为。

1. 处理索赔的原则

(1)公平原则。合同各方在法律地位上都是平等的主体，合同损失方向合同过错方提出损失索赔是正当维权行为，双方应本着公平合理的原则处理索赔。

(2)合同原则。合同当事人任何一方对另外一方提出的索赔，必须符合合同规定原则，不能违背合同原则、超出合同原则提出和处理索赔。

(3)实事求是原则。索赔处理应本着实事求是的原则，确定索赔的性质、索赔的范围、索赔的数量。索赔双方都应尊重索赔事件的科学数据和证据。

(4)协商原则。索赔过程，双方应本着相互谅解精神，冷静处理，协商一致，妥善处理索赔。

2. 索赔处理程序

(1)索赔事件发生，合同当事人的损失方向事件责任方提出索赔。首先应向监理机构提出索赔申请。在提出索赔申请时应注意两个问题：一是做到索赔申请证据充分可靠；二是应注意索赔事件的时效性，应在事件的有效期内提出索赔申请，过了有效期则可以认为是受损失一方自动放弃索赔，过了时效期的索赔，事件责任方可以不予受理。

(2)监理机构受理索赔申请，进行事件调查，核实索赔事件是否成立，索赔证据是否真实、充分，将核实结果通知提出索赔申请的一方。

(3)索赔方接到监理机构通知后，进行索赔金额或索赔工期计算，提出正式索赔报告，报监理机构。

(4)监理机构再对索赔报告进行审查，并将审查后的索赔报告同时送达索赔双方。

(5)双方对索赔报告的内容均认可后，监理机构办理索赔文件，送索赔双方，并执行索赔。

(6)索赔双方中的任何一方对审查后的索赔报告异议时，索赔进入合同争议处理程序：协商、调解、仲裁、诉讼。

第四节　项目法人施工合同变更管理

为了加强高速公路建设项目管理，规范工程设计变更行为，做好施工图设计的补充和完善工作，保证工程质量、施工安全、节约投资，根据《中华人民共和国公路法》、《建设工程质量管理条例》、《建设工程勘察设计管理条例》、《建设工程安全生产管理条例》、《公路工程设计变更管理办法》(交通部令 2005 年第 5 号)和省、市、区地方有关规定，结合项目实际，制定有关合同变更的管理规定如下。

一、合同变更的一般规定

1. 合同变更的含义

所谓合同变更实质上就是设计变更。设计变更是指：自高速公路建设项目初步设计批准之日起至通过竣工验收正式交付使用之日止，对已批准的初步设计文件、施工图设计文件所进行的修改、完善、补充等活动。

2. 变更的实质性分类

这些修改、完善、补充活动包括设计方案性的变更(含技术指标的改变、设计方案的改变和新增工程等)和非设计方案性的变更(含工程数量变化、材料的变化等)两种。

3. 设计文件的不可变更性

经批准的高速公路建设项目的勘察设计文件以及确定的建设规模、技术标准、批准的概(预)算和工期，未经原设计文件的批准单位批准，不得随意变更。任何单位或者个人未经批准不得擅自变更。经国家发改委和交通运输部，或省级发改委和交通运输主管行政部门批准的初步设计和施工图设计文件，是工程施工的法定文件。不得用肢解设计变更规避审批，不得在设计变更中弄虚作假，不得降低质量标准或安全生产条件，来谋取不正当利益或损害国家利益。

4.设计文件变更前提条件要求

高速公路建设项目设计变更，应以优化、完善原设计为前提，以提高设计质量、节省建设资金和节约资源、推动技术进步为目标，符合国家有关公路工程强制性标准及技术规范，符合工程质量和使用功能要求，符合环境保护要求。

5.设计变更分类管理

高速公路建设项目工程设计变更按照变更性质可分为：重大设计变更，较大设计变更，一般设计变更。设计变更应按规定程序履行审查或审批手续，设计变更活动应遵守国家相关的法规，接受省级以上交通运输行政主管部门的领导和监督管理。

二、设计变更条件和内容

经批准的高速公路建设项目的勘察设计文件，当出现以下一些情况时，可以按规定程序进行设计变更。

1.原设计方案不完善

原设计文件存在下列问题，可以按规定对原设计文件进行修改变更：

(1)设计文件中存在错、漏、缺。

(2)勘察资料不详尽，导致设计不准确，可能存在重大质量或安全隐患。

(3)原设计与自然条件(含地质、水文、地形等)不符。

2.对原设计进一步优化

原设计文件在下列问题，为合理利用和保护自然资源、提高工程建设效益，可以按规定对原设计进行修改变更。

(1)为推广应用先进实用技术，或更好地保证工程质量，或缩短工期、节约投资。

(2)在不降低工程质量标准、使用功能的前提下，能有效减少工程数量、工程成本或降低施工工艺难度，加快施工进度的优化设计。

(3)有利于确保工程施工安全和环境保护，或有利于节省占地、避免水土流失，或改善施工条件的设计调整或修改。

3.原设计方案与建设环境不协调

对涉及铁路、农田、水利、矿山、城镇规划、景观开发、生态建设以及文物、环境保护、三改(改水利、改道路、改管线)工程等工作，需要对原设计进行修改和完善的，可以按规定对项目局部工程设计进行变更。

4.省级以上交通运输行政主管部门提出新要求

省级人民政府或交通运输主管部门对工程建设提出新的工程建设要求，可以按规定对原设计进行变更。

5.工程变更内容

(1)增加或减少合同中的任何一项工作。

(2)增加或减少合同中任何一项工作的实质内容超过一定额度。

(3)取消合同中任何一项工作。

(4)改变合同中任何一项工作的标准、性质。

(5)改变合同工程的基线、控制线、位置、形状、尺寸等。

(6)改变合同工程任何一项工作的经批准的施工顺序、施工时间、施工周期,或非承包人原因引起的工程暂时停工。

(7)业主追加额外工程。

(8)人力不可抗拒的原因引起的工程变更。

三、设计变更分类标准

1. 重大变更

下列变更属于重大设计变更:

(1)连续长度 10km 以上的路线方案调整的。

(2)特大桥的数量或结构型式发生变化的。

(3)特长隧道的数量或通风方案发生变化的。

(4)互通式立交的数量发生变化的。

(5)收费方式及站点位置、规模发生变化的。

(6)超过初步设计批准概算的。

2. 较大变更

下列变更属于较大设计变更:

(1)连续长度 2km 以上的路线方案调整的。

(2)连接线的标准和规模发生变化的。

(3)特殊不良地质路段处置方案发生变化的。

(4)路面结构类型、宽度和厚度发生变化的。

(5)大、中桥的数量或结构型式发生变化的。

(6)隧道的数量或方案发生变化的。

(7)互通式立交的位置或方案发生变化的。

(8)分离式立交的数量发生变化的。

(9)监控、通信系统总体方案发生变化的。

(10)管理、养护和服务设施的数量和规模发生变化的。

(11)其他单项工程费用变化超过 500 万元的。

(12)超过施工图设计批准预算的。

3. 一般变更

一般设计变更是指除重大变更和较大变更以外的其他所有设计变更。

四、设计变更的审查、审批权限和程序

根据有关规定,高速公路建设项目的设计,经批准变更设计一次以后,一般不得对已变更的内容再次变更。

1. 设计变更的审查和审批权限

(1)重大、较大设计变更,根据《公路工程设计变更管理办法》(交通部令〔2005〕第 5 号)的规定,按项目主管权限由交通行政主管部门批准。

(2)一般设计变更由项目法人(工程指挥部)负责审查、审批。

2. 变更程序

(1)变更设计文件的编制一般由原设计单位完成(特殊情况除外)。

(2)设计阶段的较大和重大设计变更,在变更设计和审查阶段均需进行充分的技术、经济论证。

(3)施工阶段的较大设计变更,属于设计方案变更性质的,应进行方案设计和施工图设计。施工阶段的重大设计变更,应进行方案设计、初步设计和施工图设计。其中方案设计、初步设计和施工图设计均应按规定履行审批手续。

3. 施工阶段重大、较大变更的审批程序

施工阶段重大和较大设计变更的方案设计审查和报批应遵守以下程序:

(1)提出设计变更建议。根据实际情况可由指挥部、施工单位、原设计单位提出;提出设计变更的建议应当采取书面形式,并应当注明变更理由;设计审查单位、主管部门也可以提出设计完善意见和设计变更建议。

(2)监理工程师审查(限施工单位提出的设计变更)。

(3)原设计单位完成方案设计或征求原设计单位意见(特殊情况可委托其他设计单位编制设计变更文件)。

(4)方案论证及比选并修编设计文件。必要时,指挥部可以组织勘察设计、施工、监理等单位及有关专家,对设计变更建议进行经济、技术论证。

(5)省级交通运输主管行政部门组织审查,负责组织重大和较大设计变更文件(含概算或预算)的审查工作,决定是否批准或向省发改委报批重大设计变更文件。

(6)较大设计变更由省交通运输主管部门审查并批准;重大设计变更还须报省发改委审批。

4. 一般变更的审批程序

根据不同情况,一般设计变更的审查和审批分为一般程序和简易程序。

(1)一般程序

变更方案较复杂,指挥部、设计、监理和施工单位在施工现场难以取得一致意见时,适用本程序。

①设计变更的提出。根据实际情况可由指挥部、设计、施工单位提出;提出设计变更的建议应当采取书面形式,并应当注明变更理由;设计审查单位、主管部门也可以提出设计完善意见和设计变更建议。

②监理工程师审查(限施工单位提出的设计变更)。

③原设计单位提出意见(必要时完成方案设计)或征求原设计单位意见(特殊情况委托其他设计单位编制设计变更文件)。

④方案比选及修编设计文件。必要时,指挥部可以组织勘察设计、施工、监理等单位及有关专家对设计变更建议进行经济、技术论证。

⑤指挥部组织审查(必要时组织专家或委托具有相应资质的单位咨询审查)。

⑥指挥部审批。指挥部质量技术部提出审核意见,报指挥部集体研究审批。

(2)简易程序

变更方案较简单,指挥部、设计、监理和施工单位在施工现场能够取得一致意见的,适用本程序。

简易程序在指挥部、设计、施工单位提出设计变更意向后即可启动。由各方代表根据工程实际,共同在现场商议变更方案,达成一致意见后签署"设计变更现场纪要",再由设计单位提供变更设计图纸后,指挥部印发,总监理工程师签发"工程变更令",施工单位施工落实变更设计。

5. 施工阶段重大、较大变更申报材料

对重大设计变更和较大设计变更的方案设计,按照有关规定的程序,应向审批部门提交以下材料:

(1)设计变更报批的公文。公文内容应包括拟变更设计的工程名称、工程基本情况,原设计单位、设计变更的类别、变更的主要内容,原设计情况、原设计存在的问题、变更的主要理由等。

(2)对设计变更申请的调查核实情况,实施设计变更的合理性情况说明,与原设计的技术、经济及施工可行性的论证比较资料。

(3)设计文件(含投资估算或施工图预算),必要的勘察、试验资料。

(4)省级交通运输主管行政部门认为需要提交的其他相关材料。

由省级交通运输主管行政部门审查和组织论证后,做出是否同意设计变更或开展设计变更下一步勘察设计工作的决定。

6. 设计阶段重大、较大变更申报材料

设计阶段的重大和较大设计变更文件(含概算或预算),按照有关规定,需要向审批部门提交以下材料:

(1)设计变更报批的公文和方案设计的审批公文。包括拟变更设计的工程名称、工程的基本情况,原设计单位、设计变更的类别、变更的主要内容及变更的主要理由等。

(2)对设计变更申请的调查核实情况、合理性论证情况。

(3)工程变更涉及业主、承包人、监理、设计等方面的各类原始记录、签证资料、会议纪要或现场纪要与文件。

(4)省级交通运输主管行政部门认为需要提交的其他相关材料。

7. 变更设计文件编制

设计变更文件一般应由原设计单位编制完成。对于特殊情况,经征求原设计单位意见后,指挥部也可委托有相应资质的其他设计单位修改设计,完成设计变更文件。设计变更的勘察设计单位应当及时完成勘察设计,形成设计变更文件,并对设计变更文件承担相应责任。

8. 特殊情形的设计变更程序

(1)凡工程抢险等紧急工程须对原设计进行变更,超出指挥部权限的,根据省级交通运输主管行政部门规定,指挥部可事先口头或书面报告后先行实施,并尽快完善图纸和组织报批。

(2)非抢险工程等特殊情况,任何单位不得擅自越权变更设计,不得先实施后报批。

9. 变更设计文件的报批、实施过程

(1)对于需要预先实施地表或地质揭示的结构工程(包括隐蔽工程),凡原设计与实际地质条件有差异的,设计单位应根据施工中的地质情况对原设计进行修改,并可以进行动态设计,及时根据实际地震情况对设计进行修正和调整。

(2)凡采取动态设计的变更工程,设计单位可以在变更工程实施结束后1个月内提交最终的修正施工图设计,但方案设计最迟应在变更工程开始施工之日起2个月内履行报批手续。采取动态设计的变更工程在报批时,应尽可能附有特殊地质、地形或抢险工程等相关的影像资料。

(3)在取得省级交通运输主管行政部门在方案设计批复中同意时,指挥部可以在方案设计批准后先行组织施工,根据施工单位完成的实际工程补交变更设计文件。

(4)施工阶段因实际工程数量变化导致工程造价变化较大,达到较大变更标准的,指挥部在按照合同约定进行支付前,按规定履行报批手续。

五、设计变更的工程造价管理

1. 重大较大变更的造价

(1)重大设计变更应编制概算和预算文件,较大设计变更应编制预算文件,由指挥部按程序规定报省级交通运输主管部门,便于主管部门在批准变更设计图纸时一并批准概算或预算文件。

(2)设计变更概、预算文件应依据交通运输部发布的概、预算编制办法及配套定额和省级交通运输主管行政部门的有关规定,以及相关专业编制办法及配套定额,在充分调查变更工程的工地、料场实际情况和市场价格基础上进行编制,并考虑市场价格波动因素。设计变更概、预算须与原概、预算相应部分进行。

(3)对于涉及新技术、新工艺、新材料、新设备或定额中缺漏的项目，由交通建设工程造价管理机构会同指挥部、设计单位在设计变更方案批准后实地考察施工工艺，参考有关行业定额，合理确定定额消耗量，并报省级交通运输主管行政部门核备后，编制设计变更工程概、预算文件。

(4)对于抢险工程或采取动态设计的工程，因地质条件变化导致施工方案、施工工艺发生重大变化的，无论设计方案变化与否，均应由设计单位重新编制该部分工程的施工图预算，该预算可考虑施工中非施工单位原因导致的报废工程、清方、临时工程等工程内容和施工环节所发生的费用。缺乏相应定额或编制办法的，设计单位应在交通建设工程造价管理机构的指导下，会同指挥部据实合理确定定额消耗量，在尊重客观事实的基础上编制该部分工程的施工图预算。

2. 变更设计概预算单价确定

变更工程支付单价应遵循施工单位提出、监理单位审核、指挥部确定的程序，并遵守招标文件规定和合同约定，以及投标文件的承诺。

3. 变更工程造价处理

(1)按照规定要求经过审查批准的工程设计变更，其费用纳入本项目工程建设成本。

(2)指挥部应在批准的工程设计变更概、预算范围内确定工程变更实际费用。

(3)变更工程根据合同约定的支付费用超出设计变更概、预算的，由指挥部向省级交通运输行政主管部门报告，请求增补预算。

(4)因设计变更导致勘察设计费、监理费、试验检测费等发生变化的，按照有关合同约定执行。

(5)非设计单位原因发生的较大设计变更和重大设计变更，其设计费如果超出原设计合同约定的，可以在预留费中开支；因设计失误引起的设计修改造成工程投资增加，指挥部可根据国家相关规定和合同约定扣减勘察设计费。

(6)因工程设计变更引起指挥部管理费、征地拆迁费等费用变化的，应按照国家有关规定执行。

六、设计变更管理与监督

1. 重大和较大设计变更实行预案管理

指挥部应按照规定制定重大和较大设计变更预案，并向省级交通运输主管行政部门上报重大和较大设计变更预案材料。指挥部、设计单位、施工单位、监理单位等应通过预案管理，加强现场复核和施工过程中的技术方案研究，争取提前发现问题，做出有预见性的处理措施，提高设计变更行为的预见性和科学性。

2. 施工单位责任引起的变更

由于施工单位施工不当引起的变更，废弃工程不予计价，返工或变更工程超过原相应工程合同价的工程费用由施工单位自行承担，变更工程的勘察设计费用由施工单位承担；返工或变更工程不得降低工程质量标准，不得延误合同工期。

3. 监理单位责任引起的变更

存在监理工程师失职的，指挥部可同时扣减监理单位的监理服务费，具体办法按照监理服务合同的约定或遵照国家相关规定执行。

4. 变更约束

(1)设计变更行为应遵守工程施工合同文件和监理合同文件有关规定，设计变更行为应避免损害指挥部、施工单位任何一方的权益。

(2)指挥部对设计变更工程计量与支付的办理时限应严格按照合同约定执行。

(3)设计变更的批文、图表、各级签署意见或试验凭证，应装订成册，纳入工程档案管理和验收。

5. 变更工程施工

(1)设计变更工程的施工原则上由原施工单位承担。

(2)施工单位在收到变更设计文件后,应编制施工组织设计,经监理工程师同意后予以实施。在变更工程施工完成后1周内,由施工单位提供相关资料,报送监理单位、指挥部审批,指挥部按照相关程序下达工程变更令。施工单位提供的资料应详细计算变更工程桩号范围内所有工程数量的变化,并附设计文件和现场会议纪要,以及详细的计算资料或验收资料等。

(3)施工单位对设计变更工程实施专业工程分包的,须经监理工程师审查和指挥部同意。施工单位对分包工程负完全责任,分包人就分包项目向指挥部承担连带责任。

6. 变更监督

(1)省级交通运输主管行政部门是高速公路建设项目设计变更行为的监督管理部门,指挥部应当建立设计变更管理台账,妥善保存与设计变更相关的文件资料。项目的所有设计变更必须按省级交通运输主管行政部门要求汇总,并应当每半年将汇总情况报省级交通运输主管行政部门备案。

(2)省级交通运输主管行政部门对设计变更行为的监督检查活动,指挥部应予以支持配合,并提供相关资料。

(3)在工程交工验收和竣工验收前,指挥部应向公路工程质量监督机构提供经批准的设计文件和设计变更文件(包括概、预算文件)。未经批准的设计变更工程,公路工程质量监督机构不予出具检测意见和鉴定意见,指挥部不得进行交工验收。

(4)对违反批准程序和要求,擅自变更设计的,指挥部应及时上报省级交通运输主管行政部门,责令限期整改;未按要求整改的,指挥部应会同省级交通运输主管行政部门依法予以纠正。

7. 对违规变更的处罚

对于违反规定擅自变更的单位和有关责任人,指挥部应报省级交通运输主管行政部门批准,依法追究有关单位和人员的责任直至依法处理:

(1)施工单位或监理单位、设计单位串通,不按规定程序变更设计,以谋取非法利益的。

(2)施工单位或监理单位、设计单位串通,通过弄虚作假等非法手段,骗取工程资金的。

(3)对违反本实施细则的设计单位、施工单位、监理单位,指挥部可暂停资金支付,并报省级交通运输主管行政部门依法进行处罚。

(4)施工单位不按照批准的设计文件或变更设计文件施工的,指挥部和监理单位应督促其依法予以纠正;造成建设工程质量不符合规定的质量标准的,由施工单位负责返工、维修,并向指挥部赔偿因此造成的损失。情节严重的,指挥部应报省级交通运输主管行政部门给予上述违法行为的单位通报。

(5)指挥部的工作人员在设计变更审查批准过程中滥用职权、玩忽职守、谋取不正当利益的,由主管部门或者纪检监察部门给予党纪或行政处分,构成犯罪的,移交司法机关进行处理。

七、关于零号变更

1. 零号变更定义

所谓零号变更就是产生在项目施工之前的变更。是因为施工图的原始错误、施工图工程量统计计算错误,招标投标中因业主方原因的计算错误等问题,需要进行变更。这项工作一般是要求承包人在第一次计量之前就应该完成,以便不至于影响第一次计量出现差错。零号变更大都属于一般变更。

2. 零号变更处理

(1)因为施工图的原始错误和工程量统计计算错误,导致承包人根据标价的工程量清单计算出来的工程实际造价与合同包价有较大出入,应由承包人据实进行清理并列表计算,编制零号变更报表,报送监理单位。

(2)监理单位在收到承包人零号变更报告之后,应进行详细审查核对;审查核实后报告业主。

(3)业主在收到零号变更后,应根据合同条款的有关规定,确定是否变更;对于有些是变增的,专用合同条款中如有相关规定,在一定范围内由承包人自行负责的,则业主可以不予变更;虽然业主不同意给予变更,但承包人仍必须按实际情况进行施工。

第五节　项目法人监理合同管理工作

监理单位通过与项目法人签订监理服务合同,为项目法人提供监理服务。监理单位是高速公路建设项目实施现场的直接管理者,项目法人关于建设项目的决策意图、措施意见、对项目的要求,都是通过监理单位传达给其他参建单位,予以贯彻、执行、落实的。监理单位在高速公路建设项目实施过程中,处于特殊地位,是一个具有特殊身份的参建主体,监理单位是项目法人与其他参建单位之间的桥梁和纽带。从建设项目主体关系的角度讲,项目法人应加强监理单位与施工单位的工作关系协调;从委托合同关系的角度讲,项目法人应加强对监理单位的管理,通过监理服务合同对监理工作进行管理。

一、监理单位资质管理

高速公路建设项目施工实行监理制,是公路建筑市场的三大重要改革内容之一(项目法人制、招标投标制、施工监理制)。从事施工监理的单位应具备监理资质,并在监理资质许可的范围内承接公路项目施工监理任务。根据交通部颁布的《公路工程施工监理规范》(JTG G10—2006)和《公路、水运工程监理资质管理规定》(交通部令 2004 年第 5 号)关于监理资质的规定,监理单位资质等级和等级相应从业范围规定如下。

1. 资质等级

公路、水运工程监理企业资质,按专业划分为公路工程和水运工程两个专业。公路工程专业监理资质分为甲级、乙级、丙级三个等级和特殊独立大桥专项、特殊独立隧道专项、公路机电工程专项。

2. 资质等级业务范围

公路、水运工程监理企业应当按照其获得的资质等级和业务范围开展监理业务(表 4-1、表 4-2):

(1)获得公路工程专业甲级监理资质,可在全国范围内从事一、二、三类公路工程、桥梁工程、隧道工程项目的监理业务。

(2)获得公路工程专业乙级监理资质,可在全国范围内从事二、三类公路工程、桥梁工程、隧道工程项目的监理业务。

(3)获得公路工程专业丙级监理资质,可在企业所在地的省级行政区域内从事三类公路工程、桥梁工程、隧道工程项目的监理业务。

(4)获得公路工程专业特殊独立大桥专项监理资质,可在全国范围内从事特殊独立大桥项目的监理业务。

(5)获得公路工程专业特殊独立隧道专项监理资质,可在全国范围内从事特殊独立隧道项目的监理业务。

(6)获得公路工程专业公路机电工程专项监理资质,可在全国范围内从事各等级公路、桥梁、隧道工程的通信、监控、收费等机电工程项目的监理业务。

公 路 工 程 分 类　　表 4-1

工程类别	一类	二类	三类
公路工程	高速公路	高速公路路基,一级公路	一级公路路基,二级及以下公路
桥梁工程	特大桥	大、中桥	小桥,涵洞
隧道工程	特长、长隧道	中长隧道	短隧道

特殊工程类别 表4-2

特殊工程类别	指　标
特殊独立大桥	主跨250m以上钢筋混凝土拱桥，单跨250m以上预应力钢筋混凝土连续结构，400m以上斜拉桥，800m以上悬索桥等结构复杂的独立特大桥项目
特殊独立隧道	大于3000m的独立特长隧道项目
公路机电工程	通信、监控、收费等机电工程

二、监理机构及监理工程师

根据《公路工程施工监理规范》(JTG G10—2006)的规定，公路工程施工项目的监理机构设置，高速和一级公路可设置二级监理机构，即总监理工程师办公室(简称总监办)和驻地监理工程师办公室(简称驻地办)。开工里程在20km以下的，宜设置一级监理机构，即总监办。二级及二级以下公路和养护工程，可根据工程规模、难易程度、合同工期安排、现场条件等因素，设置一级或二级监理机构。公路机电工程可设置一级监理机构。

1. 监理机构设置

(1)一般高速公路建设项目都会设置总监理工程师办公室(简称总监办)、驻地监理工程师办公室(简称"驻地办")二级监理机构。依照我国高速公路建设项目施工监理招标的常规做法，高速公路建设项目的施工监理机构设置，项目法人(工程建设指挥部)都会设置总监理办公室，而只对驻地监理办公室进行社会招标。

(2)总监办设总监理工程师(以下简称"总监")1名，副总监理工程师1～2名(以下简称"副总监")。总监办与指挥部的质量技术部一门两牌，合署办公。

(3)根据高速公路建设项目规模大小，可以设1～2个驻地监理办。每个驻地办设1名驻地监理工程师(以下简称"高监")，1名副驻地监理工程师(以下简称"副高监")，同时按标段配备专业监理工程师(含监理组长)、监理员和其他人员。

(4)监理驻地办应建立工地试验室。

2. 监理工程师

监理工程师是指监理机构中具有交通运输部核准的公路工程监理工程师或专业监理工程师资格的人员。监理工程师和监理机构中的相关专业技术人员统称为监理人员。

3. 监理工程师资格

总监理工程师是具有交通运输部公路工程监理工程师资格，经项目建设单位同意，在监理机构中负责项目工程全部监理工作的总负责人。驻地监理工程师是具有交通运输部公路工程监理工程师资格，经总监理工程师授权，负责项目部分工程监理工作的驻地监理负责人。

三、监理文件管理

项目法人应在监理单位进场之后和在施工监理过程中，要求提供规定的监理文件，通过项目法人审查审核，作为管理和掌握监理单位工作状态的文字依据。

1. 监理计划

监理计划由总监理工程师主持编制，是在监理合同期内开展监理工作的指导性文件。所有监理人员都应参与监理计划的编制并熟悉掌握监理计划的内容。

监理计划编制的依据为《公路工程施工监理规范》(JTG G10—2006)，监理单位在监理投标时编制的监理大纲，监理工程的工程性质、规模、工期要求、具体施工项目内容、承包人施工组织设计等。

监理计划的内容是将监理工程“四控”“两管”“一协调”工作具体落实在被监理工程分部工程、分项工程的时间表上(“四控”:质量控制、投资控制、工期控制、安全控制;“两管”:合同管理、资料信息管理;“一协调”:施工环境协调)。

2.监理实施细则

根据监理计划是由驻地监理工程师主持编写、相关监理人员参加,经总监理工程师批准的操作性文件。监理实施细则是实践性很强的可操作性文件。监理实施细则应针对技术复杂、专业性较强的分项、分部工程或监理工作的某一方面的操作步骤、操作方法细化、量化、具体化。每个监理人员都应熟悉掌握监理实施细则,监理实施细则是项目法人对驻地监理工作深度的考查依据,也是驻地监理的操作手册。

3.监理月报

监理月报是监理工作的报告材料之一,是驻地监理全面反映监理工作情况的文件。监理月报一般情况下一月报告一次。监理月报还是项目法人掌握监理动态的重要文件,监理月报应尽量全面具体。

监理月报应包括的内容有:

(1)本月工程描述:质量情况,进度情况,安全情况,投资与计量支付情况等。

(2)监理工作描述:监理运行情况,本月监理工作小结,下月监理工作安排等。

(3)承包人工作描述:施工运行情况,承包人履约情况等。

(4)基本数据统计:在场施工人员、施工机械、施工材料统计,施工检查实验次数统计,进行计划完成统计,计量和支付情况统计等。

(5)本月施工存在的主要问题和下月工作重点。

(6)其他。

监理文件还有监理工作报告、监理专题工作报告、监理工作总结等,所有这些监理文件都是反映监理工作的文字材料,也是项目法人掌握监理动态、考查监理工作的依据,项目法人应全面掌握和审查监理单位的所有文件。

四、施工监理常见的问题

1.现场监理机构人员问题

(1)工程施工监理中,现场监理的人员结构普遍存在比较严重的缺陷,年龄结构两极分化,年纪偏大、退休返聘和偏小、刚走出校门的两部分人居多。

(2)人员素质良莠不齐,业务水平偏低,不少刚走出校门的青年学生专业知识有限,尤其是专业施工知识缺乏。

(3)持证率不高,持交通监理工程师证的人数不够,现场监理旁站人员不少没在经过监理培训,监理业务几乎完全不懂。

(4)监理单位的固定职工人数有限,大多数监理人员都是从社会上临时招聘来的,工作经验和工作责任心不强。

(5)在一个监理工程上,人员不能自始至终固定,中途更换频繁,调换新进和人员不能满足监理合同的规定。

(6)越权签字。有些资料应该是监理工程师签字而现场却是监理员签字,按规定应该是持有监理工程师证的人才能签字,而现场不持证的人随意签字,这都是由于证持人偏少造成的。

2.监理行为不规范

(1)监理手段不配套,现场监理应配备仪器设备、实验检测工具。实际情况是现场不能满足现场监理的需要;监理的工地试验室没有合格的批准手续或挂靠母体。

(2)监理平行检测频率不够。根据监理规范规定，承包人的施工工序，承包人应100%的自检，现场监理应平行抽检20%～40%，多数情况下，现场监理都达不到这个比例。

(3)现场监理力度不够。按照监理规范规定，工程施工的关键工序、隐蔽工序，现场监理应全过程旁站监理。所有施工现场，应经常进行巡回监理，但是实际情况监理力度没有达到以上要求。

(4)监理文字材料失真是监理行为不规范的一个严重问题。如监理日记不是每天现场跟记，而是事后补记，与当天施工实际不符合，监理对施工工序检查签认不到位，有的监理没有到现场检查，就随意签上"合格、同意下道工序施工"字样，致使少数工序质量失控。

(5)监理月报的统计资料与实际不符，多数是因为平时监理过程中没有认真统计，在编制监理月报时胡编乱造。

(6)现场监理有故意造假现象。

五、项目法人对监理工作的检查考核管理

项目法人应依据监理工作合同，对监理工作进行监督、检查，在放手支持监理工作的基础上，加强对监理工作的严格管理，尤其是针对以上所涉及的监理常见的存在问题，有的放矢的加强对监理工作和监理人员的监督管理。

1. 对监理工作检查

(1)对监理程序的监督检查

监理单位报送的监理实施细则详细地规定了监理工作程序、操作流程，并将操作程序和工作流程图形化。项目法人应根据监理实施细则规定的监理工作程序和操作流程，检查驻地监理的工作是否按既定程序流程落实到位。

(2)对监理制度的检查

在施工项目实施过程中，项目法人应监督、检查驻地监理单位建立健全各种管理办法、工作制度、岗位职责。项目法人应首先检查监理的以上文件是否制定全面，然后应随监理工作进展经常检查督促落实。

(3)监理行为监督检查

高速公路建设项目的驻地监理，应建立健全质量控制保证体系、安全控制保证体系，应制订现场监理巡回查检和旁站监理规定，工程质量抽检、材料抽检规定等具体监理行为。项目法人应经常检查驻地监理的这些监理行为是否有效落实。

(4)监理纪律监督检查

驻地监理单位应根据"严格监理、秉公办事、热情服务、一丝不苟"的监理方针，认真执行监理政策，廉洁自律，自尊自爱，自觉遵守监理纪律。项目法人应本着爱护关心监理单位的精神，认真督促检查驻地监理制订完善工作纪律，建立健全监理自身监督机制。现场应经常加强对监理单位的教育提醒，让监理工作健康有序进行，发挥监理工作效果。项目法人应严格执行监理纪律和监理合同，强调对监理人员的基本素质要求，发现有不合格的监理人员或驻地监理有不良表现，应严肃处理。

2. 监理人员管理

(1)监理人员资质要求

监理人员资质不低于招标文件的要求及投标文件的承诺。

(2)监理人员更换审批程序

驻地办监理人员原则上不允许更换，若申请更换，须按以下程序办理：

①专业监理工程师(含监理组长)、监理员更换，由总监办质量技术部审批，总监办计划合同部备案。

②安全监理工程师或专职安全生产管理人员更换，由总监办安全管理部审批，总监办计划合同部备案。

③驻地办正、副高监的更换，由总监办和质量技术部审查，总监(副总监)审批，总监办和计划合同部备案。

④监理工地试验室主任及试验检测工程师更换，由总监办中心试验室审查，总监办和质量技术部审批，报质量监督部门备案。试验检测员更换由总监办中心试验室审查，总监办和质量技术部审批，总监办和计划合同部备案。

(3)监理人员证书管理

①驻地办进场验收时，总监办应对所有监理人员证件原件进行审查。

②上级主管部门进行检查时，所有监理人员应及时按要求提供证件原件。

(4)监理人员考勤管理

所有监理人员必须严格遵守监理工作纪律，工作时间服从施工作业时间，按时到岗，不迟到，不早退，认真履行岗位职责，完成监理工作任务。总监办巡检过程中，一旦发现驻地监理没有履行当天岗位职责记录的或监理人员离岗未按规定办理请假手续，则视为旷工。

(5)监理人员休假管理

监理工地试验室主任、检测工程师等试验人员请假报批后，须报总监办中心试验室备案；所有监理人员请假报批后均须报总监办和质量技术部备案。

①凡需请假者须经个人书面申请，写明请假事由和时间，并取得批准后方可离岗。

②请假人须严守请假时间，按时返回，不得擅自超假。如因特殊情况确需延期，应先口头申请并征得审批人同意后方可续假，返回后应及时补办续假手续。

③所有监理人员假期期满后应及时到审批人处销假。

④驻地高监、副高监不得同时请假离岗。

⑤所有监理人员请假，须按以下请假审批权限办理请假手续：

a. 驻地正、副高监每月请假 4 天内(指 4 天正常休假，下同)由总监办和质量技术部审批，5 天及以上由总监(副总监)审批。

b. 专业监理工程师(含监理组长)、监理工地试验室主任、监理员每月请假 4 天由驻地办审批，5 天及以上由总监办和质量技术部审批。

c. 安全监理工程师请假，除按正常程序报批外，还需报总监办和安全管理部批准。

(6)其他管理规定

①驻地办应严格考勤制度，考勤员应每天按总监统一规定的考勤表进行考勤登记，考勤应实事求是，严禁弄虚作假。

②驻地办每月 3 日前将上月的考勤表原件及一份复印件(附请假单复印件)报总监办和质量技术部审签，作为监理服务费计量支付的依据。

③驻地办可安排监理人员每月轮休一次，每月假期为 4 天。休假人员岗位工作由驻地办安排相应人员承担，不得影响驻地办的正常工作。

④总监办和质量技术部至少每半月对监理出勤情况进行一次抽查，并作为审核监理服务费计量支付的依据之一。

3. 监理工作考核

(1)考核程序和方法

①考核程序主要包括组建考核小组、召开考核会议、考核结果通知和考核结果应用等。

②考核由总监办质量技术部负责，考核小组人数 5～7 人，总监办计划合同部、安全管理部各派 1 人参加，其余由总监办相关人员参加，组长由总监办质量技术部负责人担任。

③考核会议由考核小组组长主持召开，会议议程包括：

a. 学习考核细则及有关要求。

b. 听取驻地办工作情况汇报。

c. 听取总监办监理督查情况汇报。

d. 检查监理现场及驻地工作情况(如制度、台账、试验资料等)。

e. 各组员独立评分。

f. 计算考核得分,评定考核等级。

g. 撰写有关说明事项(如有)。

④监理工作质量考核按季度开展,每季度结束后,驻地办在一周内将本季度自检、自评结果报送总监办质量技术部,总监办质量技术部会同各有关部门审查后对监理单位进行一次考核评分。

⑤考核时间为每季度结束后第二周内。对于首期考核,时间在两个月以上的按一个季度考核,不足两个月归入下一个季度考核;对于末期考核,时间在一个月以上的按一个季度考核,不足一个月不进行考核。

(2)考核内容和标准

①监理工作质量考核主要内容分为进度监理、质量监理、费用监理、合同管理、安全和环保监理、驻地工作 6 个方面。

a. 进度监理合格的基本要求包括:及时完成计划制订、审批、调整与统计;计划管理措施落实到位;阶段与总体计划完成,分项进度均衡。

b. 质量监理合格的基本要求包括:及时、正确完成设计变更和技术方案审批;认真开展现场质量控制;积极组织质量活动。

c. 费用监理合格的基本要求包括:做好工程量清单的复核、调整和结算工作;计量与支付工作及时、准确。

d. 合同管理合格的基本要求包括:积极督促施工单位严格履行合同;认真做好设计变更和索赔的管理工作。

e. 安全和环保监理合格的基本要求包括:认真做好安全与环保方面的各项监理工作等。

f. 驻地工作合格的基本要求包括:综合管理情况良好,内部制度齐全并有效执行;人员管理情况良好,工作积极主动、认真负责、务实高效;积极协调监理标段内各方面的矛盾,妥善调度各方面的资源;积极开展标准化建设,并督促施工单位积极开展标准化建设。

②考核小组各组员根据监理机构的日常表现,按照《监理工作质量考核评分表》(此表由总监办制定)进行评分。

③考核得分满分为 100 分,其中进度监理 15 分,质量监理 20 分,费用监理 10 分,合同管理 15 分,安全和环保监理 20 分,驻地工作 20 分。

④监理机构的考核得分为考核小组所有组员评分的算术平均值。

(3)考核结果

监理考核按百分制进行,一月考评一次,考核结果分为优秀、良好、合格、不合格 4 个等级。各级得分标准为:

优秀:总分 90 分以上(含 90 分)

良好:总分 80～90 分(含 80 分)

合格:总分 65～80 分(含 70 分)

不合格:总分 65 分以下

(4)奖分和扣分条件

奖分、扣分标准有单项条件和否决条件两类。

①奖分条件

a. 受总监办和质量技术部及相关部门通报表扬者,一次奖 2 分。

b. 受指挥部通报表扬者,一次奖 4 分。

c. 受交通运输主管部门通报表扬者,一次奖 6 分。

同一事件受多级部门通报表扬时，只取高分，不累计。

②扣分条件

a. 受总监办和质量技术部及相关部门通报批评者，一次扣 2 分。

b. 受指挥部通报批评者，一次扣 4 分。

c. 受交通运输主管部门通报批评者，一次扣 6 分。

同一事件受多级部门通报批评时，只取高分，不累计。

(5)单项否决条件

有下列情形之一，视为不合格：

①因监理工作不到位，有不合格工程，造成较大经济损失的。

②监理人员失职导致发生较大及以上质量事故的。

③监理人员失职导致发生重大安全事故的。

④有严重违法乱纪现象发生的。

⑤在工程监理过程中存在隐瞒事实、检测数据方面有严重弄虚作假行为的。

4. 监理违约处罚

(1)违约处罚条款

根据监理招标文件合同条款及相关文件规定，制订监理违约处罚条款如下：

①监理单位违反监理合同的规定，将监理服务的任何部分予以分包或转让，每次扣缴监理服务费(监理合同协议书中监理服务费总额，下同)的 5%作为违约金。

②未经总监办批准，驻地办随意更换(包括在投标文件中填报的或以后经总监办批准的)主要监理人员。合同执行期间，监理人员不能胜任本职工作，驻地办又不能按总监办的要求在规定的时间内及时更换，或驻地办在接到总监办通知后未在规定时间内增派监理人员，每人次按以下标准扣缴违约金：驻地正、副高监 2 万元，同时业主还有权终止合同，报上级主管部门；工地试验室主任、专业监理工程师(含监理组长)0.5 万元，监理员 0.2 万元。

③监理人员严重失职造成重大工程事故，或向承包人索贿、牟取私利，或在工作期间徇私舞弊、与承包人串通损害业主利益，给业主造成损失的，视损失大小每次扣缴违约金 2 万～5 万元，同时清退直接责任人。

④合同执行期间，由于监理人员未在合理的时间内，对上报资料文件进行回复、批复的，造成承包人进度延误或中断施工，致使业主增加费用支出或工期延误，或由于监理人员的原因造成监理工程师对承包人所下达的指令不能按期落实，导致进度缓慢，工期延误，工程质量低劣，每次扣缴违约金 0.5 万～1 万元。

⑤未经总监办同意，监理人员擅离岗位；或虽经总监办同意离岗而未安排相应人员替换，每人每天扣缴违约金：驻地正、副高监 2000 元，专业监理工程师(含监理组长)、工地试验室主任 1000 元，监理员 500 元；或参加本工程监理人员的出勤率较低，造成监理工作不力(出勤率较低的衡量标准为：每月监理人员的总出勤率低于 85%。出勤率按总监办核定的现场监理人数与监理人员实际出勤值进行统计)，每次扣缴违约金 0.5 万～2 万元。

⑥监理单位承诺的用于本工程的试验、检测仪器及交通设施未能按时到达现场，或未经批准擅自撤离现场，每台套每天扣缴监理服务费 2000 元。

⑦监理人员对主要工程或关键工序施工期间未进行旁站或跟班检查，在接到承包人要求检查通知后未及时到现场，造成施工延误 2h 以上的，每次扣缴违约金 0.5 万元。

⑧对工程的抽检频率未达到规定要求，或抽检覆盖率未达到 100%，又不按总监办的指令及时予以纠正，每次扣缴违约金 0.5 万元。

⑨因监理人员不能忠实履行监理职责、工作失误，发布错误指令造成工程返工、导致工期延误或数量增加而引起工程费用增加，每次扣缴违约金 1 万～3 万元。

⑩在工程施工期间，承包人若违反施工操作或管理规定，监理人员脱岗或监管不力未能及时制止，一经业主发现，则按每次 0.1 万～0.5 万元的标准扣缴违约金。

⑪在监理服务期内，监理人员对内业资料收集不及时，统计数据不真实，按每次 0.2 万～0.5 万元标准扣缴违约金；如果由于监理单位原因发生竣工资料丢失情况，则按每次扣缴违约金 5 万元。

⑫驻地办不服从总监办及其相关部门的业务管理，每次扣缴违约金 2 万～5 万元。

⑬监理人员隐瞒事实、弄虚作假、欺骗业主，情节严重的，每次扣缴违约金 2 万～5 万元。

⑭业主、总监办的指令不能得到持续有效执行，并且不按总监办的指令予以纠正，每次扣缴违约金 2 万～5 万元。

⑮监理人员检查不及时，或因其他主观原因拖延检验批复时间，每次扣缴违约金 0.5 万～1 万元。

⑯驻地办违约除按上述规定扣缴违约金外，还应及时进行整改并达到业主的要求，同时业主还有权根据驻地办违约的严重程度或整改情况采取其他处罚方式进行处罚。

(2)相应其他处罚形式

①全线通报批评。

②情节较严重的，通报给监理单位的主管部门，并约见其监理法人负责人。

③情节严重的，中止或者解除监理合同。

④情节特别严重的，报请上级主管部门列入“黑名单”，取消监理单位在本地区的市场准入资格。

根据监理合同文件规定，处罚细则可以作为监理合同文件的组成部分，业主对驻地办违约金的扣缴将在当期监理服务费计量支付时扣除。

第五章　项目法人工程质量管理

高速公路建设项目的质量是关系到营运质量和使用安全的大事，关乎人民生命财产安危，对广大人民的生产、生活有着巨大影响。质量责任，重于泰山。为了保证高速公路建设项目在实施过程中不出现质量问题，建成后不出现质量安全事故，项目法人应以高度的责任感，把工程质量管理当作头等大事，坚持标准，严格要求，一抓到底。

第一节　高速公路建设项目质量管理规定和要求

高速公路建设项目质量管理是一项科学管理工作，是一项系统工程，有很高的科技含量和具体规定要求。只有在明确了质量管理的规定和要求基础上，才能有针对性地把高速公路建设项目的质量管理工作做好。参与高速公路项目建设质量管理的所有组织和个人，要有对国家和人民终身负责的态度，保证建设项目的质量达到规范标准。

一、工程质量管理一般规定

1.工程质量管理的对象、范围与内容

(1)根据交通运输部《公路工程质量管理办法》有关规定，公路工程质量管理的对象是：凡在中华人民共和国境内从事公路工程建设活动的建设、设计、施工、建立单位和个人。

(2)工程质量管理的范围是：由各级人民政府财政拨款、国家投资、中央和地方合资、地方投资、国内外经济组织投资、贷款以及其他投资方式建设的公路，包括路基、路面、桥涵和隧道，渡口及防护、排水和附属设施等。

(3)工程质量管理的内容是：即《办法》所称谓的公路工程质量。是指有关公路工程建设的法律、法规、规章、技术标准以及批准的设计文件和工程合同对建设公路工程的安全、适用、经济、美观等特性的综合要求。

2.工程质量管理职责权限

(1)国务院交通运输主管部门主管全国公路工程质量管理工作。

县级以上人民政府交通运输主管部门负责本行政区域内公路工程质量管理工作；但是，大中型公路建设项目的质量管理工作，由省、自治区、直辖市人民政府交通运输主管部门负责。

(2)县级以上人民政府交通运输主管部门设置的公路工程质量监督机构(以下简称质监机构)根据交通运输主管部门委托的权限，代表交通运输主管部门行使行政执法职能，具体负责公路工程质量监督工作。

(3)公路工程质量实行项目法人(或称建设单位)全面负责，监理单位控制，设计、施工单位(包括其他参建单位)共同保证和政府监督相结合的质量管理体制。

(4)政府监督机制。公路工程建设各方必须按有关规定向质监机构报告公路工程质量情况，提供有关资料；任何单位和个人对公路工程的质量事故、质量缺陷和影响工程质量的行为有权向交通运输主管部门或质监机构进行检举、控告和投诉。

(5)公路工程建设项目的政府主管部门、项目法人、设计、施工、监理单位负责人，对本单位的质量工作负领导责任；各单位的工程项目负责人，对本单位工程项目现场的质量工作负直接领导责任；各单位的工程技术负责人，对质量工作负工程技术方面责任；具体工作人员为直接责任人。

二、工程质量管理工作要求

1. 工程质量管理体系

(1)工程建设项目必须建立“政府监督、社会监理、企业自检”三级质量总体管理体系，建立年度工程质量检查制度。项目法人、设计、施工、监理单位各自建立相应的质量保证体系。

(2)各级交通运输主管部门应当认真组织工程质量检查工作，公布检查结果，对在工程质量工作中做出显著成绩和突出贡献的单位和个人给予奖励。

2. 项目法人质量管理工作要求

(1)项目法人应根据国家和交通运输主管部门有关规定设立，并应当按照国家规定建立健全质量保证体系，建立质量管理制度，落实质量岗位责任制。

(2)项目法人应严格履行基本建设程序，根据工程特点和技术要求，确定合理标段、合理工期、合理造价，并按国务院交通运输主管部门规定通过项目招投标选择具有相应资格的勘测设计、施工和监理单位，并应分别签定合同，实行合同管理。

(3)工程的合同文件，必须有工程质量条款，明确各项工程和材料的质量标准和合同双方的质量责任。

(4)承担工程项目同一合同段的施工和监理单位不得隶属于同一管理单位，设计单位不得承担本单位设计工程项目的监理任务，招标代理机构不得参加工程投标。

(5)项目法人应主动接受质监机构对其质量保证体系的监督检查。工程开工前，应按规定向质监机构办理工程质量监督手续；工程施工过程中，应主动接受质监机构对工程质量的监督检查；工程完工后，应由质监机构对工程质量进行鉴定。

(6)项目法人应依照有关工程建设的法律、法规、法章、技术标准、规范和合同文件，组织进行设计、施工和监理。开工前应组织施工图设计审查和设计交底；施工中应对工程质量进行检查；工程完工后应及时组织交工验收，并做好竣工验收的准备工作。

(7)项目法人应加强档案管理，所有建设项目都要按照《中华人民共和国档案法》的有关规定，建立健全项目档案。从项目筹划到工程竣工验收各环节的文件资料，都要严格按照规定收集、整理、归档。

(8)项目法人组建伊始，应广泛宣传工程质量的重要性，采用各种形式宣传“百年大计、质量第一”观念意识，让全社会都来关心工程质量，监督工程质量。项目法人应向社会公布质量监督渠道，公开质量监督举报电话、质量检举信箱。在工程项目周围形成一道严密的质量安全监督网，形成良好的质量控制社会环境。

3. 设计单位质量管理工作要求

(1)设计单位必须按资质等级及业务范围承担相应的勘测设计(含优化设计)任务，主动接受质监机构对其承担设计工作的资格和质量保证体系的监督检查。

(2)设计单位必须建立健全设计质量保证体系，加强设计全过程的质量控制，建立完整的设计文件的编制、复核、审核、会签和批准制度，明确各阶段的责任人，并对工程设计质量负责。

(3)设计单位应按合同规定及时提供设计文件及施工图纸；开工前做好设计文件的交底工作；对大中型和有特殊要求的公路工程项目，设计单位应在施工现场设立代表处或派驻设计代表，随时掌握施工现场情况，解决设计的有关问题。

(4)设计单位应对工程质量是否满足设计要求提出评价意见。

(5)设计文件必须符合下列要求：

①设计文件的编制应该符合有关工程建设法律、法规、规章、标准、规程和合同的要求。

②设计依据的基本资料应完整、准确、可靠，设计方案论证充分，计算成果可靠，并符合结构安全

要求。

③设计文件的深度应满足相应设计阶段的有关规定要求，并符合相关规范的要求。

④设计文件必须保证公路工程质量和安全的要求，符合安全、适用、经济、美观的综合要求。

⑤设计文件选用的材料、配件和设备，应当注明其性能及技术标准，其质量要求必须符合国家规定的标准，但不得指定生产厂、供应商。

4.施工单位质量管理工作要求

(1)施工单位必须按资质、资信等级确定的业务范围参加投标，承揽工程施工任务，并接受质监机构对其资质和质量保证体系的监督检查。

(2)施工单位必须依据有关工程建设的法律、法规、规章、技术标准和规范的规定，按照设计文件、施工合同和施工工艺要求组织施工，并对其施工的工程质量负责。

(3)施工单位必须建立施工质量保证体系，推行全面质量管理，指定和完善岗位质量规范、质量责任及考核办法。建立工地实验室，加强施工过程中的自检、互检和交接检工作。对交付监理签认的工程，要落实质量责任制。

(4)工程发生质量事故，施工单位必须按规定向监理单位、建设单位及有关部门报告，并保护现场接受调查，认真进行事故处理。

(5)竣工的工程项目必须符合有关工程标准及设计文件要求，并按规定向建设单位提交完整的技术档案，实验成果及有关资料。

5.监理单位质量管理工作要求

(1)监理单位必须是经工商注册并持有交通运输主管部门核发的资质证书或资信登记的专职监理业务。

(2)监理单位必须严格执行有关工程建设的法律、法规、规章、技术标准和规范。严格履行监理合同，监督工程施工承包合同的实施。

(3)监理单位应根据所承担监理任务和监理合同的要求，向工程施工现场派驻相应的监理机构、人员和设备。

(4)监理单位应认真审查施工组织设计和技术措施；审查实验工程施工工艺，批准特殊技术措施和特殊工艺；监督合同中有关质量标准、要求的实施；纠正不符合工程设计要求、施工技术标准和承包合同的工程和施工行为；提出或审查设计变更；进行工程质量检测，参加工程质量事故处理和工程验收。

(5)监理单位必须接受质监机构对其监理资格、监理质量控制体系及监理工作质量的监督检查。监理工程上岗必须持有交通运输主管部门核发的监理工程师证书；其他监理人员上岗，必须经过岗前培训，具有公正、有效开展监理业务的能力和责任。

6.采购供应单位质量管理工作要求

(1)材料和设备的采购单位，承担相应的材料和设备质量责任，其所采购的材料和设备，必须符合有关工程现行技术标准的规定，并全部符合设计对材料、设备的要求。

(2)凡用于工程项目的材料和设备，均应按规定进行检查。经检验不合格的产品，不得进入施工现场。

(3)工程材料和设备的采购单位，具有按合同规定自主采购的权利，任何单位和个人不得干预正常采购工作。

(4)由建设单位按合同规定指定采购的材料和设备，施工单位和监理单位应按规定进行检查。对检验不合格的产品，施工单位有权拒绝使用。检验意见不一致时，由质监机构仲裁。

(5)在材料、设备的采购和使用过程中，应严格计量标准，按照有关施工技术规范进行。

7.政府工程质量监督要求

(1)工程质量实行政府监督管理制度。凡新建、改建的公路工程项目，均应由质监机构实施质量监督管理。

(2)质监机构必须建立健全质量监督工作机制,完善监督手段,增强质量监督的公正性、权威性和有效性。

(3)质监机构负责检查、监督建设、设计、施工、监理单位建立健全质量保证体系;负责对建设项目的招投标活动进行监督检查;负责监督设计、施工和监理单位在资质允许范围内从事的工程建设的质量工作;负责对施工现场影响工程质量的行为进行监督检查。

(4)质监机构实施以抽查为主的监督方式,并运用法律和行政手段,制止和纠正影响公路工程质量的建设行为。

公路工程交、竣工验收,质监机构应按工程检验评定标准对工程质量等级进行鉴定。未经鉴定不合格的工程,不得组织验收和交付使用。

(5)质监机构应具有相应的监督、检测条件和能力。根据需要,可以委托具备相应资质的实验检测单位,对工程项目进行检测。

国务院交通运输主管部门质监机构出具的检测数据,是全国最终检测数据;各省级质监机构出具的检测数据,是本行政区域内公路行业的最终检测数据。

第二节　高速公路建设项目质量体系和质量目标

高速公路建设项目的工程质量,已经形成成熟的项目法人责任制概念。项目法人是工程质量的第一责任主体,项目法人的法定代表人是工程质量的第一责任人,终身负责。由项目法人牵头,组织设计单位、监理单位、施工单位、材料设备供应商单位,形成工程质量管理系统,建立质量管理体系,负责实现质量管理目标。

一、建立质量管理体系

1.质量管理系统

高速公路建设项目的质量管理系统由承包人自我控制、社会组织监理、项目法人负责、政府机构监督系统组成。

(1)承包人自我控制就是要求承包人建立完整的质量保证措施和质量控制手段,对施工质量负责,保证施工产品满足设计要求和质量标准。

(2)社会组织监理就是项目法人用招标方式,邀请具有一定资质的社会监理组织,投入足够的监理工程师,配备必要的监理手段,为建设项目提供监理服务,负责施工现场的质量管理,保证项目施工质量在可控状态下顺利进行。

(3)项目法人负责就是作为高速公路建设项目主体单位负责的项目建设指挥部,对工程质量负总责。制订全面质量管理办法和措施,建立有效的质量控制手段,切实起到高速公路建设项目主体单位的领导责任。为了更好地控制工程质量,加强对施工单位和现场监理单位的监督管理,项目法人的组织机构不仅设置质量技术管理部,还应设置总监理工程师办公室,设立中心试验室。

(4)政府机构监督就是高速公路建设项目的地方交通运输行政主管部门(省交通运输厅或市交通运输局)应负起高速公路建设项目质量主管的领导责任,实行对建设项目质量监督。政府主管对建设项目的质量监督一般都是委托同级质量安全监督机构(质量监督局或质量监督站)来完成。相关质量监督单位在受理了项目法人的质量监督申请以后,应制订对该建设项目的质量监督计划,履行质量监督职责,定期开展对项目工程质量的检查监督,发出质量检查文书,落实项目质量整改效果。政府质量监督单位对工程的质量检查也可以委托有资质的单位进行检查,但检查责任仍由政府质量监督单位负责,所有检查文书必须由政府质量监督单位签署和发出。

2. 质量保证体系

质量保证体系是由质量管理机构和机构的质量管理职责、质量管理办法、质量管理措施、质量管理手段组成的一个网络结构。由质量保证体系构成对工程质量的管理控制，形成 DEIF 质量管理环形网络。DEIF 是决策（Decision）、执行（Execution）、检查（Inspection）、反馈（Feedback）4 个英文单词头一个字母的缩写。

质量保证体系是一个严密的操作可控的完整网络系统，这个网络系统是一个封闭的可循环结构，形成一个完整的关系链。如果系统中缺少哪一个环节，系统将会操作失灵，失去质量控制作用。

二、各参建单位的质量保证体系

高速公路建设项目的参建单位主要有：项目法人，设计单位，施工单位（承包人），监理单位等。

1. 项目法人的质量保证体系

（1）项目法人的质量保证体系首先要成立以项目法人法定代表人为领头人的“质量管理领导小组”（或质量管理委员会），形成质量管理机构，成为项目质量管理的领导核心，领导和督促建设项目的其他参建单位的质量管理机构，共同开展对工程质量的管理控制工作，以项目法人的质量管理领导小组为核心，形成工程质量的决策机制。

（2）项目法人的质量保证体系还应成立质量决策的执行机构，对工程质量开展各种形式的监督检查，形成质量管理环形网络的措施环节。可以由指挥部的总监理工程师办公室、技术质量管理部和中心试验室来完成。总监办和质量技术管理部的责任就是：对勘察、设计单位对工程勘察、设计质量负责实行控制管理；对工程监理单位（驻地办）现场监理行为负责监督管理；对施工单位的现场施工项目的质量进行监督管理。

中心试验室的工作就是对监理驻地办的工地试验室和承包人的工地试验室的工作实行监督管理，必要时直接对工程质量进行现场检测。项目法人如果自己不组建中心试验室的话，也可以委托有资质的试验检测单位代为履行中心试验室的责任。

（3）项目法人质量保证体系成立后，应制订一套完整的质量管理办法。质量管理办法的核心内容包括：质量目标、质量管理工作制度、质量管理工作职责、质量管理措施，形成质量管理环形网络的执行保障环节。

（4）项目法人的质量管理机构应建立通畅的信息沟通渠道。随时将质量管理工作中的各种信息及时反馈给相关单位或部门，对质量问题持续跟进整改，以达到质量管理措施落实的效果，形成质量管理完整的闭合网络。

项目法人的质量保证体系接受政府质量监督部门的领导和监督。

2. 施工单位的质量保证体系

施工单位同样应成立以项目经理为首的质量管理机构（标段质量管理领导小组或质量管理委员会），明确标段项目经理是本合同段工程质量的第一责任人，合同段总工程师是质量的直接责任人。施工项目部的质量管理机构同样要针对本标段工程实际，制订各种质量管理办法、管理制度、管理职责，施工项目部必须组建一支自己的质量管理队伍，对本标段工程进行日常管理，按规定频率对已完成施工的施工工序、分项工程进行自检验收。合同段施工项目部应组建工地实验室或外委，不管是自检或是外委，施工项目都必须有一支常备施工质量检查队伍，对施工工艺进行常规质量抽检，对不合格施工进行返工补救处理。

施工项目部的质量保证体系应接受政府质量监督单位、项目法人单位、监理单位质量保证机构的领导与监督。

3. 监理单位的质量保证体系

监理单位为高速公路建设项目的参建单位主体之一，是工程质量的直接责任单位。在项目施工实施阶段，监理的工作尤其重要，监理中心工作之一就是工程质量管理，所以监理单位的项目驻地办没有必要再成立质量管理领导小组。监理单位应以质量管理为中心，根据投标阶段的监理大纲，制订“监理计划”和“监理实施细则”，监理单位也应该组建监理实验室，对施工项目的质量实行全过程监督，开展对工程材料、施工工序、施工工艺的质量检查。对已完成的施工工序质量进行检查和质量签认，对完成的分项工程进行检查验收。对不合格施工工序和分顶工程不予签和验收，责令返工。

监理单位的质量保证体系，应接受政府质量监督机构和项目法人质量管理机构的监督和领导。

三、项目法人质量管理目标

项目法人对工程质量的管理，首先应树立明确的管理目标，为了实现这个目标还要制订质量管理的要求。

1. 质量管理目标

根据《公路工程质量管理办法》(交公路发〔1999〕90 号)和《公路工程质量检验评定》(JTGF 80/1—2004)，项目法人的质量管理目标为：在工程交工阶段，要求质量合格，并对分项、分部工程第一次验收合格率必须达到规定的百分比(多数项目法人都是要求达到 100%；或主要工程分项 100%，一般工程分项不低于 90%)。这些目标要求都是以文件形式或合同条款形式下达给监理单位和承包人。

2. 质量目标要求

(1)质量目标应具有实际性。是在实事求是的基础上制订的目标，是通过有效管理能够达到的，不是空中楼阁高不可攀，不能脱离实际一味地追求不可能实现的高目标，这样反而会让落实目标的人失去信心，会在质量目标落实过程中弄虚作假，不仅起不到目标控制的效果，还会适得其反。

(2)质量目标应具有科学性。是必须实现的最低目标，不能把目标定得过低，不经过努力轻而易举地就可以达到，这样就会失去目标控制的作用，让质量目标管理流于形式。

(3)质量管理标准化、规范化。高速公路建设项目的质量标准是交通运输部制定的。为了让高速公路建设项目质量标准统一，交通运输部统一制定了以《公路工程技术标准》为总纲的具体化质量标准、规范和规程。各省、市、区还制定了适应本地方的管理规定和地方标准。以上这些标准、规范、规定就是高速公路项目法人制定质量管理目标的依据。

(4)质量管理目标全覆盖。高速公路建设项目质量管理应全面覆盖项目建设程序的每一个步骤。从前期工作阶段、招标投标阶段、施工准备阶段、施工实施阶段、交工竣工检查验收阶段，每一个步骤都应该有质量管理的工作内容。尤其是在施工阶段，质量管理更应该覆盖施工的全方位和全过程。把住影响工程质量的材料关、工艺关、分项工程检查验收关、计量关、分部工程检查验收质量评定关“五道关口”。

(5)质量目标责任追究制。质量控制是靠制度来约束的，管理制度中的一项很重要的内容就是：建立质量管理责任追究制和质量责任奖罚制。责任追究制先决条件是质量责任落实到人。项目法人应将整个建设项目的质量管理工件内容进行分解，将分解后的工作内容分配到部门，部门再分解落实到个人。做到任务明确，责任明确。个人对部门负责，部门对项目法人负责，层层签订责任状，任务完成时按工程的质量好坏实现奖励兑现。一旦出现质量问题，一层一层追究，该是谁的责任就是谁的责任，该怎么罚就怎么罚，想跑跑不掉，想赖赖不脱。

项目法人在建立执行质量管理责任追究制时，也要求施工、监理等其他参建单位同样建立质量管理责任追究制。

第三节　高速公路建设项目质量管理职责

质量管理决策机构建立后，一项很重要的工作就是建立质量管理决策机构的质量管理职责，做到工作范围明确、分工明确、责任明确，把质量保证体系的质量管理工作落到实处。

一、项目法人质量管理职责

指挥部质量管理领导委员会(或小组)是项目法人的质量管理领导机构,总监办、质量技术部、中心试验室是指挥部质量管理的执行机构,在指挥部质量管理领导委员会(或小组)的领导下,开展工程质量的具体管理工作,落实项目法人的质量管理职责。

1.总监办质量管理职责

(1)依照有关公路工程建设的法律、法规、规章、技术标准、规范和合同文件,组织进行设计、监理和施工,并对工程质量进行监督和管理。开工前及时组织施工图设计审查和设计交底;审查各合同段总体施工组织设计、重要施工方案与施工工艺、工程专业协作分包(若有)等;审查设计变更;施工中对工程质量进行检查;工程完工后及时组织交工验收,并做好竣工验收的准备工作。

(2)根据国家和交通运输主管部门有关规定,建立健全质量保证体系,负责项目质量管理工作,落实质量岗位责任制。

(3)严格执行国家有关施工图设计文件审查制度、工程质量监督制度、工程质量检测制度和工程质量保修制度的有关规定,履行"法人管理"质量职责。

(4)接受省市公路工程质量监督部门的监督检查。工程开工前,按规定向政府质检部门申请办理工程质量监督手续;工程施工过程中,协助其对工程质量的监督检查;工程完工后,协助其交(竣)工验收前对工程质量的抽检,接受公路工程质量监督机构的工程质量鉴定。

(5)组建指挥部中心试验室,配备证照齐全的试验检测人员和仪器设备。

(6)制订科学合理的施工进度计划,确保其满足有关保证工程质量所需合理工期的要求,协调质量与进度的关系,保证工程建设的质量环境和质量体系的有效运行。

(7)负责主持重大工程技术方案的审定和重大技术修改方案的审批,确保重大工程质量的技术措施。

(8)负责组织重大科研课题研究和技术培训工作,组织推广新技术、新工艺、新材料和新设备的应用。

(9)严格审查计量支付,质量不合格工程一律不予计量。

(10)组织各类重要的质量管理活动,表彰在质量管理工作中做出贡献的参建单位和个人。按相关规定,对参建单位的违约违规行为进行处罚。

(11)受理与质量有关的投诉和举报,负责将反腐倡廉工作贯穿于质量管理的始终。

2.质量技术管理部质量管理职责

(1)建立健全本项目工程质量保证体系,督促中心试验室、监理单位(驻地办)、施工单位落实质量管理体系,监督检查工程质量及承包单位自检体系。

(2)依法依规制订工程项目建设中的有关工程质量方面的管理制度和规定,并组织检查落实。

(3)结合工程实际情况,补充完善工程质量管理方面的规定、方法和检验表格;审查工程计量支付中质量报表。

(4)加强施工现场的管理,开展经常性的质量检查工作,掌握质量动态,每月发布质量抽查月报;按相关规定、办法对违规施工进行处罚,及时纠正监理、施工单位的违规行为;对危及施工质量、安全的重大隐患下达停工令、整改令等指令;做好工程质量事故的调查处理工作。

(5)负责检查、指导和督促监理单位(驻地办)工程质量管理工作。

(6)负责检查、指导和督促中心试验室质量管理工作。

(7)对工程质量进行预测、监控和管理,为指挥部领导合理决策提供依据。

(8)按照国家档案管理的相关规定,建立健全质量档案管理制度,严格按照规定收集、整理、归档。经常性地检查监理、施工单位的质量记录资料,使其达到真实、规范、完整的要求。

3. 中心试验室质量管理职责

(1)负责本项目全线试验检测体系管理,建立试验室的质量保证体系,使之持续有效地运作;制订全线监理单位(驻地办)、施工单位试验检测人员、设备的管理制度和办法。

(2)负责提出满足本项目施工质量控制需要的试验检测方案。负责试验检验表格、专项质量检验评定标准的编制。及时汇总、上报试验检测资料,做好整理、存档、保管工作。

(3)对主要材料进行质量鉴定和认可,对一般材料进行质量报告的备案,对监理工程师批准的施工单位拟定采购的材料进行抽检,对商品构件进行质量抽验。

(4)依据指挥部(总监办)的指示,审批施工单位申报的重要工程材料质量及混合料配合比;对施工单位申请使用的商品混凝土或商品混合料配合比进行抽检,并进行试验验证。

(5)对监理单位(驻地办)提供的标准试验结果进行复验、认可,并对各项检测数据按照交通运输部检验标准及合同文件要求进行抽样检查。

(6)监督指导监理单位(驻地办)、施工单位工地试验室的试验检测工作,对其人员的资质、设备功能及操作方法、资料管理等工作进行有效的监督、检查和指导,做到统一规范。

(7)配合政府监督机构的试验检测工作,仲裁监理单位(驻地办)与施工单位的质量纠纷,下达质量仲裁通知书。参加工程质量事故的调查、处理和定论,参与交工验收及验收报告的编制工作。

(8)做好日常工程质量试验检测工作,提供试验检测抽样数据,发布全线质量抽查半月报。

(9)及时提供相关试验检测数据,特殊项目应委托有相应资质的单位另行检测。参与新技术、新工艺、新材料、新设备等项目的研究、试验工作。

二、监理单位(驻地办)质量管理职责

1. 监理机构(驻地办)的质量管理机构

因为监理驻地办主要中心工作就是质量管理,所以监理驻地办没有必要再成立监理驻地办质量领导小组。监理驻地办本身就是质量管理机构,监理驻地办的各专业工程师(专业组长)和工地试验室就是监理质量管理的落实力量。

2. 监理驻地办质量管理职责

(1)严格履行“社会监理”质量职责,满足监理合同以及《公路工程施工监理规范》相关要求,监督工程施工承包合同的实施,制止违法分包行为。

(2)根据招投标文件、监理合同和指挥部(总监办)指令,派驻工程现场的监理人员和设备。未经批准,不得对监理合同中规定的人员和设备进行调整,严禁监理单位(驻地办)转让监理业务或非法分包。

(3)组建监理单位(驻地办)内部监理组织机构,建立质量保证体系,并接受厅质监局、委质监站、指挥部(总监办)对其监理资质、监理质量控制体系及监理工作质量的监督检查。严格执行有关公路工程建设的法律、法规、规章、技术标准和规范,独立、公开、有效地开展项目工程施工监理业务。

(4)认真审查施工组织设计和施工技术措施;审查施工工艺;审查、批准特殊技术措施和特殊工艺;监督合同条款中有关质量标准、要求的落实;纠正不符合工程设计要求、技术标准和承包合同的施工行为;提出或审查设计变更。

(5)根据施工合同、监理工作计划及工程实际情况,制订详细的监理实施细则,指导、监督施工。

(6)监督、检查施工单位对指挥部(总监办)下发的文(函)件、指令、制度和办法等的执行情况。

(7)按照规定的抽检频率对原材料、混合料、工程实体独立抽检,按规定进行平行试验检测,对不符合合同要求的材料、设备禁止使用;严禁用施工单位的自检资料代替监理抽检资料。

(8)监理工程师必须对工程施工质量进行全方位监督管理与控制,严把“开工审批关”“施工过程检查旁站关”和“工序签字计量支付关”。监理工程师要注重对施工过程的监理和检查,及时纠正施工单位的违规施工行为,检查施工单位对工程原材料、半成品和成品的自检以及试验状态的标识管理情况,防

止未经检验和试验的产品或不合格产品流入下道工序或交付使用。

(9)及时办理对已完工序的检测和签证工作；对已完工程进行质量检验评定，及时办理中间交工证书。

(10)协助上级有关部门和指挥部(总监办)对工程质量事故的调查，监督、检查施工单位对工程质量缺陷和质量事故的处理。

(11)根据《竣工文件立卷归档管理办法》的规定，加强监理档案资料的规范管理，并对施工单位的工程资料的真实性、规范性和完整性进行经常性检查。

三、施工单位质量管理职责

1.施工单位质量管理机构

施工项目应成立以项目经理为组长的质量领导小组，形成施工项目部质量管理领导核心；项目下设工程技术部(或工程质量部)，组建工地试验室，形成项目部质量管理的执行落实机构。

2.施工单位质量管理职责

(1)根据国家有关法律、法规和施工合同的规定，建立健全"企业100%自检"的质量保障体系，严格实行质量自检，以抓好工序质量，确保分项工程质量，以分项工程质量保证分部工程、单位工程和建设项目的工程质量。

(2)建立健全质量责任制，制订岗位质量责任考核办法，加强质量意识，预防、控制质量通病的发生。接受地方质监局、委托质监站、指挥部(总监办)、监理单位(驻地办)对质量保证体系及运行情况的监督检查。

(3)依据公路工程技术标准和规范的规定，按照设计文件、施工合同和施工工艺要求组织合同段工程施工，不得擅自修改工程设计，严格施工过程中的质量控制。施工单位在施工过程中发现施工图设计文件有差错的，应当及时提出意见和建议，并书面报告监理工程师。

(4)建立工地试验室，其人员资质和数量、设备性能和数量必须满足合同要求。加强施工过程中的自检、互检和工序交接检验，提交监理检验的工程必须自检合格。未经监理批准转序或转序不合格的，不准进行下道工序施工。试验检测的取样必须有代表性，方法必须符合规范，结果必须真实。

(5)凡用于本合同段的材料、构配件、设备和混凝土等，施工单位必须按照工程设计要求、施工技术标准和合同约定对其进行检验，未经检验或者检验不合格的，不得投入本工程使用。

(6)建立健全施工质量检验制度，严格工序管理。抓好工程施工过程中的试验、检测以及完工后的预验收工作。做好隐蔽工程的质量检查和记录，隐蔽工程在隐蔽前，施工单位应当通知监理工程师签认。

(7)工程发生质量事故，必须按规定及时向监理单位(驻地办)和指挥部(总监办)如实报告，并保护现场接受事故调查，认真做好事故的善后处理工作。

(8)建立健全教育培训制度，加强对员工的教育培训，明确质量目标和要求，未经教育培训或者考核不合格的人员，不得上岗作业。

(9)认真落实有关档案管理的规定，确保施工文件符合真实、规范、完整的基本要求。

四、其他参建单位的质量管理职责

1.设计单位的质量管理职责

(1)建立健全设计质量保证体系，加强设计全过程的质量控制，建立完整的设计文件的编制、复核、审核、会签和批准制度，明确各阶段的责任人。

(2)成立设计代表处，负责工程设计的现场服务；协助审查施工技术方案；参加项目阶段性检查及隐蔽工程验收；负责起草设计总结，收集、整理交（竣）工验收所需设计方面资料；参与工程质量事故分析，对因设计造成的质量事故负责，并提出相应的技术处理方案；确保工程设计满足规范要求。

（3）设计单位对工程质量是否满足设计要求提出评价意见，如发现施工单位未按设计要求施工或者监理单位（驻地办）未按设计要求监理时，应及时制止，并向指挥部（总监办）提出书面报告。

（4）协助指挥部（总监办）做好工程变更设计；负责所有变更设计图纸、文件的编制、出版；对于本项目较大变更或者重大设计变更要及时报告指挥部（总监办），由指挥部（总监办）上报省交通运输厅或者交通运输部审批。

（5）工程完工后，对本项目的设计工作进行总结。

2.供应商的质量管理职责

（1）保证提供质量合格的材料、设备。

（2）对永久性设备在质量寿命年限内负责保修。

（3）保证所供材料、设备产品合格证、出厂证、出厂检测资料和货品标签齐全。

（4）保证提供正规厂家生产的产品。

（5）保证对工地检查出的不合格材料设备无条件退货。

五、质量责任终身负责制

质量责任，重于泰山。管理职责的另一项很重要的内容就是：建立质量目标终身负责制。

高速公路建设项目的主体单位质量负责人和直接责任人，都要层层签订质量责任状，承诺在工程的使用年限内，对工程质量终身负责。项目法人质量管理的第一责任人、直接责任人，应向政府主管部门的质量监督单位签订质量目标终身负责责任状；同时项目法人应要求各部门、各参建单位的质量管理第一责任人和直接责任人，向项目法人签订质量目标终身负责责任状。责任状的主要功效是起到威慑作用，让责任人明确必须对工程质量终身负责，工程完工以后，在使用过程中，出现任何因工程质量引起的事故，仍然要层层追究责任。

第四节　高速公路建设项目质量管理手段措施

项目法人在项目建设质量管理中要制订各种质量管理措施，并建立和使用各种质量管控手段，保证质量管理措施的落实执行，这也是建设项目质量保证体系中的重要一环。没有管理措施和管控手段，再好的管理办法无法落实，再理想的质量目标也无法实现。

一、落实工程质量管理控制手段

高速公路建设项目的质量控制是从项目的前期工作阶段开始，在可行性研究阶段和设计阶段，项目法人同样要关注质量问题，但重点的还是项目的施工实施阶段，因为这个阶段是工程项目质量控制的关键阶段。项目法人对工程项目质量控制的手段主要有：

（1）合同手段

合同手段是质量控制手段的核心，项目法人与承包人之间关于施工项目的一切关系都是建立在合同基础之上的。合同文件是约束合同双方的唯一文件，项目法人对工程质量的控制只能通过合同进行。因此，在订立合同时，在合同条款中应有工程质量控制相关内容。合同条款关于项目工程质量控制应包括质量目标、承包人质量责任、承包人质量控制手段、承包人质量违约惩罚方法等条款。

（2）经济手段

项目法人质量控制的经济手段包括两个方面：一是凡是未经过监理检查验收合格的分项工程，一律不得计量，项目法人一律不得支付。在施工过程中，承包人因为某些原因，可能会向项目法人借款，项目法人在控制借款额度上一定要注意承包人的施工实际进度，千万不能让承包人超前借支。二是采取经济奖罚措施，在定期质量检查中，对工程质量好的施工项目部给予经济奖励，对质量差劣的施工项目部进行经济惩罚。

(3)政策手段

项目法人应认真贯彻执行国家、省部、地方政府的各项工程质量管理的法律法规和规定，加大执行力度，对违反质量政策和规定的单位和个人，按政策处理。对于出现责任质量事故的单位和个人，按政策加大处罚力度。抓住项目建设中质量问题的典型事例，加强质量管理的宣传声势，产生威慑作用，起到质量管理的从严效果。例如黑名单制度就是有显著效果的一项政策措施，把故意违反质量规定，或是玩忽职守、造成严重质量事故的单位或个人，列入黑名单，取消在本地区公路建筑市场的准入资格。

二、坚持质量管理程序

1. 施工准备阶段的质量管理程序

(1)指挥部(总监办)根据本项目的规模、特点，确定工程项目总体质量目标并进行分解，与各监理、施工单位签订质量目标责任书；组织技术交底会和图纸会审，优化施工图设计；确定检查项目和抽检频率，规范各种施工记录、试验检测、验收以及工程变更、计量支付等用表；办理施工许可证和工程质量安全监督手续；负责审查监理单位(驻地办)的监理实施细则和质量保证体系，检查人员的到位与配置情况、试验室的建立情况。

(2)监理单位(驻地办)负责审查施工单位的施工组织设计和质量保证体系，检查管理人员、技术人员、试验人员、机械操作手的到位与配置情况，检查施工单位的施工机械设备、试验仪器的到位情况与性能状况，审查施工单位各种原材料的试验及标准试验情况。

(3)施工单位应熟悉和认真复核施工图设计文件，掌握工程特点，选配精干高效的项目班子和施工队伍，明确岗位职能，强化整体质量意识，建立健全质量保证体系，层层分解质量目标并签订质量目标责任书，完善质量管理制度，制订质量奖惩办法；做好原材料、配合比等试验检测工作，并将相关资料报监理单位(驻地办)或指挥部(总监办)中心试验室审查、批复或备案；提出单位工程、分部工程、分项工程的开工报告申请。

(4)各监理、施工单位要组织有关工程技术人员学习掌握合同文件、《公路工程技术标准》、《公路工程质量检验评定标准》、《公路工程施工监理规范》等各种技术标准规范、试验规程、机械操作规程以及与工程建设有关的其他行业标准。

2. 施工过程中的质量管理程序

高速公路建设项目施工阶段是质量管理的关键阶段。贯彻执行项目施工质量管理程序，尤其重要。由于施工过程中的质量管理内容比较复杂，下面分几个方面叙述。

(1)落实分项工程施工质量管理程序

分项工程施工质量管理的程序可以分为以下5个步骤：

①分项工程开工申请批复

高速公路建设项目各个施工标段进入施工实施阶段后，标段工程的每个分项工程开工，承包人首先必须向监理单位报送“分项工程开工申请”。驻地监理在收到承包人“分项工程开工申请”后，应进行实地考察，落实分项工程是否具备开工条件，对具备开工条件的分项工程批复“同意开工”，对不具备开工条件的分项工程的开工申请，不予批复，指令承包人继续抓紧条件准备，待条件成熟后再批复“同意施工”。凡是经监理批复同意施工的分项工程，承包人才能施工，凡是未经监理批复同意施工的分项工程，承包人一律不得擅自施工。凡是承包人擅自施工的分项工程，监理对工序施工质量不得签认，分项工程质量不予验收。

分项工程开工应具备的基本条件：一是施工现场“四通一平”准备情况；二是标准试验、工艺试验审批情况；三是施工方案报批情况；四是施工放样测量报验情况；五是施工人员、工程材料、机械设备进场情况。

②工序施工质量查检签认

每个分项工程都是由多道相互衔接的施工工序组成。经批准开工的分项工程，承包人每施工完成一道工序，首先承包人应进行工序质量自检，自检质量合格后报请检查签认。承包人没有预先自检或自检不合格的已完成工序，报请监理工程师检查签认，监理工程师拒绝受理。未经监理工程师对已完成工序检查签认，下一道工序不得施工。

③分项工程自检

承包人的分项工程的所有工序施工完成以后，承包人应首先对该分项工程进行全面自检并进行质量评定。经自检评定分项工程质量合格后，向监理工程师提出中间交工申请，承包人应将自检资料和施工资料一起整理成一分完整的分项工程中间交工资料连同中间交工申请一起，报送监理请求中间交工验收。承包人没有预先自检验收，或自检验收不合格，或资料整理不齐全的中间交工申请，监理工程师拒绝受理。

④分项工程中间交工检查验收

监理工程师在收到承包人的中间交工申请以后，应组织力量对承包人报请中间交工的分项工程进行全面检查验收，包括对外业和内业的检查验收。经监理工程师检查验收证明分项工程质量合格，监理工程师签署同意交工。

⑤分项工程计量支付

分项工程计量支付是质量控制程序的最后一道关卡。监理工程师在审查承包人计量支付申请时，首先应审查承包人分项工程的中间交工手续是否完备，资料是否齐全。凡是没有经过中间交工，或中间交工不合格的分项工程，一律不得计量。没有经过计量核算的分项工程，监理工程师一律不得批准支付。

(2)落实对材料与设备的质量管理

①加强进场材料、构配件和设备的检验，把好进场关，坚决杜绝不合格材料和半成品进入施工现场；未经自检和监理工程师抽检的原材料、构配件、商品混凝土和设备等，不得在工程上使用或安装。

②经监理工程师检查出的任何不合格材料、半成品、设备必须运出施工场外，不得在施工场内存放。这一条必须严格坚持，因为不合格材料堆放在施工场内，有时监管不到有可能被误用到工程施工中去。

③建立进场材料登记制度，凡是运进施工场内的材料，都要进行挂牌登记。登记的内容包括材料名称、来源厂家、品种规格、批奖数量、使用部位等。

(3)落实对施工工艺的质量管理

①重点工程、关键工程施工，必须先进行工艺试验，先做试验路段，试验桩、试验墩、试验梁等，通过工艺试验取得指导全面施工的工艺方法和质量控制数据，保证大面积施工成功。

②坚持标准试验，土方填筑、混凝土施工、水泥砂浆施工、钢筋焊接等施工，都必须先进行标准试验，建立现场质量合格标准。承包人的所有的工艺标准试验数据报告都必须报监理工程师审批，没有经过监理工程师审批的标准工艺试验数据，承包人不得采用。同时部分标准工艺试验，监理工程师还必须平行制作，如水泥混凝土、砂浆、土的击实、钢筋焊接等。

(4)落实对施工过程"三全"质量控制

所谓"三全"质量控制，就是项目施工过程采用"全方位控制，全过程控制，全员控制"的三种控制方法。

①全方位控制。从人的质量行为、工程材料、机械设备、施工工艺、管理制度、检测手段、施工组织、管理体系、经济管理、安全生产、内外工作协调等全面质量控制。

②全过程控制。分项工程从施工图设计文件复核、现场放样、各种原材料的选择、各工序的施工等，一直到该工程完工、检查、验收整个过程的每一个环节，都进行全面的质量控制。

③全员控制。凡参加项目建设的每一个人都要增强质量意识，坚持质量标准、时时事事按规范操作，规范质量行为。

三、建立严格的质量管理制度

制度是控制行为的准则。只有建立严格的制度并有强制落实制度的措施，人的行为才会规范化、标准化。这点在质量管理上特别重要，必须建立严格的质量管理制度。

1.承包人的质量自检制度

(1)施工单位对将要开工的分项工程进行施工定线和施工放样，将结果报监理单位(驻地办)复查，经批准后，施工单位方可进行分项工程的施工。

(2)分项工程质量检查和工序质量检查，施工单位自检，只有通过承包人自检合格的分项工程和施工工序，才能报请现场监理人员检查验收。承包人报送的没有自检或自检不合格的分项工程和施工工序，现场监理人员不得受理。

(3)施工单位在施工过程中质量控制主要包括以下内容：

①严格按照工程设计图纸和施工技术标准施工，不得擅自修改施工图设计文件，不得降低标准；对于变更工程必须严格按照设计变更程序的规定进行。

②按施工组织设计和质量管理目标实施全过程控制，严格执行自检、互检和工序交接确认制度；对已完工程的质量要进行100%的自检，各种施工记录、自检资料齐全，且质量符合要求后报监理抽检，监理工程师确认并同意后方可进行下一道工序。

③隐蔽工程在施工前后，施工单位必须报指挥部(总监办)和监理单位(驻地办)负责人到场检查，并且拍照或录像，留存影像资料存档。

④建立人员考核准入制度，参与工程建设的各类专业技术人员、关键工序和特殊工作的操作人员，必须按照有关公路建设法律、法规规定，取得相应的资格证书，持证上岗，并且只能在资格证书许可的范围内从事公路工程建设活动。

⑤建立质量记录制度。施工原始记录、试验检测记录及报验单等应按统一要求填写，保存完整，杜绝内业资料中签字不全、乱签、代签、漏签等现象，保证内业资料做到“同步、齐全、真实、准确、规范”。

⑥施工人员要逐日填写施工日志，质检人员要有工作日志，监理人员要有监理日志、巡查记录。内容包括每天所做的工作和当天工地施工情况、质量情况、存在问题、工作指令及处理办法等一切工程情况。

2.现场监理质量平行检查制度

(1)现场监理人员对关键部位、隐蔽工程施工，应实行全过程旁站监理。监理驻地办应制订工程施工项目须旁站监理的明细表，并将旁站责任明确落实到人，实行旁站登记，业主有权对没有落实旁站的监理单位和个人实行处罚。

(2)监理驻地办应执行全天候施工现场巡回检查制度。

(3)现场监理驻地办应对承包人的施工质量进行同步平行检查，承包人自检频率为100%，监理平行检查的频率不得少于20%。

3.项目法人的质量检查制度

(1)明确项目法人工程质量检查责任

高速公路项目建设，项目法人是工程质量的第一责任主体单位，应对工程质量负总责。在项目施工过程中，项目法人应高度关注工程质量，严格工程质量检查。

(2)明确项目法人工程质量检查内容

①对参建单位质量保证体系的检查。高速公路建设项目在施工阶段，主要参建单位是承包人和驻

地监理办。项目法人应从施工一开始，就应该考察承包人和监理驻地办的质量保证体系是否健全。

②对参建单位质量措施落实情况的检查。项目法人对监理单位和承包人的质量管理措施不能只看其是否全面订立，更重要的是看是否落实执行。项目法人要相信和依靠监理，但也不能完全放松不管，仍然应经常深入施工现场，检查承包人和监理的质量控制措施是否落实到位，尤其要注意对监理单位的检查，应检查监理单位是否对项目施工进行了严格控制。另外，还应注意的是，项目法人对施工单位的检查不要绕开驻地监理办，就通知监理参加共同对施工单位的检查，实际上这也是一种对监理单位的间接检查和督促。

③对参建单位内业资料的检查。项目法人应注意检查施工单位和监理单位的内业资料，从内业资料中发现监理单位和施工单位在质量控制中的问题，内业资料的检查应注意以下方面：一是资料系统性。看资料是否完整完善，是否按分部、分项工程从开工到中间交工系统整理，签字审批手续是否齐全；二是资料的完备性。看施工抽检资料、材料抽样检查资料、标准试验工艺试验资料是否满足规定检查频率，是否全部覆盖所有施工环节；三是看资料真实性。应从资料生成的顺序、施工先后、签字日期、监理资料与施工资料的前后呼应等方面判断资料的真实性，发现假资料应严肃追究，并对当事人和责任人进行从严处罚；四是看资料的闭合性。监理单位对施工单位发出的监理指令，施工单位应有相应资料响应，施工单位执行落实后应以文件回复，监理还要再次现场反馈，以形成 DEIF 质量管理闭合环，没有闭合环就说明质量控制不落实，项目法人应一追到底。

④对施工单位外业工作的检查。检查施工单位的外业工作主要有以下 4 个方面：一是检查施工外部条件，看承包人的施工人员、管理人员、机械设备是否满足施工要求；二是施工成品和半成品的外观和内在质量是否达到标准；三是看承包人的进入施工现场的工程材料和安装设备是否符合质量，项目法人应用自己的检测手段对进场材料和安装设备进行抽样检查；四是看承包人现场质量控制人员、测量检测人员是否对工序施工进行了质量检查和检查结果是否合格，监理是否对工序质量进行合格签认。

⑤对驻地监理的外业检查。主要是检查监理单位是否落实到位，按照监理实施细则规定，高速公路施工项目的很多关键部位施工、隐蔽工程施工监理是必须信不过旁站监理的，承包人的工序施工质量检查，监理是要 20%频率抽样检查的，这些监理工作是否落实到位。

(3)明确项目法人质量检查的执行机构

从大原则上讲，全员都要关心工程质量，但还是应将工作责任落实到部门、个人。项目法人质量检查的执行机构是指挥部总监理工程师办公室、技术质量管理部、中心试验室。

4.建立工程质量责任公示追究制度

(1)各参建单位应根据《关于严格落实公路工程质量责任制的若干意见》(交公路发〔2008〕116 号)要求，实行工程质量责任登记公示制度。向指挥部签订并提交质量责任登记表，建立质量责任档案，确保质量责任能追溯到个人。

(2)指挥部(总监办)将加强项目的履约检查，对违约单位依合同和项目质量责任登记表严肃处理。

(3)设计、监理、施工等单位也要加强自查自纠工作，严格落实企业员工所承担的质量责任，对不履行责任的，追究相关部门和人员责任；对工程质量事故或由工程质量问题引起较大不良社会反响的，将追究相关从业单位和责任人的责任。

5.建立工程质量举报制度

(1)将工程项目的质量标准和质量责任主体单位、直接质量负责人，用公示牌的形式向社会公开，让社会广大公众和单位对工程质量进行监督。

(2)指挥部(总监办)在办公互联网络主页、办公地点及施工现场等地点，设立质量举报邮箱、信箱、电话等标识，作为举报接受窗口。并设立专职举报受理人，承办上级批转的举报和下级上访举报的落实。

第五节　项目法人对质量事故的报告处理

高速公路建设项目在发生质量事故以后，要按照工程项目管理权限，对发生的质量事故向相关单位书面报告，并由相关单位牵头，组成质量事故调查小组，按规定程序对质量事故进行处理。

一、工程质量事故概述

1.工程质量事故定义

根据交通部2004年9月发布的《公路工程质量事故等级划分和报告制度》的规定，高速公路建设项目的质量事故，是指由于勘测、设计、施工、监理、试验检测等责任过失而使工程在"下述时限"内遭受损毁或产生不可弥补的本质缺陷，因构造物倒塌造成人身伤亡或财产损失以及需加固、补强、返工处理的事故。

上面所说的"下述时限"是指：

(1)道路工程：现场监理鉴认至工程项目通车后两年内。

(2)结构工程：施工过程中和设计使用年限内。

2.工程质量事故分类与分级

工程质量事故分为质量问题、一般质量事故及重大质量事故三类。

(1)质量问题

质量较差、造成直接经济损失(包括修复费用)在20万元以下。

(2)一般质量事故

质量低劣或达不到合格标准，需加固补强，直接经济损失(包括修复费用)为20万～300万元的事故。一般质量事故又分为以下三个等级：

①一级一般质量事故：直接经济损失为150万～300万元。

②二级一般质量事故：直接经济损失为50万～150万元。

③三级一般质量事故：直接经济损失为20万～50万元。

(3)重大质量事故

由于责任过失造成工程倒塌、报废和造成人身伤亡或者重大经济损失的事故。重大质量事故又分为以下三个等级：

①一级重大质量事故：具备下列条件之一者为一级重大质量事故：死亡30人以上；或直接经济损失1000万元以上；或特大型桥梁主体结构垮塌。

②二级重大质量事故：具备下列条件之一者为二级重大质量事故：死亡10人以上，29人以下；或直接经济损失500万元以上，不满1000万元；或大型桥梁主体结构垮塌。

③三级重大质量事故：具备下列条件之一者为三级重大质量事故：死亡1人以上，9人以下；或直接经济损失300万元以上，不满500万元；或中小型桥梁主体结构垮塌。

二、质量事故报告

1.质量事故报告规定

(1)国务院交通运输主管部门归口管理全国公路工程质量事故，省级交通运输主管部门归口管理本辖区内的公路工程质量事故。质量事故的调查处理实行统一领导、分级负责的原则。

重大质量事故由国务院交通运输主管部门会同省级交通运输主管部门负责调查处理；一般质量事故由省级交通运输主管部门负责调查处理；质量问题原则上由建设单位或企业负责调查处理。

(2)任何单位和个人均有权利和义务将工程质量事故的情况及时报告有关部门。公路工程在建项目,施工单位为事故报告单位;交付使用的工程,接养单位为事故报告单位。

(3)质量事故发生后,事故发生单位必须以最快的方式,将事故的简要情况同时向建设单位、监理单位、质量监督站报告。在质量监督站初步确定质量事故的类别性质后,再按以下要求进行报告:

①质量问题:问题发生单位应在2天内书面上报建设单位、监理单位、质量监督站。

②一般质量事故:事故发生单位应在3天内书面上报质量监督站,同时报企业上级主管部门、建设单位、监理单位和省级质量监督站。

③重大质量事故:事故发生单位必须在2小时内速报省级交通运输主管部门和国务院交通运输主管部门,同时报告省级质量监督机构和部级质量监督机构,并在12小时内报出《公路工程重大质量事故快报》。

2. 质量事故书面报告内容

(1)工程项目名称,事故发生的时间、地点,建设、设计、施工、监理等单位名称。

(2)事故发生的简要经过、造成工程损伤状况、伤亡人数和直接经济损失的初步估计。

(3)事故发生原因的初步判断。

(4)事故发生后采取的措施及事故控制情况。

(5)事故报告单位。

3. 公路工程质量事故建立定期报告制度

(1)各级质量监督部门每季末将《公路工程质量事故情况季报》,报上一级交通运输主管部门和质量监督部门。

(2)质量事故发生后事故发生单位隐瞒不报、谎报、故意拖延报告期限的,故意破坏现场的,阻碍调查工作正常进行的,拒绝提供与事故有关情况、资料的,提供伪证的,由上级主管部门按有关规定给予行政处分。构成犯罪的,由司法机关依法追究刑事责任。

(3)公路工程同时接受社会监督,交通运输部设工程质量举报电话。

三、质量事故处理原则

1. 现场保护原则

事故发生后,事故发生单位和该工程的建设、施工、监理等单位,应严格保护事故现场,采取有效措施抢救人员和财产,防止事故扩大。因抢救伤困人员、疏导交通等原因,需要移动现场物件时,应做出标志,绘制现场简图并附书面记录,妥善保存现场重要痕迹、物证,并应采取拍照或录像等直录方式反映现场原状。

2. 救人第一原则

如果在发生质量事故同时有人员伤亡时,应第一时间抢救受伤人员,送往医院治疗,妥善处理死者遗体。

3. 现场紧急处治原则

如果随着时间推移,质量事故有继续发展扩大的趋势,或有可能引发更大次生质量事故,现场管理人员有责任迅速制订临时紧急自治措施并做出紧急处理,阻止事故继续扩大造成更大损失。采取紧急自治措施的前提原则是不得破坏质量事故现场。在不可避免的情况下一定要对现场有所变动时,要留下影像资料和直接现场证据。

4. 迅速报告原则

发生质量事故的单位,应在规定时间内将质量事故情况向相关单位汇报,先口头电话汇报,再详细写出书面报告。

5. 质量事故处理“四不放过”原则

事故原因没有查清不放过;群众没有受到教育不放过;事故责任人没有受到追究不放过;没有整改

防范措施不放过。

四、质量事故处罚

1.质量管理处罚一般规定

(1)对在工程质量检查中发现问题和公路工程发生重大工程质量事故的,应严肃处理。对责任单位予以警告、罚款或对设计、施工单位停止1~2年资信登记,对监理单位降低资质等级或吊销资质证书。对责任人给予行政处分;构成犯罪的,依法追究刑事责任。对建设项目分别给予限期整改(整改期间暂停拨付建设资金)、扣减中央对当年公路建设计划投资的5%~10%的处罚。

(2)检测单位伪造检验报告或伪造检验结论的,视情节轻重,予以通报批评,吊销检测资质。

(3)对不认真履行监督职责的质监机构,由授权的交通运输主管部门或上一级质监机构,给予通报批评,撤销授权并进行改组。

(4)从事公路工程质量监督工作人员玩忽职守、徇私舞弊、滥用职权、贪污受贿,由其所在单位的上级交通运输主管部门给予行政处分;构成犯罪的,依法追究刑事责任。

(5)因公路工程质量事故,造成人身伤亡及财产损失的,责任单位应按有关规定或裁决,给予受损方经济赔偿。

(6)违反有关办法规定给予罚款的,罚款限额如本工程项目管理办法有明文规定时,按规定执行;项目没有规定时,按国家有关主管部门规定执行。

(7)处罚的执行由县级以上人民政府交通运输主管部门或其委托的质监机构实施。

2.对项目法人的处罚

项目法人有下列行为之一的,由交通运输主管部门予以警告、罚款,并应追究有关主管人员的失职、渎职责任。

(1)造成工程质量低劣或发生质量事故的。

(2)未按规定选择相应资质等级的设计、施工和监理单位从事工程建设的。

(3)未按规定办理工程质量监督手续的。

(4)未按规定进行交工验收而将工程交付使用的。

(5)发生重大质量事故,未按有关规定和时间向有关部门报告的。

3.对其他参建单位的处罚规定

勘测设计、施工、监理单位有下列行为之一的,视情节轻重,予以警告、罚款、停止资信登记1~2年的处罚;构成犯罪的,依法追究刑事责任。

(1)无证或超越资质等级承接任务的。

(2)不接受质监机构监督的。

(3)设计文件不符合规定要求的。

(4)未按设计要求和合同规定施工的。

(5)未按合同规定实行质量保修的。

(6)使用不合格材料和设备,或在工程施工中不执行工艺要求,粗制滥造,偷工减料,伪造记录的。

(7)发生工程质量事故或隐蔽工程缺陷不及时报告的。

(8)经质监机构认定工程不合格的。

第六节　高速公路建设项目工程竣(交)工验收管理

高速公路建设项目在施工完成或部分施工标段施工完成后应对已完成项目进行交工验收,项目试营运两年后进行竣工验收。竣(交)工验收是对建设项目的一次全面检查总结鉴定,也是对所有参建单位的一次检查总结评价，是一项非常重要的工作，应该高度重视。

一、公路工程竣(交)工规定

1. 一般规定

(1)为规范公路工程竣(交)工验收工作，保障公路安全有效运营，根据《中华人民共和国公路法》，制定《公路工程竣(交)工验收办法》(以下简称《办法》)。凡在中华人民共和国境内新建和改建的公路工程竣(交)工验收活动必须按此办法执行。

(2)公路工程应按《办法》进行竣(交)工验收，未经验收或者验收不合格的，不得交付使用。

(3)公路工程验收分为交工验收和竣工验收两个阶段。交工验收是检查施工合同的执行情况，评价工程质量是否符合技术标准及设计要求，是否可以移交下一阶段施工或是否满足通车要求，对各参建单位工作进行初步评价。

(4)竣工验收是综合评价工程建设成果，对工程质量、参建单位和建设项目进行综合评价。

2. 公路工程竣(交)工验收的依据

(1)批准的工程可行性研究报告。

(2)批准的工程初步设计、施工图设计及变更设计文件。

(3)批准的招标文件及合同文本。

(4)行政主管部门的有关批复、批示文件。

(5)交通运输部颁布的公路工程技术标准、规范、规程及国家有关部门的相关规定。

3. 职责权限

公路工程竣(交)工验收工作应当做到公正、真实和科学。

(1)交工

交工验收由项目法人负责。公路工程各合同段符合交工验收条件后，经监理工程师同意，由施工单位向项目法人提出申请，项目法人应及时组织对该合同段进行交工验收。

(2)竣工

竣工验收由交通运输主管部门按项目管理权限负责。交通运输部负责国家、部重点公路工程项目中 100km 以上的高速公路、独立特大型桥梁和特长隧道工程的竣工验收工作；其他公路工程建设项目，由省级人民政府交通运输主管部门确定的相应交通运输主管部门负责竣工验收工作。

二、公路工程交工验收

1. 交工条件

(1)合同约定的各项内容已完成。

(2)施工单位按交通运输部制订的《公路工程质量检验评定标准》及相关规定的要求对工程质量自检合格。

(3)监理工程师对工程质量的评定合格。

(4)质量监督机构按交通运输部规定的公路工程质量鉴定办法对工程质量进行检测(必要时可委托有相应资质的检测机构承担检测任务)，并出具检测意见。

(5)竣工文件已按交通运输部规定的内容编制完成。

(6)施工单位、监理单位已完成本合同段的工作总结。

2. 交工验收的主要工作内容

(1)检查合同执行情况。

(2)检查施工自检报告、施工总结报告及施工资料。

(3)检查监理单位独立抽检资料、监理工作报告及监理对交工的质量评定资料。

(4)检查工程实体,审查有关资料,包括主要产品质量的抽(检)测报告。

(5)对合同是否全面执行、工程质量是否合格做出结论,按交通运输主管部门规定的格式签署合同段交工验收证书。

(6)按交通运输部规定的办法对设计单位、监理单位、施工单位的工作进行初步评价。

3.公路工程交工验收各参建单位的工作职责

(1)项目法人负责组织公路工程各合同段的设计、监理、施工等单位参加交工验收。拟交付使用的工程,应邀请运营、养护管理单位参加。参加验收单位的主要职责是:项目法人负责组织各合同段参建单位完成交工验收工作的各项内容,总结合同执行过程中的经验,对工程质量是否合格做出结论。

(2)设计单位负责检查已完成的工程是否与设计相符,是否满足设计要求;完成变更手续和变更设计。

(3)监理单位负责完成监理资料的汇总、整理,协助项目法人检查施工单位的合同执行情况,核对工程数量,科学公正地对工程质量进行评定。

(4)施工单位负责提交竣工资料,完成交工验收准备工作,提供查检验收条件,配合验收委员会对工程进行验收检查。

4.工程质量评定及遗留问题处理

(1)项目法人组织监理单位按《公路工程质量检验评定标准》的要求对各合同段的工程质量进行评定。

(2)监理单位根据独立抽检资料对工程质量进行评定。当监理按规定完成的独立抽检资料不能满足评定要求时,可以采用经监理确认的施工自检资料。

(3)项目法人根据对工程质量的检查及平时掌握的情况,对监理单位所做的工程质量评定进行审定。

(4)各合同段工程质量评分采用所含各单位工程质量评分的加权平均值。即:工程质量等级评定分为合格和不合格,工程质量评分值大于等于75分的为合格,小于75分的为不合格。

(5)公路工程各合同段验收合格后,项目法人应按交通运输部规定的要求及时完成项目交工验收报告,并向交通运输主管部门备案。国家、部重点公路工程项目中100km以上的高速公路、独立特大型桥梁和特长隧道工程向省级人民政府交通运输主管部门备案;其他公路工程按省级人民政府交通运输主管部门的规定向相应的交通运输主管部门备案。

(6)公路工程各合同段验收合格后,质量监督机构应向交通运输主管部门提交项目的检测报告。交通运输主管部门在15天内未对备案的项目交工验收报告提出异议,项目法人可开放交通进入试运营期。试运营期不得超过3年。

(7)遗留问题处理。交工验收提出的工程质量缺陷等遗留问题,由施工单位限期完成。

三、公路工程竣工验收

1.竣工条件

(1)通车试运营2年后。

(2)交工验收提出的工程质量缺陷等遗留问题已处理完毕,并经项目法人验收合格。

(3)工程决算已按交通运输部规定的办法编制完成,竣工决算已经审计,并经交通运输主管部门或其授权单位认定。

(4)竣工文件已按交通运输部规定的内容完成。

(5)对需进行档案、环保等单项验收的项目,已经有关部门验收合格。

(6)各参建单位已按交通运输部规定的内容完成各自的工作报告。

(7)质量监督机构已按交通运输部规定的公路工程质量鉴定办法对工程质量检测鉴定合格,并形成工程质量鉴定报告。

2.竣工申请

公路工程符合竣工验收条件后,项目法人应按照项目管理权限及时向交通运输主管部门申请验收。交通运输主管部门应当自收到申请之日起30日内,对申请人递交的材料进行审查,对于不符合竣工验收条件的,应当及时退回并告知理由;对于符合验收条件的,应自收到申请文件之日起3个月内组织竣工验收。

3.竣工验收委员会组成

竣工验收委员会由交通运输主管部门、公路管理机构、质量监督机构、造价管理机构等单位代表组成。大中型项目及技术复杂工程,应邀请有关专家参加。国防公路应邀请军队代表参加。

项目法人、设计单位、监理单位、施工单位、接管养护等单位参加竣工验收工作。

4.竣工验收的主要工作内容

(1)成立竣工验收委员会;组织人员组成多个工作组,在验收委员会领导下开展内、外业验收。

(2)听取项目法人、设计单位、施工单位、监理单位的工作报告,听取营运单位对工程两年试营运情况报告。

(3)听取质量监督机构的工作报告及工程质量鉴定报告。

(4)外业组检查工程实体质量、内业组审查有关资料。

(5)按交通运输部规定的办法对工程质量进行评分,并确定工程质量等级。

(6)按交通运输部规定的办法对参建单位进行综合评价。

(7)对建设项目进行综合评价。

(8)形成并通过竣工验收鉴定书。

5.参加竣工验收各方主要工作职责

(1)竣工验收委员会负责对工程实体质量及建设情况进行全面检查。按交通运输部规定的办法对工程质量进行评分,对各参建单位进行综合评价,对建设项目进行综合评价,确定工程质量和建设项目等级,形成工程竣工验收鉴定书。

(2)项目法人负责提交项目执行报告及验收所需资料,协助竣工验收委员会开展工作。

(3)设计单位负责提交设计工作报告,配合竣工验收检查工作。

(4)监理单位负责提交监理工作报告,配合竣工验收检查工作。

(5)施工单位负责提交施工总结报告,提供各种资料,配合竣工验收检查工作。

(6)营运单位负责提交工程试营运两年的情况报告,配合竣工验收检查工作。

6.工程竣工验收评定

(1)竣工验收工程质量评分采取加权平均法计算,其中交工验收工程质量得分权值为0.2,质量监督机构工程质量鉴定得分权值为0.6,竣工验收委员会对工程质量评定得分权值为0.2。工程质量评定得分大于等于90分为优良,小于90分且大于等于75分为合格,小于75分为不合格。

(2)竣工验收委员会按交通运输部规定的办法对参建单位的工作进行综合评价。工程竣工验收总分为100分,评定得分大于等于90分且工程质量等级优良的为好,大于等于75分为中,小于75分为差。

(3)竣工验收建设项目综合评分采取加权平均法计算,其中竣工验收工程质量得分权值为0.7,参建单位工作评价得分权值为0.3(其中项目法人占0.15,设计、施工、监理各占0.05,营运接收单位不参加评分)。评定得分大于等于90分且工程质量等级优良的为优良,大于等于75分为合格,小于75分为不合格。

7. 签发《公路工程竣工验收鉴定书》

负责组织竣工验收的交通运输主管部门对通过验收的建设项目，按交通运输部规定的要求签发《公路工程竣工验收鉴定书》。通过竣工验收的工程，由质量监督机构依据竣工验收结论，按照交通运输部规定的格式对各参建单位签发工作综合评价等级证书。

签发的《公路工程竣工验收鉴定书》必须附有“竣工验收委员会”各成员亲笔签名表。

四、对竣(交)工验收问题处理

1. 对违反交工规定处理

(1)违反《公路工程竣(交)工验收办法》规定，对不具备交工验收条件的公路工程组织交工验收，交工验收无效，由交通运输主管部门责令改正。

(2)项目法人违反《公路工程竣(交)工验收办法》规定，对未进行交工验收、交工验收不合格或未备案的工程开放交通进行试运营的，由交通运输主管部门责令停止试运营，并予以警告处罚。

2. 对违反竣工规定处理

(1)项目法人对试运营期超过 3 年的公路工程不申请组织竣工验收的，由交通运输主管部门责令改正。对责令改正后仍不申请组织竣工验收的，由交通运输主管部门责令停止试运营。

(2)质量监督机构人员在工程竣工验收工作中滥用职权、玩忽职守、徇私舞弊的，依法给予行政处分，构成犯罪的，依法追究刑事责任。

3. 工程移交处理

(1)公路工程建设项目建成后，施工单位、监理单位、项目法人应负责编制工程竣工文件、图表、资料，并装订成册，其编制费用分别由施工单位、监理单位、项目法人承担。

各合同段交工验收工作所需的费用由施工单位承担。

(2)对通过验收的工程，由项目法人按照国家规定，分别向档案管理部门和公路管理机构、接管养护单位办理有关档案资料和资产移交手续。

(3)对于规模较小、等级较低的小型项目，可将交工验收和竣工验收合并进行。规模较小、等级较低的小型项目的具体标准由省级人民政府交通运输主管部门结合本地区的具体情况制订。

第六章　项目法人资金财务管理

项目法人的财务管理，是一项政策性很强的敏感性工作。财务管理工作实质上就是管资金。高速公路项目建设的资金来源有多方面渠道，有国家财政性投资、地方财政投资、企业投资、社会个人和团体集资、海外投资等。怎样用好这些资金，让投资充分发挥作用，是项目法人财务管理的核心任务。

第一节　项目法人财务管理工作要求

高速公路建设项目的投资资金，必须用于指定的建设项目，尤其是利用国家财政性资金的投资项目，资金必须按指定项目落实到位，不得截流或挪用；不使用国家财政性投资企业自筹的高速公路建设项目，也要做到专款专用。项目法人应加强财务管理，建立健全财务管理机构和管理制度，保证项目的投资资金流动正常运行。

一、项目法人财务管理机构

项目法人的财务管理部门是一个必不可少的部门。

1.项目法人的财务管理机构

项目法人应指定专人负责财务管理工作，并设立独立的财务管理机构，指定财务管理机构具体负责人，安排专职财务管理人员，做好账务设置和账务管理，并争取做到具体财务人员有连贯性和系统性，中途不宜换人。

2.项目法人财务管理人员要求

(1)从业资格要求。财务人员应持证上岗，项目法人财务管理机构的负责人、主管人员应具备会计师以上职称，一般财务人员也应具备会计员职称，不能无证上岗。

(2)管理人员数量配备。项目法人应按财务管理需要配备足够数量的财务管理人员，会计、出纳不得兼职，财务会计、材料会计不得兼职。

(3)岗前培训。项目法人在组建项目财务管理机构时，应对参加项目管理机构的财务人员进行上岗前培训，要求财务管理从业人员懂法、知法、守法，要求懂得高速公路项目建设财务管理的特殊要求，具备较强的高速公路建设项目财务管理素质。

(4)财务从业资历要求。项目法人在选择和任命项目财务管理负责人和主管人员时，应考察被任命人员的从业资历，尤其是从事高速公路建设项目财务管理的资历。应选择有多年资历的财会专业人员担任项目财务管理机构负责人和主管人员。

(5)回避原则。任命项目法人财务管理人员时，对于敏感岗位必须采取回避制度。尤其对于国家财政性资金投资的高速公路项目，项目法人的直系亲属不得担任财务负责人，财务主管、会计主管的亲属不得担任出纳。

二、项目法人财务管理工作要求

高速公路项目法人是项目财务管理的直接责任人，是执行高速公路项目建设投资计划、负责项目投资管理的责任单位，做好项目财务管理责无旁贷。

1. 遵守财务法律法规、执行财经纪律

项目法人在高速公路建设项目各参建主体单位中，占有突出的主导地位，对项目的建设负总责。项目法人在财务管理上应带头执行国家的财务法律法规，带头遵守财经纪律。

2. 建立健全项目财务管理制度

项目法人为了管理好建设项目投资，应建立健全一整套财务管理制度、财务管理办法、项目内部财经纪律、项目财务人员工作职责，保证项目财务工作正常操作。严格控制项目成本支出，减少投资资金损失，减少浪费，保证项目投资充分发挥效益。

3. 加强地方配套资金管理

利用国家财政性资金投资的高速公路建设项目，国家在批准立项时，都会规定有一定比例的地方配套资金注入。项目法人的重要职责之一是尽量做到保证地方配套资金的到位，并用好配套资金。

4. 保证项目投资资金及时到位

项目法人应疏通项目资金筹措渠道，采取企业集资、银行贷款、社会借款等方法，保证项目流动资金充分满足项目运行需求。

5. 对其他参建单位的财务管理实行监督

项目法人作为参建单位具有主导地位的主体，有权对其他参建单位的财务管理实行监督，督促其他参建单位的财务运行情况优先服务于项目建设。如对施工单位的财务支出就可以通过合同条款或以项目法人名义发文进行限制，要求施工项目部的计量支付款必须优先用于项目施工，不得随便转出，如需转出时必须经项目法人批准，并在转出数量上进行限制。

6. 及时完成财务报表工作

项目法人的财务管理应服从国家财务管理规定，与开户银行理清财务往来手续，及时报送月度、年度财务报表。并与其他参建单位理清各种财务往来报表。

三、项目法人财务管理基础工作

所谓财务会计的基础工作是指财务会计的会计科目设置和会计账务处理，是一项专业性、政策性很强的工作。高速公路项目法人的财务会计基础工作必须符合国家基本建设财务会计基础工作的所有规定。

1. 会计科目的设置

高速公路项目法人的财务管理机构在进行财务管理中，应根据财政部《国有建设单位会计制度》(财会字〔1995〕第45号)的规定，服从国家统一规定会计制度，按国家批准的概算科目和会计业务要求，设置会计科目，使用会计账簿，包括总账簿、明细账、日账和其他辅助性账簿；使用符合国家统一规定格式、统一内容的会计凭证、会计账目、会计报表和其他会计资料处理财务工作。

(1)总账财务科目设置

高速公路建设项目法人的财务管理，应根据国家基本建设项目概(预)算要求，按国家关于会计报表指标汇总规定，结合高速公路建设项目的具体情况，可以对总账科目增减或合并。这些增减和合并在满足高速公路建设项目需要的同时，不得违反国家会计制度规定。

(2)明细账科目设置

高速公路建设项目的财务管理明细账，在不得违反财务制度和会计核算要求的前提下，可以根据本建设项目的具体情况自行规定。具体设置细目见表6-1。

(3)日账会计科目设置

现金日记账和银行存款日记账的账簿必须采用钉本固定账簿，不得采用活页式账簿，不得用银行对账单或其他方法代替日记账。

(4)会计科目编号

①会计科目应实行统一的编号。统一编号以便于填写会计凭证,登记做账,账目查阅,实行会计做账电算化。项目法人的财务管理部门不要随便打乱和改变会计电算化程序,不得在记账时在某些会计科目之间留下空号,供日后擅自增加会计科目用。

②财务会计凭证应名称编号统一齐全,财务管理部门在做财务会计凭证、登记账簿时,填写的会计科目名称应前后统一,编号应前后对应;不能只有会计科目名称,而无编号,不能出现科目名称混乱和编号重复、矛盾。

2.账务处理

高速公路建设项目财务管理的账务处理业务主要有记账(或做账)、原始凭证整理、会计凭证处理、会计账簿登记、会计报表等工作,每项工作都有严格的要求。见表6-1。

高速公路建设项目财务账簿明细目录(参考) 表6-1

序号	编号	资金占用科目	序号	编号	资金占用科目
1	101	建筑安装工程费	25	271	待处理财产损失
2	102	设备费	26	281	有价证券
3	103	待摊费	27	301	工程拨款
4	104	其他投资	28	302	联营拨款
5	114	交付使用资产	29	303	项目债券资金
6	121	应收承包人借款	30	304	工程投资借款
7	201	固定资产	31	305	上级拨入投资借款
8	202	累计折旧	32	306	其他贷款
9	203	固定资产清理	33	311	待冲工程支出
10	211	设备材料采购	34	321	上级拨入资金
11	212	采购保管费	35	331	应付器材款
12	213	库存设备	36	332	应付工程款
13	214	库存材料	37	341	应付工资
14	218	材料成本差异	38	342	应付福利费
15	219	委托加工器材	39	351	应付有偿调入器材款
16	231	限额存款	40	352	其他应付款
17	232	银行存款	41	353	应付票据款
18	233	现金	42	361	应缴税金
19	241	预付材料款	43	362	应交工程包干结余款
20	242	预付工程款	44	363	应交项目收入款
21	251	应收有偿调出器材款	45	364	其他应交款
22	252	其他应收款	46	401	留存收入
23	253	应收票据款	47		
24	261	拨付借款	48		

(1)记账要求

记账要求是对会计工作的总要求。也就是说,会计在记账工作中,处理人原始凭证、填写会计凭证、登记会计账簿、编制会计报表时,必须符合国家统一的会计制度,满足国家统一的财务管理规定,不得伪造、涂改,不得建账外账,不得报虚账、假账、水分账。对项目负责,对国家负责。

实行会计电算化的单位，对使用的电算软件及其生成的会计凭证、会计账簿、会计报表以及其他会计资料，都应符合财政部有关会计电算化要求。对于机制记账凭证，要认真审核，做到会计科目使用正确，数字准确无误，打印出的机制记账凭证字迹清楚，加盖记账、制单、审核人员印章。会计负责人、财务负责人签字。

(2)原始凭证要求

原始凭证是财务会计的最初真实凭证，不得涂改、挖补。发现原始凭证有错误时，应当由开出原始凭证的单位重新开出或更正，并在更正处加盖开出原始凭证单位公章；从外单位取得的原始凭证如果遗失，应取得原开出单位的有效证明并注明已遗失原始凭证的编号、金额和内容等。由经办单位的财务负责人和单位主管财务的领导签字后，以此证明代替已遗失的原始凭证做账。如果无法取得原单位证明的，如车船票、飞机票、零售发票等，应由当事人写出报告交由单位财务负责人和单位主管财务领导签字后，可作为原始凭证做账。原始凭证的经办人员应认真审查原始凭证的真伪，认真审查原始凭证的各种要素是否齐全。

对原始凭证的基本要求主要有：

①原始凭证的内容必须具备以下要素：凭证名称，填写日期，填写凭证单位名称或个人姓名，经办人签名或盖章，接受凭证单位名称，凭证的经济业务内容、数量、单价、金额。

②从外单位取得的原始凭证必须盖有填制凭证单位的公章；从个人取得的原始凭证必须要有个人的签名或盖章；自制的原始凭证必须要有经办单位财务主管负责人亲笔签名和盖章；对外开出的原始凭证必须加盖本单位公章。

③原始凭证的大小写必须相符，应有收款人签名和盖单位章，购买实物的原始发票应有入库验收人签字证明。

④一式几联的原始凭证应分清各联的用途，只能用发票联作为报销凭证。一式多联整本原始凭证编号应相互连续，如有某联作废时应其上注明“作废”字样，留在原处保存，不得撕毁。

⑤职工公出借款，其借据应有单位财务主管领导签名，将其附于记账凭证之后，收回借款后，退回未做账的借据，已做账的借据不退回。

⑥以上级批准的经济业务，应当将批准的文件资料作为凭证的附件，如批准的文件资料无法用作附件时，应在记账凭证上注明批准文件编号、日期、简单事由。

(3)会计凭证要求

记账凭证可以分为收款凭证、付款凭证、转账凭证，三种凭证可以用一种格式的通用凭证做账。对会计凭证有如下要求：

①会计凭证的内容必须具备以下要素：日期、编号、事由、所属会计科目，金额，所附原始凭证张数，填制人、审核人、记账人、单位财务负责人、单位财务主管领导的签名或盖章；收款凭证和付款凭证还应有出纳签名或盖章。

②填制记账凭证时，必须应有连续编号，一项经济业务需要开出两张或多张记账凭证的，可以采用分数编号法编号，用分母表示连续号，分子表示分张号。

③记账凭证可以由一份原始凭证做出，也可以多张同科目的原始凭证全做一张记账凭证，不同科目的原始凭证不能做在同一记账凭证上。

④已经登记做账的记账凭证，如发现有错误，如果只是金额错误，可以另做一张金额的差额记账凭证进行更正即可，如果连会计科目也错的话，则需做一张同样错误的红色记账凭证作注销用，再做一张正确蓝色凭证做重新正确记账用。

⑤一张记账凭证，在登记完记账科目后，如果还有空行，应当用蛇形形状将剩余空行全部画死。

⑥记账凭证登记做账后，应按分类编号装订成册，分类保管，不得遗失或损坏。

(4)财务报告要求

高速公路建设项目的财务管理，有一项非常重要的工作就是：必须按照国家的统一规定，定期编制财务报告，向上级和有关主管部门报告项目法人的财务运行情况。国家对单位的财务报告有统一的报告格式和编制要求。一份财务报告的主要内容包括财务会计报表和说明，会计报表又包括主表和附表，附表还包括附表注明等。

①对会计报表的要求

高速公路建设项目的财务会计报表应做到科目齐全，内容完整，数字正确，格式符合国家统一规定；在进行报表汇制时，应按投资来源分别汇总，会计报表应报送当地财税机关、开户银行、相应财政主管部门，行政主管部门。

②对财务报告的要求

对有关单位报送的财务报告应当依据国家有关规定编写，编写页码、加具封面、装订成册、加盖公章，注明年度、季度、月度，填报日期，并有项目法人的法定代表人、财务负责人、总会计师、编制人签名。

另外还包括会计记账方法、账簿账册的各种要求，都是涉及会计业务方面的一些具体操作方法，属于专业性的琐碎事务，在此不作赘述。

四、项目法人对项目投资的重点管理方向

通过20余年的高速公路建设项目投资管理工作，积累了丰富的投资管理经验。高速公路的财务管理部门，规范、合理、合法管好投资资金，为加速高速公路建设、保证顺利完成每项工程任务，发挥了突出作用。这其中得益于项目法人的工程投资管理，突出了管理重点，对重点工作的管理措施具体有力。总结起来，高速公路项目法人的投资管理重点主要有以下几个方面。

1. 加强财会管理队伍建设

财务会计人员是项目投资管理工作的主体，高速公路建设项目的投资管理最基本的工作是：首先要有一支高素质的财务管理人才队伍。在政治素质上，要求财务管理人员应该知法、懂法、守法，严格自我要求；在业务素质上，要求财务管理人员不仅要精通财务专业知识和技能，还要懂得基本建设程序和项目建设规律。获得高素质人才队伍的捷径是通过专题培训和实践锻炼。对参加高速公路建设项目投资管理的财会人员，在上岗前，一定都要经过一段时间的培训学习，培训合格后才能上岗。

2. 建立健全财务管理制度

健全的财务管理制度是约束财务管理工作的利器，发挥利器的作用，是保证财务管理工作顺利进行的根本保证。高速公路项目法人在组建项目管理机构时，应特别强化制订管理制度，尤其是财务工作，是敏感要害部门，更应该要严肃纪律，严格制度。有了严格的制度，还必须认真落实。只要是把制订制度与落实制度两手都抓严了，高速公路建设项目的投资管理才能达到管理目标。

3. 强化项目投资管理基础工作

高速公路建设项目投资管理的基础工作主要有投资申请、资金到位、收支拨付、使用管理、成本核算等，严格按规定程序和手续，办理建设项目投资每一笔资金人收支、拨付业务，严格审核，做到合理合法使用每一笔资金。工程完工后应及时进行项目投资结算，准确、完整的编制项目投资决算，加强对项目投资的审计，用严格的审计措施把住项目投资使用的最后一道关口。

4. 充分发挥投资管理的控制功能

项目投资管理对实现投资目标具有强大的控制功能。高速公路建设项目法人应该完善项目法人的财务管理机构，认真落实投资资金管理责任，发挥财务管理部门的职能作用，充分利用财务管理对项目投资的控制功能。项目财务管理机构应主动做好"事前参谋，事中控制，过程监督，事后核算"专业职能，从财务管理的角度保证项目招标投标、合同谈判签约、履约计量支付、竣工验收结算，每一步都按国家政策到位，从源头上做好财务实质控制，避免或减少高速公路建设项目出现财务违规，堵住违法腐败漏洞，提高建设投资的使用效果。

5. 始终坚持“三个安全”的管理目标

所谓财务管理的“三个安全”，即资金安全、工程安全、干部安全。高速公路建设项目的财务管理部门在保证自身规范执行国家财务政策、会计制度的同时，把握时机，向领导宣传财务政策、法律、法规，向领导献计献策，控制好项目投资使用方向，发挥投资效果，该用的钱要坚决用到位，不该用的钱一分不花。防止资金损失，防止领导犯错误，实现“资金安全、工程安全、干部安全”的投资管理目标。

五、强化财务监督，建立约束机制

高速公路项目建设投资巨大，投资管理责任重大。高速公路项目法人应吸取前阶段“沦为腐败问题重灾区”的教训，强化财务监督，形成约束机制，建起一道坚实的防止干部犯错误的防火墙，立起一条任何人不敢碰的高压线，做到警钟长鸣，防微杜渐，保证国家建设资金每一分钱都真正用到工程上。

1. 外部审计是投资监督的有效手段

高速公路建设项目在施工过程中，为了保证工程建设顺利开展，项目法人应主动申请审计机关对项目建设过程中的经济活动进行跟踪监督审计，项目法人应保持良好状态积极配合审计单位的审计，对审计发现的问题要敢于正视，积极整改。

2. 内部监控是投资监督的必要手段

项目法人组织机构内部应设立纪检监察部门或安排素质过硬的专职纪检监察人员，独立开展工作。项目法人的纪检监察人员应经常深入工程、质检、财务、材料、计划、合同等管理部门，了解工程进度、投资流动情况，加大对投资流动的监管，发挥内部审计功效。并经常教育提醒财务管理人员洁身自好，自觉遵守和严格执行财经纪律。杜绝不深入实际的空谈阔论、发号施令，喊喊口号、刷刷标语了事，使内部监察审计形同虚设。

3. 廉洁财务环境是投资监督的保证条件

项目法人的各级领导干部应以身作则严格要求自己，带头遵守财经纪律，以实际行动为财务管理工作和财务人员营造一个廉洁、干净安全的工作环境，形成财务管理工作和财务人员良好的廉洁工作条件，保证项目法人的投资管理工作高效、安全运转。

第二节　项目法人建设资金管理

为了保证高速公路项目建设的顺利进行，加强对施工单位和监理单位资金的管理，规范其财务行为，合理使用工程建设资金，提高资金使用效率，应根据交通运输部和地方省、市、区交通运输主管行政部门的有关规定，制订相应的投资管理办法。

一、项目投资资金管理的一般规定

为了安全管理高速公路建设项目的投资资金，最好建立与某一商业银行的协作机制，与某一商业银行签订协作合同协议，请银行代为进行资金管理，项目法人的资金全部通过协作银行管理，由协作银行筹资集资，项目法人通过向协作银行贷款取得流动资金。不光是项目法人的资金全部通过协作银行，同时也要求监理、设计、施工等其他参建单位的资金也必须通过与项目法人建立协作关系的协作银行。

二、账户的设置使用管理

1. 账户设置规定

(1)指挥部在协作银行开设银行账户，并通过协作银行办理资金筹措的结算。

(2)施工、监理单位必须于签订合同后,在指挥部指定的协作银行开立结算账户,未经核准的账户指挥部不对其拨付工程款。

2. 使用账户规定

(1)施工、监理单位办理银行结算时,必须严格遵守银行结算办法的规定。不准出租、出借账户,不准签发空头和远期支票,不得套取银行信用。

(2)施工、监理单位办理付款业务时,须到指定的协作银行办理结算,同时提供付款依据,不得交由收款人开户银行办理,否则,该协作银行有权拒付。

(3)施工、监理单位申请撤销账户,需向指挥部财务管理部和协作银行提出书面申请。经同意后,与协作银行核对账户余额,交回各种空白凭证、购证卡和开户许可证,经合作银行审查同意后,方可办理销户手续。

(4)协作银行应依法为施工、监理单位保密。除国家法律有规定,或中国人民银行总行监督项目有规定,或指挥部与协作银行协议有规定,可以依法查询开户人账户以外,其余任何单位和个人都无权查询、冻结、划拨开开户人账户上的存款。

三、工程进度款的使用与管理

凡是与项目法人发生合同关系的参建单位,与项目法人之间的资金往来必须通过协作银行。

1. 资金使用

(1)指挥部、施工及监理单位、协作银行必须签订工程资金监管协议,对工程资金的收、付、转实行全过程控制、监督和管理。

(2)指挥部根据年度投资计划及工程进度、各项资金到位比例,及时组织工程建设进度款的结算,并通过协作银行转账拨付。

(3)协作银行应向指挥部和施工、监理单位提供优质金融服务,保证资金正常及时支付。

2. 资金使用管理

(1)指挥部根据施工、监理合同审核施工、监理单位提供的支付证书,并向协作银行提供资金审查所需的相关资料。

(2)指挥部加强与合作银行的联系,及时研究和解决资金管理中存在的问题,完善资金管理办法,防止建设资金被截留、挤占和挪用。

(3)协作银行应根据本规定制订相应措施,设置专人负责此项工作,并建立资金台账,详细记录每笔资金的支付日期、金额、付款依据、用途、收款单位,充分发挥其在资金管理中的监管作用。

(4)协作银行应严格审查施工、监理单位提供的支付证书或合同。若审核的支付金额与指挥部提供的支付金额不一致时,应立即通知指挥部,以指挥部最终审核确定的金额为准。

3. 工程施工进度款的拨付

(1)施工单位应依据签订的工程承包合同及施工进度编制次月用款计划,于每月25日(遇有节假日提前至节前一天)将次月资金使用计划报送总监办计划合同部和财务部审批,审批后的用款计划作为次月支付工程款的依据之一。

(2)经指挥部审核拨付的工程款,施工单位应专款专用,施工企业违反规定用途转款或用款的,协作银行有权拒绝受理并及时反馈到指挥部,指挥部按相关规定处理。

(3)施工、监理单位必须按照中国人民银行现金管理的有关规定,向其开户银行提供月度现金计划,经批准后据以支取现金,不得以各种名义套取现金。

(4)施工、监理单位的财务收支必须接受指挥部和协作银行的管理、监督,指挥部和合作银行将不定期对其财务收支情况进行检查。

(5)施工、监理单位应积极组织资金保证工程建设的顺利进行，在工程正式交验之前，未经核准，不得以任何名义转移资金。

四、征迁补偿资金管理

征迁资金主要是指土地征用、房屋拆迁、森林砍伐、管线迁移、移民安置等工作所产生的费用。这项费用由两大部分组成：一是用于征迁的直接费用；二是为了完成征迁而产生的管理费用，包括处理征迁工作的专门工作人员的工资等费用。

1. 征迁费用管理的一般规定

(1)为规范和加强高速公路建设项目征迁资金的管理，保障工程建设的顺利进行，根据国家现行基本建设财务管理规定，结合项目实际，制定相关办法。

(2)征迁资金，是指本项目在征迁过程中对永久性征地、临时性用地、地面建筑物及其他地面附着物(含"各类杆线")的征迁、移民安置补偿费及征迁过程中协调工作经费等。

(3)征迁资金管理任务：贯彻执行国家基本建设财务规章制度；做好征迁资金拨付和使用计划的编制、执行、控制、监督和考核工作；严格控制基本建设成本，在确保征迁资金安全的前提下，提高征迁资金运转速度和使用效益。

2. 征迁资金的管理原则

(1)依法规原则。在资金管理上，严格执行国家基本建设财务管理规定；在补偿标准上，严格执行国家、省、市相关法律法规。

(2)实事求是原则。在科学、客观勘测调查的基础上，实事求是地确定征迁实物量，公开、公平、公正、妥善透明处理具体问题。

(3)包干使用原则。高速公路项目建设指挥部与沿线各区，签订征迁包干补偿协议，确定补偿的综合标准和补偿包干总额；沿线各区按照征迁实物量和包干总额，进行细化分解，包干完成。

(4)专款专用原则。征迁资金实行专户存储、专款专用，确保征迁资金及时、足额用于本建设项目，不得截留、滞留、外借、挤占、挪用或代扣其他任何款项，以确保征迁工作需要和工程建设顺利进行。

(5)资金监管原则。指挥部、沿线各区征迁协调指挥部(专班)、合作银行签订工程资金监管协议，对征迁资金实行全过程控制、监督和管理。征迁资金严禁用于征迁工作以外，确保征迁资金安全、有效地拨付与使用。

(6)效益优先原则。征迁资金的拨付和使用必须厉行节约，控制费用支出，防止损失浪费，提高征迁资金的使用效益。

(7)以上规定原则同样适用于涉及项目建设的沿线各区乡镇征迁协调机构的征迁资金管理。

五、对地方征迁协调机构的财务管理

地方征迁协调机构，是指高速公路建设项目路线所经过的沿途各地方区、乡、镇、村、组为征迁工作服务的专职工作机构。专职机构从指挥部取得的所有费用都属于管理本范围之列。

1. 管理要求

(1)沿线各区乡镇征迁协调机构(专班)只能在指挥部指定的银行开设一个账户，专门用于征迁资金的拨付、使用与核算管理，除此之外不得有任何其他账户。

(2)沿线各区乡镇征迁协调机构(专班)作为独立的财务管理单位，必须按照《中华人民共和国会计法》《基本建设财务管理规定》《国有建设单位会计制度》和《会计基础工作规范》以及相关的法律法规，规范财务管理。必须做到：

①建立健全财务管理、会计核算等系列内控制度。

②按规定设置独立的财务管理机构,配备具有会计从业资格的高素质财务人员。

③在征迁包干资金范围内及时申报支出计划,做好财务管理和账簿设置,对征迁资金实行独立核算、专款专用。

④规范建立各项原始记录、统计台账、凭证账册、财务报告等基础性工作,做到证、账、表相符。

⑤掌握工作进度,定期清查财产物资,每月 10 日前报送上月财务报表。

2. 对地方征迁协调机构账户的监管

(1)征迁资金监管账户必须严格按照指挥部关于银行账户管理办法规定的程序进行管理,对不符合规定程序和指定细目的款项一律不得支付。指挥部将通过银行定期协查沿线各区乡镇征迁协调机构(专班)的资金使用状况及账户余额情况。

(2)沿线各区乡镇征迁协调机构(专班)不得多头设置银行账户,不得将征迁资金与其他资金混用一个账户。

(3)银行为被征迁户开设的征迁补偿资金个人存折一律重新设立,不得与原有账户相联系,不得与原有往来账目相联系,不得为任何单位和个人代扣代缴各种款项相联系,不得强迫转存,也不得以征迁户拖欠任何单位的债务为由发生冻结、封存、划拨、抵扣该个人存折上的款项等情形。

3. 征迁补偿及协调资金的拨付和使用

(1)征迁补偿拨付依据

土地征用、地面建筑物及附着物等的征迁补偿费(直接费)由指挥部与沿线各区乡镇征迁协调机构(专班)签订《×××高速公路征地拆迁包干补偿协议》(以下简称《征迁补偿协议》),由沿线各区乡镇人民政府结合实际情况,细化分解后,公布实施并报指挥部备案。

其他征迁补偿费(间接费,用于人员工资、办公、交通等),根据相关文件规定,由指挥部与沿线各乡镇签订补偿协议,制订补偿标准,指挥部按征迁进度定期拨付。指挥部只与沿途各乡镇签订协议,不与村组签订协议,村组的工作由各乡镇负责。

(2)征迁补偿资金的拨付

①沿线各区乡镇征迁协调机构(专班)按照《征迁补偿协议》的约定,结合征地拆迁的实际进展情况,做出申请拨付征迁资金的书面报告。

②指挥部按征迁工程进度及时审核批复沿线各区乡镇征迁协调机构(专班)征迁资金的报告。

③沿线各区乡镇征迁协调机构(专班)根据指挥部的批复意见报送《征迁资金拨付明细表》,并办理资金结算手续。

④指定银行应根据指挥部批复后的征迁补偿资金支付申请报告,按照征迁补偿资金的使用程序及约定,及时办理征迁补偿资金的支付,并建立相关台账。

⑤对指挥部未批复的收款对象、金额、用途的支付,指定银行应拒付并通报市指挥部。

4. 征迁补偿资金的使用

(1)征迁资金使用遵循"计划控制、银行监督"的原则。沿线各区乡镇征迁协调机构(专班)应加强对各乡(镇、街、场)、村征迁资金的动态监管,制订相应的征迁资金监管办法,与银行合作,保证征迁资金及时、足额补偿到被征迁户。任何单位、组织和个人都不得截留、外借、挤占、挪用和贪污、私分征迁资金,也不得以任何理由或名义抵扣农户所欠的税费和提留。

(2)各级地方征迁协调机构应按照张榜公布后的征迁补偿标准与被征迁户签订《征迁补偿协议》,填报《征迁补偿资金支付汇总表》,开具付款凭证(即现金支票或转账支票),送开户银行办理征迁补偿资金的支付。

(3)开户银行应根据各级地方征迁协调机构开具的付款凭证以及被征迁户的身份证明,明确专职人员认真审核后,及时直接对被征迁户分户上折,足额及时兑付。

(4)被征迁户领取征迁补偿资金时,个人(《征迁补偿协议》补偿主体)要签字并按手印确认,农村集体经济组织、企业等要签字盖章确认，并开具收款收据。

(5)各合作银行要建立征迁补偿资金的收支总账和个人明细台账，定期向市(区)指挥部反馈征迁补偿资金的使用情况，随时接受监督检查。

5. 征迁补偿资金的控制

(1)征迁协调经费要按照“总额控制、集中管理、规范使用、勤俭节约”的原则，包干使用。

(2)征迁协调经费是指征地拆迁工作中必须发生的管理性支出，主要用于人员开支、办公经费、差旅费、工具用具使用费、固定资产使用费等。

(3)征迁协调经费的各项开支应符合国家、省、市有关法律法规、财经制度、政策文件的相关规定，做到专款专用，严禁挤占、截留、挪用。

6. 征迁资金使用管理的监督

(1)指挥部征迁协调和财务管理等部门，应定期或不定期对各区征迁协调指挥部(专班)的资金使用情况进行监督检查并予以通报；每年委托社会中介机构对征迁资金使用情况进行全面审计，发现问题，及时处理。

(2)沿线各区乡镇征迁协调机构(专班)，应切实加强征迁资金的使用管理，定期或不定期对所属范围内的征迁资金拨付、使用情况进行监督检查并予以通报，并将监督检查情况及时向市指挥部报告。

(3)沿线各区乡镇征迁协调机构(专班)，应将征迁补偿标准、补偿办法、实际征迁数量和补偿金额明细进行公示，确保征迁资金足额落实到村到户，并自觉接受指挥部、相关部门、群众以及指定银行的监督。

六、征迁工作办法奖惩

1. 奖罚规定

(1)对征迁资金专款专用、足额落实到村到户、会计核算规范、成绩突出的单位和个人，给予精神或物质奖励。

(2)对违反国家基本建设财务管理制度和征迁资金专款专用的规定，截留、滞留、外借、挤占、挪用、贪污或私分征迁资金的单位和个人，指挥部提请地方党政机关和纪检、监察部门追究主要责任人员和有关责任人员责任。情节严重触犯法律的，移交司法机关处理。

2. 处罚方式

处罚的方式为暂停拨付征过补偿资金。沿线各区乡镇征迁协调机构(专班)在征迁资金使用管理中，有违反规定的，责成限期整改；有对整改不彻底，达不到规定要求的，暂停征迁补偿资金的审批和拨付。

属于下列情况之一的乡镇征迁机构，暂停审批拨付。

(1)违反征迁资金专户存储、专款专用、封闭运行、不准侵占、不得挪用等规定的。

(2)财务机构未建立健全、未配备相应财会人员的。

(3)各项原始记录、统计台账、凭证账册、会计核算、财务报告、内控制度等基础性工作不规范的。

(4)征迁资金使用不符合基本建设财务制度规定的其他情形。

(5)沿线各区乡镇征迁协调机构(专班)财会人员明知资金使用不符合规定，不予制止，也不向有关领导和上级部门反映的，除暂停拨付该机构的征迁补偿资金外，还追究责任人的相关责任；情节严重的提请有关部门吊销其会计从业资格证书，触犯法律的移送司法机关处理。

第三节　项目法人工程价款结算

工程价款的结算内容包括工程发包、工程预付款、工程借款、工程进度计量支付、监理服务费支付、质量保留金结算、工程竣工结算等工作。工程款结算，虽说是由指挥部的工程管理部、计划合同部、总监办、财务管理部等几个部门联合一起完成，其实也是项目法人财务管理的一项重要内容。

一、工程价款计量支付原则规定

高速公路建设项目工程价款结算的一项最重要的工作就是工程进度价款计量支付，又称中期计量支付或中间计量支付。项目法人只能按合同条款规定的工程价款计量支付，只能对经过监理签字验收合格的已施工完成的分项工程计量支付。

1.计量支付的原则

(1)计量支付应严格按照合同文件的规定进行，计量支付程序应符合指挥部(简称“业主”)的有关规定，相关责任人的签署应齐全。

(2)进行计量支付的工程项目应是经验收后，质量达到规定要求的合格工程；未经质量验收或验收不合格的工程项目，不得进行计量支付。

(3)计量支付不能免除施工单位应尽的任何义务。已经计量支付的工程项目，发现有质量缺陷或发生质量事故的，业主有权扣回该项目已支付的款额，施工单位应无偿返工并承担相应的责任，业主视其情节轻重和造成损失的程度对施工单位进行违约处罚并上报上级主管部门，违约金在计量支付款中予以扣减。

(4)承包人的每次计量支付金额不得少于一定限额，额度根据合同金额、工程计划和项目法人的投资管理计划确定。

(5)施工单位和驻地办从事计量工作人员必须同时具备丰富的高速公路施工管理经验，熟悉技术规范，掌握工程具体项目的工作范围和内容以及计算机知识。为确保人员稳定，计量工程师在工程结算和资料完成之前，不得调离该项目，以更好地适应该项目计量工作。如有特殊情况需要调离的，承包人应写明调离原因和更换后计量工程师详细简历，报总监办审批后，按照审批文件执行。

(6)所有隐蔽工程开工前后，承包人应会同驻地监理人进行必要的断面测量报总监办审核批准，同时还需要影像资料作为现场记录附件并保存。所有的隐蔽工程，新增的变更工程，必须经驻地或副驻地监理工程师和总监办代表参加验收，并签署计量支付资料。

(7)项目法人应用合同规定的币种与承包人进行结算支付，不能用转嫁债务的方式进行结算支付。

2.工程计量支付具体规定

(1)工程计量是对施工单位已完合格工程按照合同条款规定方法，进行现场测量与计算，确定其工程数量的过程。计量过程应严格遵循“有据可依，据实计量”的规定。

(2)计量必须严格按合同文件规定的方法、范围、内容、单位及业主制订的相关文件、办法等进行。不符合要求的工程不得计量。

(3)工程数量必须根据实测资料计算得出，需向施工单位申请、监理工程师审查、业主审批(结构物、钢筋等可根据施工图标注的净尺寸进行准确计算，合同文件另有约定项目除外)。

(4)工程的计量以净值为准，除非合同另有规定。

(5)现场复核资料必须是原件或提交复印件的同时验证原件。

(6)质量合格、资料齐全、手续完备且符合安全和环保要求是计量支付的先决条件，监理工程师签发的中间交工证书(或分项工程检验认可书)是组织计量的前提和基础。

3.工程计量的主要依据

(1)合同文件。

(2)合同图纸。

(3)由项目业主及监理工程师签认的变更设计文件和与计量支付有关的其他文件。

(4)工程变更令及修订的工程量清单。

(5)有关计量的补充规定和协议。

(6)索赔的有关资料。

(7)监理工程师签认的工序验收文件、工程质量合格文件及有关计量支付审批报表等。

(8)国家及交通运输主管部门颁布的标准及规范性文件。

4.按工程量清单计量

(1)工程量清单中有数量或金额的工程项目,按照合同规定的方法、范围、内容及单价计量。工程量清单以外的工程项目,按合同文件规定条款进行计量。工程变更项目应按指挥部文件及相关规定办理完毕变更审批手续以后才能申报计量。施工单位提出的索赔项目,按相关规定程序办理,在监理工程师与业主批准后,才能纳入计量。

(2)合同工程量清单中所列工程数量是估算的或设计的预计数量,计量时应以实际完成并经监理工程师确认的数量为准。

(3)工程量清单的变动

工程量清单只有在工程变更审批后才能作相应变动,工程量清单变动有以下几种:

①变更工程数量,清单细目内容及单价不变。

②工程性质变更引起单价变化,原清单细目内容及数量不变。

③清单细目内容、单价、数量全部变更(包括项目整个被取消)。

④新增工程项目,即清单细目、单价、数量全部是新增的。

5.计量支付错误的更正

在中期计量与支付过程中,如果因项目法人(业主)、监理、承包人任何一方的原因,而发生计量支付错误,项目法人(业主)与监理工程师可用签发中期证书的方式对过去签发的任何证书作更正或修改,如果监理工程师认为任何正在进行的工程不符合合同要求,有权在任何一次中期支付证书中扣除或折减该工程的价款。

二、工程款支付

工程支付主要分为工程量清单支付和工程量清单以外的支付。工程量清单以外的支付包括工程费用(即价格调整、工程变更)、预支费用(即开工预付款、材料预付款)和其他根据合同文件规定的费用等。

1.工程量清单项目的支付

按工程量清单的支付又分为以下一些细目:

(1)工程价款的支付

凡是列入工程量清单中的细目必须经计量后才能支付,未经监理工程师计量的一律不得支付;除业主和监理工程师根据合同条款发出的工程变更外,支付的金额由工程量清单(含变更后清单)中的单价与计量的工程数量确定。

(2)施工环保费的支付

施工环保费支付按合同规定的条件支付,在项目法人与承包人签订的施工承包合同的专用条款(或补充规定)中,一般都规定有施工环保费支付的条件、支付次数、每次支付的比例等,监理工程师按合同条款签发施工环保费支付金额。

(3)安全生产费的支付

安全生产费支付按合同规定的条件支付,在项目法人与承包人签订的施工承包合同的专用条款(或补充规定)中,一般都规定有安全生产费支付的条件、支付次数、每次支付的比例等,监理工程师按合同条款签发安全生产费支付金额。

(4)计日工价款的支付

计日工应经监理工程师批准后才能使用。施工单位应提交由现场监理签认的用工记录、材料采购领用记录、机械设备使用记录、费用清单(包括其付款凭证),送监理工程师审查。并根据工程量清单计日工的价格及合同文件的有关规定，签发有关的支付证明。

(5)暂列金额的支付

暂定金额支付(包括暂估价金额支付)按合同规定，此项金额只能按照监理单位报项目法人(业主)批准后的指示使用，并对合同价进行相应调整。按合同条款的规定执行。

2.清单以外各项费用的支付

(1)开工预付款和材料预付款

项目法人(业主)可根据招标文件和合同的约定向施工单位支付开工预付款；可根据招标文件和合同的约定向施工单位支付材料预付款。材料预付款只能用于购买钢材、水泥等主要材料，预付款金额不得超过购买材料开列票据费用的60%。以上两笔款项都是按合同条款规定执行。

(2)支付条件

开工预付款和材料预付款计量支付的条件是：

①开工预付款支付的条件是：承包人施工机构已建立；已按合同承诺组织施工力量进场；承包人基地建设已基本完成；施工控制手段已确立；基本具备首批项目的开工条件并通过监理工程师验收。

②材料预付款支付的条件是：材料符合规范要求，并通过监理工程师抽检合格认可；施工单位应提供购买材料的支付凭证或支付单据的原件(发票、汇款凭证、合同等，应含有数量、单价、运费等数据)；材料已运抵现场，且储存良好，监理工程师认为材料储存方法符合要求。

3.其他项目支付

(1)质量保证金支付

质量保证金是业主根据合同条款从支付给施工单位的进度付款中扣留的款项。按合同条款规定执行；质量保证金主要用于缺陷责任期内应当由施工单位支付的各种费用。在缺陷期内对任何缺陷工程和未完工程，如果施工单位未能及时进行缺陷修复和完成，业主可以指定其他具备相应资质的施工单位完成剩余工作，其发生的费用从施工单位质量保证金中支付，不足部分的费用由施工单位承担。

(2)索赔金额的支付

监理工程师应对施工单位根据合同有关条款规定提供的索赔证据和详细账目等资料审查核实，在与施工单位协商并报经业主批准后，确定施工单位有权得到的全部或部分的索赔款额，并按合同条款规定列入中期支付证书或最终支付证书予以支付。

(3)风险基金的支付根据指挥部制订的风险金管理办法执行。

(4)价格调整金额的支付按合同条款规定执行。

4.竣工结算款支付

工程款的最终结清依据合同文件相关条款规定，项目工程通过，在项目法人(业主)签发了缺陷责任期终止证书后执行。

三、中间计量流程

1.计量支付计算审查流程

(1)办公系统自动化

项目法人(指挥部)会建设一套管理系统作为计量支付工作的数据处理平台，与监理、承包人建立宽带网络联系。施工单位的计量支付通过网上申请，驻地办审查、项目法人在网上审查，最后项目法人在网上支付。

(2)承包人编制报送计量资料审查稿

承包人编制计量资料审查稿，分两个分册，第一分册计量支付计算资料，第二分册质量合格证明资料。分别送监理驻地办和指挥部有关部门审批。

(3)承包人计量支付的审查部门

承包人的计量支付申请首先通过监理驻地办审查，然后再通过指挥部有关部门：质量技术部审查、计划合同部审查、财务管理部审查，再交总监办领导及指挥长审批签发。质量技术部对经监理工程师批准的工程质量证明材料的原件进行核验，其他部门或单位审查为现场测量或查阅资料，并进行网上审查。

2. 审查流程要求

(1)原则上中期计量每月进行一次，施工单位于当月25日前将已完工且经监理工程师检验合格的工程项目进行汇总，按要求填报计量资料，并将计量资料(两个分册，第一分册计量计算资料，第二分册质量合格证明资料)送审稿送驻地办审查。

(2)驻地办应在收到施工单位递交的计量资料(两个分册)送审稿5天内完成审查工作，并将审查后的第二分册上报质量技术部，第二分册上报计划合同部和财务管理部。

(3)质量技术部收到驻地办上报的质量证明资料(第二分册)后，3天内完成审查，将审查结果通知计划合同部和财务管理部。

(4)计划合同部7天内依据质量技术部审查意见及驻地办审查上报的计量计算资料(第一分册)进行审查，必要时到现场进行抽查。审查后签署计量支付意见，报领导审批。

(5)正式计量支付签字审批

施工单位根据审批结果再次整理正式计量资料，再仍然分两个分册装订。第一册(一式4份：施工单位、驻地办、计划合同部、财务部各1份)，第二册(一式3份：施工单位、驻地办、质量技术部各1份)，按照程序要求由各资料持有单位或部门逐级签字，总监理工程师和指挥长签字批准。

(6)支付

书面签字程序完成后，施工单位携带有效票据于次月15日前到财务部办理支付手续。

四、监理服务费计量支付规定

监理服务费计量支付规定都是在监理服务合同中预先规定好的，在一些具体细节上，如计量分期、每期计量、计量时间等，每个项目法人(指挥部)的规定或有不同，但计量支付原则还是一致的，下面各条款中关于以上细节的数字仅供参考。

1. 监理服务费计量时间

施工监理计量支付采用总价包干(正常监理服务的费用)、分期支付的方式按季向监理人支付监理服务费。监理人于每个季度结束后的7日内将上季监理服务费支付申请上报发包人，发包人应在收到监理人支付申请后7日内予以审批，在批复后14日内向监理人支付监理服务费。缺陷责任期开始后分4次等额支付给监理单位。

2. 监理服务费计量规则

(1)施工准备阶段监理人员服务费。施工准备阶段仅计算并支付监理人员服务费(施工准备阶段的设备、设施费摊销到施工期的相应细目单价中)，经发包人对监理人员进行检查验收满足施工准备阶段监理工作需要，一次支付。

(2)施工期监理人员服务费。根据各级监理人员的人月单价及本季实际完成的监理服务时间计算(以监理人记录并经发包人签字的监理人员出勤情况为依据)，在监理合同生效、监理人进场通过验收、总监办签发合同工程开工令后，支付施工阶段的监理服务费，按季度进行支付，最后一次监理服务结算，在交工验收结束，签发工程交工证书后28天内一次结清剩余费用。

(3)施工期的监理办公设施费、交通设施费(含燃料消耗等费用)、试验设施费及生活设施费包干使用，不因监理人员数量、服务时间、服务内容的改变而改变。监理合同生效后的前二个季度分别支付上述设施费用的35%，剩余部分按季度等额支付。

(4)缺陷责任期内的正常监理服务费用包干使用,在缺陷责任期开始后分 4 次等额支付给监理单位。

(5)附加监理服务、额外服务费用经双方协商确认后,在附加监理服务或额外服务所对应工作期限内按季平均支付或按双方所签订补充协议约定的支付方式进行支付。

(6)依据合同条款约定对监理人的违约金和赔偿金扣款,发包人应从当期对监理人的支付费用中一次性扣回。

(7)依据合同条款约定发包人对监理人的赔偿金,应于协商确定后在对监理人当期支付费用中一次性支付。

(8)依据合同条款约定对监理人的奖励,发包人应于对监理人的当期支付费用中一次性支付。

(9)暂定金额:按指挥部相关办法执行。

(10)动员预付款的支付与扣回:支付按招标文件合同条款办理;扣回动员预付款在施工阶段监理服务费支付的累计金额达到"中标监理服务费总价"的一定比例后时开始按预付款的一定比例分期抵扣,全部动员预付款应在施工阶段监理服务费累计支付到"中标监理服务费总价"的一定比例时扣完。

(11)监理履约担保金的提交和返还。履约担保的提交和返还按照投标人须知、监理条款执行。

3.监理服务费计量支付证书

监理人应在每季末向发包人提交按发包人批准格式填写的季支付证书一式 4 份,该支付证书包括以下栏目,监理人应逐项填写清楚:

(1)本季应向监理人支付的(结算的)监理服务费用(正常的监理服务费用)。

(2)本季应支付的暂定金额价款(包括附加监理服务费用)。

(3)本季应支付的暂定金额价款(包括额外服务费用)。

(4)本季应支付的动员预付款。

(5)根据合同规定,本季应结算的其他款项。

(6)监理服务费调整发生的款额按规定办理。

(7)本季应扣回的动员预付款。

(8)本季应扣留的保留金,保留金为第(1)、(2)项的 5%。

(9)根据合同规定,本季应扣除的其他款项。

第七章　项目法人施工安全管理

党中央、国务院一贯高度重视安全生产，党的十六届五中全会用科学发展观规律，总结制定的我国安全生产方针是："安全第一、预防为主、综合治理"。最新《中华人民共和国安全生产法》是2014年8月31日第十二届全国人民代表大会常务委员会第十次会议通过，自2014年12月1日起施行。认真落实安全管理方针，做好高速公路建设项目安全管理，是项目法人最重要的工作之一。

第一节　项目法人安全生产管理概述

安全生产关系到人民群众生命财产安全，关系到改革发展和社会稳定大局。高度重视和切实抓好安全生产工作，是贯彻落实科学发展观的必然要求，是维护广大人民根本利益的必然要求，也是构建社会主义和谐社会的必然要求。

近年来，国家陆续颁布实施了《中华人民共和国建筑法》（以下简称《建筑法》）、《中华人民共和国安全生产法》（以下简称《安全生产法》）、《中华人民共和国公路法》（以下简称《公路法》）、《建设工程质量管理条例》、《建设工程安全生产管理条例》、《生产安全事故报告和调查处理条例》等法律法规，加强了建设工程质量、安全法规和技术标准体系建设，在实践中发挥了巨大的作用。

一、高速公路建设项目安全管理指导方针

由于公路产品的特殊性质，即产品生产的单件性、技术的较复杂性、作业条件的恶劣性、操作人员的不稳定性（农民工多），决定了高速公路建设项目的安全管理有着比其他行业不同的突出特点，这也使得高速公路建设项目的安全管理显得尤为艰巨、复杂和重要。

1.建设工程安全事故的特点

（1）严重性：交通建设工程发生安全事故，其影响往往较大，会直接导致人员伤亡或财产损失，给广大人民群众带来重大灾难，重大安全事故甚至会导致群死群伤或巨大财产损失。

（2）复杂性：工程事故产生的特点，决定了影响交通建设工程安全生产的因素很多，造成工程安全事故的原因错综复杂，即使同一类安全事故，其发生原因也可能多种。

（3）可变性：许多交通建设工程施工中出现的安全事故隐患并非是静止的，而是有可能随着时间的推移和各种外因条件的变化而发展、恶化，若不及时处理，往往可能发展成为严重或重大安全事故。

（4）多发性：交通建设工程中的有些安全事故往往会在工程某部位、某工序或某作业活动中经常发生，如物体打击事故、触电事故、高处坠落事故、坍塌事故、起重机械事故、中毒事故等。

2.安全管理指导思想

（1）改善劳动条件，克服不安全因素，防止伤亡事故发生，保证劳动者生命财产安全是项目法人安全管理指导思想前提。

（2）用安全法律、法规预防安全事故发生，建立安全管理体系，规范组织协调和控制工程施工，是项目法人安全管理指导思想必然方法。

3.安全生产方针

我国安全生产方针经历了从"安全生产"、"安全第一、预防为主"到"安全第一、预防为主、综合治理"的产生和发展过程。现代安全管理强调在生产中要做好预警预防工作，尽可能将事故消灭在萌芽状态

之中。

"安全第一、预防为主、综合治理"的安全生产方针是一个有机统一的整体。安全第一是预防为主、综合治理的统帅和灵魂,没有安全第一的思想,预防为主就失去了思想支撑,综合治理就失去了整治依据。预防为主是实现安全第一的根本途径。只有把安全生产的重点放在建立事故隐患预防体系上,超前防范,才能有效减少事故损失,实现安全第一。综合治理是落实安全第一、预防为主的手段和方法。只有不断健全和完善综合治理工作机制,才能有效贯彻安全生产方针,真正把安全第一、预防为主落到实处,不断开创安全生产工作的新局面。

二、安全生产管理原则

安全生产绝非一个单位、一个部门,或一个工序、一个环节的安全管理可以实现的,安全生产管理是一个高速公路建设项目可行性研究到缺陷责任期的全过程,由全体相关人员共同参与的管理系统工程,必须遵循以下原则。

1.管生产必须管安全的原则

安全寓于生产之中,并对生产发挥促进与保证作用。高速公路项目法人在生产过程中必须坚持在抓生产的同时抓好安全工作。它体现了安全和生产的统一,生产和安全是一个有机的整体,两者不能分割更不能对立起来,应将安全寓于生产之中。

2.安全生产专管和兼管原则

国务院《关于加强企业生产中安全工作的几项规定》中明确指出:"企业中应有管理安全专职机构,在各自业务范围内,对实现安全生产的要求负责"。各级业务技术管理人员对安全生产起协助管理作用(兼管),各级专职安全机构对安全行产起主要安全管理作用(专管)。

3.安全生产动态管理的原则

安全生产管理必须坚持全员、全过程、全方位、全天候的动态管理的原则,不间断地摸索新规律,注意总结管理、控制的办法与经验,不断改进、完善、提高安全管理工作的水平和质量。

4.安全一票否决的原则

"安全一票否决的原则"是指安全生产工作是衡量建设工程项目管理的一项基本内容,它要求在对项目各项指标考核、评优创先时,首先必须考虑安全指标的完成情况,安全具有一票否决的作用。

5.事故处理"四不放过"原则

国家有关法律法规明确要求,在处理事故时必须坚持和实施"四不放过"原则,即:必须坚持事故原因分析不清不放过,事故责任和群众没有受到教育不放过,没有采取切实可行的防范措施不放过,事故责任者没有受到严肃处理不放过的原则。

6.安全工作的"五同时"原则

安全工作的"五同时"原则是指企业的生产组织领导者必须在计划、布置、检查、总结、评比生产工作的同时进行计划、布置、检查、总结、评比安全工作的原则。它要求把安全工作落实到每一个生产组织管理环节中,这是解决生产管理中安全与生产统一的一项重要原则。

三、安全生产五种关系

1.安全与危险并存

安全与危险在同一事物的运动中是相互对立、相互依赖而存在的。因为有危险,才要进行安全管理,以防止危险。安全与危险并非是等量并存、平静相处。随着事物的运动变化,安全与危险每时每刻都在变化着,进行着此消彼长的斗争。可见,在事物的运动中,都不会存在绝对的安全和危险。危险因素客观存在于事物运动之中，自然是可知的，也应是可控的。保持生产的安全状态，必须采取多种措施，积极预防、有效控制和消除各种危险因素。

2. 安全与生产的统一

生产是人类社会存在和发展的基础。如果生产中人、物、环境都处于危险状态，则生产将无法顺利进行，因此安全是生产的客观要求。换言之，当生产完全停止，则安全也就失去意义。就生产的目的性来说，组织好安全生产就是对国家、人民和社会最大的负责和贡献。生产有了安全保障，才能持续、稳定发展。如果生产活动中事故层出不穷，则生产势必陷于混乱，甚至处于瘫痪状态。当生产与安全发生矛盾，危及职工生命或国家财产时，生产活动必须进行整顿，待消除危险因素以后，生产形势才会变得更好。

3. 安全与质量的同步

安全是质量的基础，只有在良好的安全措施保证之下，施工人员才能较好地发挥技术水平，保证工程施工的质量。同样，工程施工质量越好，其产生的安全效应就越高；可以说质量是“本”，安全是“标”，两者密不可分。只有标本兼治，才能使工程项目达到设计标准要求。可见，安全与质量是同步的。从广义上看，质量包含安全工作质量，安全概念也包含着质量，交互作用，互为因果。安全第一、质量第一这两种说法并不矛盾。安全第一是从保护生产要素的角度出发，而质量第一则是从关心产品成果的角度出发。安全为质量服务，质量需要安全保证。

4. 安全与速度的互相促进

安全是进度的前提。由于建设项目的最大特点是施工工期较长，建设单位总是希望其投入的资金能尽快产生效益，但工期过短是埋下安全隐患的原因之一。国家规范标准中的工期是可以进行适当压缩的，但对工期提出一个有利于安全的合理工期(即约定工期)，应当在施工合同中明确规定。可见，安全与进度是互相促进的。速度应以安全作为保障，安全就是速度，在项目实施过程中，应追求安全加速度，尽量避免安全减速度。当速度与安全发生矛盾时，应暂时减缓速度，保证安全才是正确的做法。

5. 安全与效益的兼顾

安全技术措施的实施，会改善作业条件，带来经济效益，安全与效益是一致的，安全促进了效益的增长。在安全管理中，投入要适应，要进行统筹安排，既要保证安全生产，又要经济合理，还要考虑力所能及。单纯为了省钱而忽视安全生产，不但会给施工单位带来巨大的经济损失，而且会给建设单位推迟投入资金产生的效益。可见，安全与效益是兼顾的。

四、项目法人安全管理责任

1. 项目法人是安全责任第一主体单位

项目法人对高速公路建设项目实施过程的安全负总责。在管理过程中，应始终把质量和安全放在所有管理工作的首位。在确保安全的前提下，保证工程顺利优质完成。

2. 制订安全生产目标

高速公路建设项目在实施过程中，特别是在施工阶段，在某些意外情况下可能会发生安全事故，高速公路项目法人应在项目实施阶段制订安全生产目标。安全生产目标应包含人员伤亡率和经济损失控制两个方面的指标。

3. 成立项目法人的安全生产机构

项目法人应成立安全生产管理委员会，项目法人的法定代表人是安委会主任，法定代表人是项目安全的第一责任人，对项目安全负领导责任，分管安全的副职对项目安全负直接责任。制订项目法人关于安全管理的制度、办法、职责。

4. 审查参建单位安全资质

项目法人应对高速公路的参建单位进行安全资质审查。交通运输部明文规定:所有交通运输工程建设企业都必须通过安全生产标准化达标建设,获得安全生产资质,交通运输工程建设企事业的安全生产资质分为一、二、三级。没有获得安全资质的交通运输工程建设企业不能参与工程投标,也不能承担公路工程施工。

5. 对项目实施进行管理

项目法人本身应有足够的力量,对项目实施全过程实行日常安全管理,同时应监督和督促所有参建单位的日常安全管理,定期和不定期进行安全生产检查。对各参建单位的安全管理机构、安全管理制度、安全教育培训、安全专项方案进行审查批准。

6. 报告处理安全事故

高速公路建设项目地实施过程中,一旦发生安全事故,项目法人应按事故分级类别和相应管理权限向有关单位进行事故报告,并在现场进行事故自治。

第二节　安全事故等级划分与报告处理

目前我国关于安全事故等级的划分方法有多种,各种划分标准也不统一。发生安全事故后,应严格遵循"四不放过"原则:事故原因没查清不放过,事故责任人没受到追究不放过,群众没受到教育不放过;整改措施没落实不放过。

一、常见的事故类型

参照《企业职工伤亡事故分类标准》(GB 6441—86),综合考虑事故的起因物、致害物、伤害方式等特点,将危险源及危险源造成的事故分为16类。

1. 物体打击

指落物、滚石、锤击、碎裂崩块、碰伤等伤害,包括因爆炸而引起的物体打击。

2. 车辆伤害

指企业机动车辆在行驶中引起的人体坠落和物体倒塌、飞落、挤压伤亡事故,包括车辆事故对人体的伤害,不包括起重设备提升、车辆被牵引时、车辆停驶时发生的人体伤害。

3. 机械伤害

指机械设备运动(静止)部件、工具、加工件直接与人体接触引起的夹击、碰撞、剪切、卷入、绞、碾、割、刺等伤害,不包括车辆、起重机械引起的机械伤害。

4. 起重伤害

指各种起重作用(包括起重机安装、检修、试验)中发生的挤压、坠落(吊具、吊重)物体打击和超重触电。

5. 触电

指电工操作时发生的触电,人体接触带电体产生的触电,包括雷击伤害。

6. 淹溺

包括高处坠落淹溺,水中作业产生的溺水;不包括矿山、井下透水淹溺,后者归入其他伤害类。

7. 灼烫

指火焰烧伤、高温物体烫伤、化学灼伤(如酸、碱、盐、有机物引起的体内外灼伤)、物理灼伤(如光、放射性物质引起的体内外灼伤)，不包括电灼伤和火灾引起的烧伤。

8.火灾

指各种用火用电引起的物体燃烧，包括化学燃烧和自燃。

9.高处坠落

指在高处作业中发生坠落造成的伤亡事故，不包括触电坠落事故，后者归入触电伤害。

10.坍塌

指物体在外力或重力作用下，超过自身的强度极限或因结构稳定性破坏而造成的事故，如挖沟时的土石塌方、脚手架坍塌、堆置物倒塌等，不适用于矿山冒顶坍塌和车辆、起重机械、爆破引起的坍塌。

11.放炮

指爆破作业中发生的伤亡事故造成的伤害，不包括爆炸抛落物体造成的人体打击伤害，后者归入物体打击伤害。

12.火药爆炸

指火药在生产、运输、储藏过程中发生的爆炸。

13.化学性爆炸

指可燃性气体、粉尘等与空气混合形成爆炸性混合物，接触引爆能源时，发生的爆炸事故(包括气体分解、喷雾爆炸)。

14.物理性爆炸

包括锅炉爆炸、容器超压爆炸、轮胎爆炸等。

15.中毒和窒息

包括食物中毒、煤气中毒、化学中毒、缺氧窒息、中毒性窒息。

16.其他伤害

指除上述以外的危险因素，如摔、扭、挫、擦、刺、割伤和非机动车碰撞、轧伤等。对于矿山、井下、坑道作业，还有冒顶坍塌、透水、瓦斯爆炸危险因素。

二、工程事故的等级划分与处理

1.国务院第493号令关于事故等级划分及处理

2007年4月公布的《生产安全事故报告和调查处理条例》第十六条规定如下：

(1)事故等级划分

①特别重大事故：死亡≥30人，或重伤≥100人，或直接经济损失≥1亿元。

②重大事故：10人≤死亡<30人，或50人≤重伤<100人，或5千万元≤直接经济损失<1亿元。

③较大事故：3人≤死亡<10人，或10人≤重伤<50人，或1千万元≤直接经济损失<5千万元。

④一般事故：死亡<3人，或重伤<10人，或直接经济损失<1千万元。

说明：重伤中包含急性工业中毒，凡急性工业中毒入院治疗人数一律列入重伤人数中。

(2)事故报告程序

①现场负责人立即向本单位负责人报告。

②本单位负责人1小时内向事故发生地县级以上人民政府安全生产监督部门报告。

③接报部门逐级上报，每级上报时间不超过2小时。

(3)事故接报部门

①特别重大、重大事故：应报告至国务院安全生产监督管理部门及有关部门。

②较大事故：应报告至省、自治区、直辖市安全监督管理部门。

③一般事故：应上报至设区的市级人民政府。

(4)事故责任追究

①事故发生单位主要负责人有下列行为之一的，处上一年年收入40%～80%罚款；国家工作人员依法给予处分；构成犯罪的，依法追究刑事责任。

下列行为是指：不立即组织事故抢救的；或迟报、漏报事故的；或在事故调查处理期间擅离职守的。

②事故发生单位主要负责人有下列行为之一的，单位处100万元≤罚款<500万元；事故发生单位主要负责人、直接负责的主管人员和其他直接责任人，处上一年年收入60%～100%罚款；国家工作人员依法给予处分；构成犯罪的依法追究刑事责任。

下列行为是指：谎报或者瞒报事故的；或伪造、故意破坏事故现场的；或转移、隐匿资金、财产，销毁有关证据、资料的；或拒绝接受调查或者拒绝提供有关情况和资料的；或在事故调查中做伪证或者指使他人做伪证的；或事故发生后逃匿的。

③事故发生单位对事故发生负有一定责任的，依照下列规定处以罚款：

一般事故：10万元≤罚款<20万元；

较大事故：20万元≤罚款<50万元；

重大事故：50万元≤罚款<200万元；

特别重大事故：200万元≤罚款<500万元。

④事故发生单位主要负责人未依法履行安全生产管理职责，导致事故发生的，依照下列规定处以罚款；属于国家工作人员的，并依法给予处分；构成犯罪的，依法追究刑事责任：

一般事故罚款：处上一年年收入30%；

较大事故罚款：处上一年年收入40%；

重大事故罚款：处上一年年收入60%；

特别重大事故罚款：处上一年年收入80%。

⑤事故发生单位对事故发生负有责任的，由有关部门依法暂扣或者吊销其有关证照；对事故发生单位负有事故责任的有关人员，依法暂停或者撤销其与安全生产有关的执业资格、岗位证书；事故发生单位主要负责人受到刑事处罚或者撤职处分的，自刑罚执行完毕或者受处分之日起，5年内不得担任任何生产经营单位的主要负责人。

注：本文后面内容中所提到的事故等级标准均是指上述条款中所列事故等级标准。

2. 国家标准(GB/T 15236—94)关于事故等级的规定

1994年颁布的《职业安全卫生术语》(GB/T 15236—94)中，安全事故等级有按职工伤亡程度和经济损失情况两种划分方法。

(1)按职工伤害程度划分

①轻伤事故：指一次事故只有轻伤的事故。

②重伤事故：指一次事故只有重伤无死亡的事故。

③死亡事故：指一次事故死亡1～2人的事故。

④重大死亡事故：指一次事故死亡3～9人的事故。

⑤特大死亡事故：指一次事故死亡10人以上(含10人)的事故。

(2)按经济损失情况划分

①一般损失事故：一次损失1万元以下的。

②较大损失事故：一次损失1万元或1万元以上，10万元以下的。

③重大损失事故：一次损失10万元或10万元以上，100万元以下的。

④特大损失事故：一次损失100万元以上(包括100万元)的事故。

(3)事故的报告处理

事故的报告程序、接报部门、事故责任追究，参照国务院第493号令执行。

3.火灾事故等级分类

1996年11月11日由公安部、原劳动部、国家统计局联合颁布的《火灾统计管理规定》，将火灾事故分为特大火灾、重大火灾和一般火灾三类。

(1)特大火灾事故

具有下列情形之一的火灾，为特大火灾：死亡10人以上(含10人)；重伤20人以上(含20人)；死亡加重伤20人以上(含20人)；受灾50户以上(含50户)；直接财产损失100万元以上(含100万元)。

(2)重大火灾事故

具有下列情形之一的火灾，为重大火灾事故；3人≤死亡<10人；10人≤重伤<20人；10人≤死亡加重伤20人；30户≤受灾<50户；30万元以上≤直接财产损失<100万元。

(3)一般火灾事故

不具有前列两项情形的燃烧事故，为一般火灾。死亡3人以下(不含3人)；重伤10人以下(不含10人)；受灾户30户以下(不含30户)；直接财产损失30万元以下(不含30万元)。

(4)说明

①凡在火灾和火灾扑救过程中因烧、摔、砸、炸、窒息、中毒、触电、高温辐射等原因所致的人员伤亡，列入火灾人员伤亡统计范围。其中死亡以火灾发生后7天内死亡为限，伤残统计标准按原劳动部的有关规定认定。

②火灾损失分直接财产损失和间接财产损失两项统计，具体计算方法按公安部的有关规定执行。

(5)火灾的界定

凡在时间或空间上失去控制的燃烧所造成的灾害，都为火灾。所有火灾不论损害大小，都应列入火灾统计范围。所有统计火灾应包括下列火灾：

①易燃、易爆化学物品燃烧爆炸引起的火灾。

②破坏性试验中引起非实验体的燃烧。

③机电设备因内部故障导致外部明火燃烧或者由此引起其他物件的燃烧。

④车辆、船舶、飞机以及其他交通工具发生的燃烧(飞机因飞行事故而导致本身燃烧的除外)，或者由此引起其他物件的燃烧。

(6)事故的报告处理

事故的报告程序、接报部门、事故责任追究，参照国务院第493号令执行。

4.道路交通事故等级分类

(1)事故等级

1991年9月，国务院发布的《道路交通事故处理办法》第六条规定：根据人身伤亡或者财产损失的程度和数额，交通事故分为轻微事故、一般事故、重大事故和特大事故四级。后经公安部修订的道路交通事故等级划分标准，各类等级事故标准规定如下：

①轻微交通事故：是指一次造成轻伤1至2人，或者财产损失机动车事故不足1000元，非机动车事故不足200元的事故。

②一般交通事故：是指一次造成重伤1至2人，或者轻伤3人以上，或者财产损失不足3万元的事故。

③重大交通事故：是指一次造成死亡1至2人，或者重伤3人以上10人以下，或者财产损失3万元以上不足6万元的事故。

④特大交通事故：是指一次造成死亡3人以上，或者重伤11人以上，或者死亡1人，同时重伤8人以上，或者死亡2人，同时重伤5人以上，或者财产损失6万元以上的事故。

(2)事故的报告处理

事故的报告程序、接报部门、事故责任追究，参照国务院第493号令执行。

第三节　项目法人安全管理办法

为全面加强安全生产管理，强化全员安全生产意识，明确安全职责和管理程序，有效保障生命和财产安全，确保高速公路建设项目的顺利实施，制订安全管理办法是实现项目建设安全管理的基本保障。项目法人是建设项目的主管单位、领导单位，对项目安全负有领导责任，安全管理应依法办事，有章可循，必须制订安全管理办法。

一、项目安全管理指导思想原则

1. 项目安全管理实行统一领导

高速公路建设项目的安全管理必须实行统一领导、分级负责的原则。指挥部负责全线安全的监督指导，监督各监理单位履行安全职责；各监理单位受指挥部委托，负责项目辖区建设范围内安全管理，具体监督下属监理组和施工单位安全工作；各施工单位是安全生产责任主体单位，承担并履行承包项目的安全生产职责，包括合法分包项目的安全工作。

2. 坚决贯彻落实安全管理方针

全体建设者必须牢固树立“安全第一，预防为主，综合治理”的安全工作方针，增强安全意识，服从安全管理，遵守安全规章，做到以防为主，防治结合，综合治理。

3. 施工场地安全管理封闭化

高速公路建设项目工程施工的安全管理应实行封闭管理。对施工特殊环节、重要部位以及大桥等施工区域实行封闭管理。凡与项目工程建设无关的单位和个人严禁进入施工现场，施工单位应负责进出场人员、车辆、设备、物资的全面管理。

4. 安全管理目标

安全工作应实行目标管理，承包人与指挥部签订的《安全生产合同》是施工合同的组成部分。项目建设应制订一个必须达到的“整体安全”的总目标，然后分解到设计安全、施工安全、结构安全、环境安全、交通安全、治安安全、消防安全、卫生安全、环境破坏等各个环节制订分项安全目标，分解目标服从总体目标，分解目标集中起来不得突破总体目标。

二、高速公路建设项目安全管理机构

1. 指挥部安全管理领导小组

高速公路项目法人应成立安全领导小组（或安全生产管理委员会），项目法人的法定代表人是安全领导小组的组长（或主任），是项目安全的第一责任人，对项目安全负领导责任。专管生产或安全的副指挥长、安全管理部负责人任副组长。安全领导小组的成员由指挥部有关副指挥长、总工程师、各部门负责人组成。

2. 监理单位安全机构

监理驻地办配备专职安全工程师负责安全监理工作。

3. 施工单位安全管理机构

各施工项目部均应成立安全领导小组，项目经理任组长，主管项目部安全施工。各项目部还应配备专职安全人员，专职安全人员按5000万投资配备1人的规定执行，不足5000万元配备1人。

三、安全管理依据

1. 国家关于安全生产的政策法规

国家安全生产法律法规主要有:《中华人民共和国安全生产法》(2014 年修订),《建筑工程安全生产管理条例》(2003 年国务院令第 393 号),《生产安全事故报告和调查处理条例》(2007 年国务院令第 493 号),《特种设备安全监察条例》(2009 年国务院令第 549 号),《关于特大安全事故行政责任追究的规定》(2001 年国务院令第 302 号)等。

2. 地方安全生产法规、规定

地方安全生产法规、规定主要包括各省、市、区颁布的关于安全生产的各种管理法规、办法、规定等。

3. 行业安全法规

行业法规主要是交通运输部颁布的有关安全生产的文件和技术标准等,主要有:《公路工程施工安全技术规程》(JTJ 076—95),《公路水运工程安全生产监督管理办法》(交通部令〔2007〕第 1 号)。

4. 行业技术标准

包括《公路工程技术标准》在内的各种勘测设计、施工、监理、试验检测标准、规范、规程。

四、明确安全管理职责

各参建单位的主要负责人对安全生产管理负全面领导责任;分管安全的负责人,对安全生产负主要领导责任;其他副职对各自分管范围内的工作负安全领导责任;安全管理部门负责人对安全负直接管理责任;安全工程师对安全生产负具体管理责任;其他部门负责人对本部门的安全生产负责。责任明确,落实到人。

1. 指挥部安全管理职责

(1)宣传贯彻执行国家和上级有关安全生产法律、法规等。

(2)制订项目安全管理的规章、制度及管理办法并贯彻执行。

(3)申报项目安全监督手续,接受安监机构安全监督。

(4)与参建单位签订承包合同的同时签订安全生产合同。

(5)审查参建单位安全生产许可证和管理人员安全资质。

(6)督促参建单位建立健全安保体系并监督执行落实。

(7)管理安全生产专项经费并监督各单位安全经费的使用。

(8)编制指挥部安全应急预案,检查参建单位安全应急预案。

(9)定期召开项目安全例会,组织安全检查,处理违规违章。

(10)协助上级有关部门对安全事故的调查处理。

(11)定期对各参建单位安全管理进行考核。

(12)组织参建单位安全管理培训与安全管理经验交流活动。

(13)建立健全本项目安全生产档案管理及重大危险源管理。

(14)掌握安全生产动态,定期发布安全生产动态信息。

2. 设计单位安全职责

(1)贯彻执行国家和上级单位有关安全生产法律、法规。

(2)执行设计标准,保证项目设计安全、承担设计安全责任。

(3)指派出设代组为项目安全施工提供设计技术支撑。

(4)对施工风险较的关键项目,制订施工施工技术方案。

(5)对施工中遇到安全隐患、险情,及时提出安全防护方案。
(6)制订新结构、新材料、新工艺、新技术采用推广安全方案。
(7)协助项目法人处理安全事故。
(8)参加项目法人组织的安全施工专项方案评审。

3.(外聘或外委)中心试验室安全职责

(1)贯彻执行国家和上级单位有关安全生产法律、法规。
(2)落实执行项目法人各项安全管理制度、规定、措施、办法。
(3)建立健全安中心试验室安保证体系,对本室安全负责。
(4)建立健全中心试验室岗位安全职责并监督执行。
(5)督促检查施工单位、监理驻地办工地试验室安全管理工作。
(6)监督、检查、指导监理驻地办和施工单位试验检测工作。
(7)对本室所有检测结果负责,为工程安全提供真实数据。
(8)积极响应应急救援行动,为事故处理提供试验检测支撑。
(9)承办上级和指挥部交办的其他安全工作。

4.监理单位(驻地办)安全职责

(1)贯彻执行国家和上级单位有关安全生产法律、法规。
(2)制订安全生产监理细则、监理办法、安全生产监理应急预案。
(3)制订监理安全责任制度和监理各岗位安全职责,定期考核。
(4)负责工程施工安全控制,监控施工重大危险源。
(5)检查监督施工单位安保体系并监督落实执行。
(6)审查施工安全专项方案、施工安全技术措施及应急预案等。
(7)监督施工单位履行安全职责,执行施工安全规范和标准。
(8)负责施工现场的安全监理,制止违规违章。
(9)排查施工现场安全隐患,落实安全危险源管理。
(10)审查施工单位专职安全人员和特种作业人员的资格。
(11)检查施工单位的特种设备安全检测登记档案管理。
(12)监理日志应详细记录施工安全,驻地办负责人定期审阅签署。
(13)及时报告安全事故,协助指挥部安全事故处理。
(14)向指挥部定期报送安全统计报表,及时反馈安全生产信息。

5.施工单位安全职责

(1)贯彻执行国家和上级单位有关安全生产法律、法规。
(2)全面负责所承包工程项目的生产安全。
(3)建立健全安保体系,逐级签订安全责任状。
(4)服从指挥部、监理单位和其他上级单位的安全管理。
(5)建立健全安全管理制度、操作规程、岗位安全职责。
(6)履行合同安全条款,足额配备具有从业资格的专职安全员。
(7)制订安全生产和月年度安全生产计划,经单位批准后实施。
(8)管控各种不安全因素和重大危险源,制订管控危险源方案。
(9)全面做好施工现场安全防护,避免和减少安全事故的发生。
(10)建立健全并落实入安全生产检制度,排查安全隐患,落实整改。
(11)加强安全宣传、安全培训、安全技术交底,建立健全安全档案。
(12)负责易燃易爆、机具设备、特种作业人员的管理。

(13)制订安全施工专项方案,必要的组织专家论证。

(14)制订应急救援预案,定期演练,储备应急物资和设施。

(15)如实上报安全事故,管好事故现场,配合事故调查处理。

(16)严格履行合同文件约定的其他安全职责。

五、施工安全管理制度

1.安全检查制度

(1)安全检查的目的

要建立健全安全生产自检、自查机制,开展经常性的安全检查。安全检查要做到班组每天一次、工区每周一次、项目部每旬一次,并做好原始记录。及时发现和消除事故隐患,对违章指挥、违章操作和违反劳动纪律等行为,应立即制止。同时应接受建设单位、监理单位及各级安全监督管理机构、部门的监督检查。对于检查单位下达的整改意见通知,必须立即予以整改。对因严重违反相关管理规定而被责令停工的,必须在规定的期限内完成整改,没有整改到位的,不得复工。停工期间造成的损失由施工单位负责。

(2)安全生产检查形式

项目法人对参建单位的安全检查分为日常安全检查、定期安全、突击安全检查几种类型。日常安全检查和定期安全检查可以由项目法人的安全管理机构和安全管理人员定期进行;突击性安全检查,如重大节假日,重大安全事故发生以后的安全检查,应由项目法人的主要负责人、负责生产和安全的副职亲自负责带队检查。

(3)安全检查的内容

①项目法人自身和其他参建单位的安全生产机构、运行管理体制、监督监管机制是否健全。

②勘测设计、监理、施工等各参建单位的安全资质是否符合规定,业务资质等级是否满足标准要求。

③参建单位的安全管理制度、职责是否制订齐全,安全管理人员是否有合格质证,是否按要求到位。

④特殊施工是否有专项安全施工方案,专项安全施工方案的制订和审批手续是否齐全,是否如实按专项方案实施。

⑤参建单位尤其是施工单位是否有培训制度,是否落实了职工三级培训,是否有三级培训档案记录。

⑥特殊施工作业工人是否有上岗证。

⑦项目施工是否有技术交底,是否贯彻了层层技术交底,是否有技术交底纪录,是否有施工作业班组班前会议记录。

⑧是否有安全管理工作和安全经费使用台账,安全费用使用是否落实到位。

⑨现场安全标示、标牌、标志,安全负责人的标示、标志,危险源提示等是否落实齐全。

⑩“三宝”“四口”安全管理措施是否落实到位(三宝:安全帽、安全绳、安全网;四口:洞口、井口、坑口、隧道口)。

⑪必要安全设施、器材是否配备并完好有效,安全应急材料是否准备充分并取用方便。

⑫安全应急预案是否制订并有培训、演练。

⑬安全检查是否有记录,对检查出的安全隐患排查是否整改,对上级安全隐患整改通知书是否落实、回复。

2.安全教育培训制度

(1)安全培训的目的

施工单位主要负责人、项目负责人、专职安全生产管理人员应取得省部级安全考核资格证。应对管理人员和作业人员进行每年不少于两次的安全生产专业教育培训,其教育培训情况记入个人工作档案。

在采用新技术、新工艺、新设备、新材料时，应制订相应安全技术措施并对作业人员进行安全生产教育培训。新进人员和作业人员进入新的施工现场或者转入新的岗位前，应当对其进行安全生产培训考核。未经安全生产教育培训考核或者考核不合格的人员，不得上岗作业。特种作业人员还应经过专业培训，获得合格证书后，方准持证上岗。

(2)安全生产培训形式

①项目法人对参建单位的安全管理人员进行定期安全培训。

②监理单位对施工单位安全管理人员采取针对性培训。

③施工单位对新上岗职工采取三级安全教育培训，对特种作业人员进行持证上岗专业培训。

(3)安全培训的内容

①项目法人的培训主要内容是贯彻宣讲国家安全生产法律、法规，地方各级政府的安全管理规定，项目法人针对项目制订的安全管理办法、规定、措施、制度、奖罚规定等。

②监理单位的安全培训主要内容是介绍监理计划、监理细则关于安全管理要求。

③施工单位的安全培训主要内容是：三级安全教育主要是介绍公司的安全管理制度，施工项目的安全管理规定，岗位的安全操作规程；对特种作业人员进行持证上岗专业培训主要是介绍特种岗位操作知识，安全防护管理规定，安全风险规避法则，安全事故逃生技能等。

3.安全技术交底制度

(1)安全技术交底的目的

每项工程实施前，施工单位负责项目管理的技术人员应对有关安全施工的技术要求向施工作业班组、作业人员详细说明交底，并由双方签字确认。施工单位在进行技术交底的同时，要层层进行安全交底，说明操作规范和程序，交代应注意的安全事项。安全技术交底时，要有监理工程师参加签认，并有会议记录。

(2)安全技术交底形式

①项目法人的技术交底主要内容是请设计单位对项目施工进行技术交底，介绍施工技术要点和施工安全注意事项。

②监理单位的技术交底主要是介绍项目重点工程、难点工程的施工概念和安全注意事项，监理单位的安全技术交底可以和施工单位的安全技术交底结合进行。

③施工单位的安全技术交底的主要内容是：项目部一级交底主要是向全体成员介绍该项目的安全技术要求，宣讲项目部制订的施工组织设计安全操作技术规定；班组的安全技术交底是介绍本施工项目的操作技术要领和安全规定，班组的技术交底结合班前会议进行。

4.安全生产费用管理制度

(1)安全生产费用管理的目的

施工单位安全生产措施费要专款专用，应当并只能用于施工安全防护用具及设施的采购和更新、安全施工措施的落实、安全生产条件的改善，不得挪作他用。安全生产措施费的范围主要包括：购买和更新安全防护用品及设施费用；安全教育、培训、学习考察、宣传及会议费用；安全生产评价与安全检查费用；编制和评审施工安全专项方案费用；临时安全防护措施费用及现场监控、通信设施费用；采购应急救援物资和救援预案演练费用；其他直接与安全生产相关费用。

(2)安全生产费用管理制度的制订

项目法人和施工项目部都应制订安全生产费用管理制度，分别由各自的财务管理部门监督安全生产费用管理制度的执行，并定期检查落实安全生产费用管理制度的执行情况，分别向上级有关单位报送安全费用的使用报表；施工单位的安全费用的计量支付应按实际发生数报列，但不得突破总额，不发生不计量。

5.危险源告示制度

(1)危险源告示的目的

施工单位应当在施工现场出入口或者沿线各交叉口、施工起重机械、拌和场、临时用电设施、爆破物、有害危险气体和液体存放处、洞口、基坑边沿、脚手架、桥梁边沿等危险部位，设置明显的安全警示标志和必要的安全防护设施。

(2)危险源告示形式

由施工单位在每个危险源地方竖立和张贴明显的标示标牌，监理和项目法人进行危险源告示检查，危险源告示最好用肢体语言标志牌。

(3)危险源告示的内容

危险源告示的主要内容是向施工队伍告知危险源的性质、危害方式、注意防范事项、危险源管理责任单位和责任人。

6.特种设备检验检测、注册登记和维护制度

(1)特种设备检验检测、注册登记和维护的目的

施工单位应在特种设备进入施工现场前，对其生产许可证、产品合格证和有关法定单位的检验检测合格证明进行查验。在使用施工起重机械和整体提升脚手架、模板等自升式架设设施及非定型设施前，应经施工单位法人组织对设施的安全性能进行检查验收，也可以委托具有相应资质的检验检测机构进行检查验收，验收合格后方可使用。对涉及生命安全、危险性较大的特种设备，必须按照国家有关规定，由专业单位生产，并经取得专业资质的检测检验机构检测检验合格，取得安全使用证或者安全标志，方可投入使用。定期对机械设备及安全防护用具等进行维修保养，保障其完好、有效，维保人员应在相关检查维保记录上签字，以示负责并建立相应的资料档案。同时，还应在使用中对各类机械设备及安全防护用具进行定期自检或委托相关法定单位进行检验检测；检查不合格的或按照国家有关规定应当进行报废的不得使用。

(2)特种设备检验检测、注册登记和维护制度形式

特种设备检验检测、注册登记和维护制度由承包人建立，监理单位和项目法人检查。登记方式最好以台账形式表示。

(3)特种设备检验检测、注册登记和维护制度的内容

特种设备检验检测、注册登记和维护制度的内容主要有：建立项目施工特种设备的档案资料，规定特种设备进出工地的许可报告规定，特种设备的定期维修保养规定，特种设备的使用过程登记等。

7.安全事故报告制度

(1)安全事故报告的目的

事故发生后，事故现场有关人员应立即向本单位负责人报告；单位负责人接到报告后，应在第一时间内向监理单位和指挥部报告。情况紧急时，事故现场有关人员可直接向指挥部或县(区)以上地方职能部门报告。

(2)安全事故报告制度形式和内容

详见本章安全事故等级划分与报告有关内容。

六、对施工现场安全管理要求

(1)施工单位应为施工现场的人员办理相关保险，保险费用由施工单位支付。

(2)施工单位应针对项目特点制订安全生产事故应急预案，定期组织演练，总结完善应急预案，并按预案要求成立应急救援队伍，储备应急救援物资。进出施工现场各功能的道路必须派专人进行日常维护，确保应急之需。

(3)施工现场要配备足够的消防器材，施工人员应熟悉消防设备的性能和使用方法。施工所用的各种机具设备和劳动保护用品，应定期进行检查和必要的检验，保证其经常处于完好状态，不合格的机具设备和劳动保护用品严禁使用。

(4)施工单位应当为操作人员配齐符合标准的安全防护用具和劳保用品。操作人员上岗前,必须按规定穿戴防护用品,施工负责人和安全检查员应随时检查劳动防护用品的穿戴情况,不按规定穿戴防护用品的人员不得上岗。

(5)施工单位应加强对重点工程的安全控制:桥梁下构施工要做到“四防”,即防水、防毒、防落、防爆;上构施工要做到“五查”,即查高空防坠、查持证上岗、查特种机械、查安全通道、查用电设施。

(6)对跨线桥梁,临近公路、民房及人行通道施工也要做到“五查”,即查上下边坡地质监测、查高空施工防落设施(包括通道安全设施)、查安全警示标志、查交通管制责任到人、查爆破作业遵规守章。

(7)对高边坡施工要做到“四个必须”,即必须定期监测、必须分级开挖、必须扎牢支架、必须边开挖边防护。

(8)明挖工程施工前,应根据设计文件复查地下构造物的埋置位置及走向,并采取防护措施,施工中如发现有危险品及其他可疑物品时,应立即停止下挖,并报请有关部门处理。

(9)爆破施工必须遵守《中华人民共和国民用爆破物品管理条例》,认真执行《爆破安全规程》(GB 6722—2011)和《公路工程施工安全技术规程》(JTJ 076—95)的有关规定,凡爆破施工均应严格规范报批程序,把好安全关。爆破器材的运输、存放应按国家现行有关法规和当地公安机关的规定办理,施工单位领用爆破物品,必须严格按照施工合同的工程内容和公安机关审批的项目范围内使用,并指定专人看护,严禁私自截留和倒卖爆炸物品,违者依法追究法律责任。

(10)各单位要加强安全用电管理,制订用电安全管理办法,施工用电、照明线路的电源线不准随意乱装、乱接,值班电工要经常进行工地现场巡查。施工单位自备的发电机房要制订专职值班制度,确保安全用电。

(11)凡设置在工地的油库、仓库、财务室等是重点防火、防盗、防雷区域,必须确定责任人,指派专人值守,并配置安全消防器材和防盗设备。若因失职引起火灾,应追究保管人或责任人的责任。

(12)施工设施和驻地应有避雷、防风等措施,工地排水系统应安全有效,要加强各种器材物品的管理。水上作业和交通所租用的船舶必须证件齐全,技术状况良好。船舶租用单位是船舶的安全责任人,应协助行业主管部门做好安全管理。

(13)对与工程相关的供水、排水、供电、供气和邮电通信等地下管线,应采取措施加以保护。根据不同施工阶段和周围环境及季节、气候的变化,在施工现场采取相应的安全施工措施。施工现场暂停施工的,施工单位应做好现场的安全防护。

(14)作业人员有权对施工现场的作业条件、作业程序和作业方式中存在的安全问题提出整改要求和举报,有权拒绝违章指挥和强令冒险作业。在施工中发生危及人身安全的紧急情况时,作业人员有权立即停止作业或者在采取必要的应急措施后撤离危险区域。

(15)指挥部、监理单位、地方县(区)级以上安全监管机构和上级行业安全监督管理部门中有关管理人员,均有权对施工单位或监理的安全行为进行监督、检查和处罚。检查和处罚可以跨级执行。监督检查人员应忠于职守,坚持原则,公正执法。

七、安全事故应急救援和事故处理

1.应急救援

(1)坚持“以人为本,预防为主,综合治理”,针对施工过程存在的重大危险源,通过强化日常安全管理,落实各项安全防范措施,查堵各种事故隐患,做到防患于未然。各监理单位、项目部和施工工区要紧密结合各自实际,制订和完善施工应急预案,做好相关应急准备工作。

(2)坚持“统一领导,统一指挥,紧急处置,快速反应,分级负责,协调一致”的原则,建立指挥部、监理单位、项目部、施工工区应急救援体系,做到局部利益服从整体利益,确保施工过程中一旦出现重大事故,能够迅速、快捷、有效地启动应急系统。

(3)为增强忧患意识,提高自防自救能力,最大限度地减少人员伤亡和财产损失,避免次生灾害发生,维护社会正常秩序,各单位结合项目施工特点,制订安全生产应急救援预案。

2.事故调查处理

(1)施工生产场所发生安全事故后,事故现场有关人员应立即向项目负责人报告。项目部负责人或安全管理人员应根据事故的严重程度,立即将现场情况上报监理单位和上级主管部门,并及时填写伤亡事故表上报指挥部。

(2)施工现场当发生重大伤亡事故,必须立即将事故概况(含伤亡人数、发生事故时间、地点、原因等)分别报告指挥部、地方行政安全主管理部门。各有关部门接到报告后,应立即转告各自的上级管理部门。

(3)事故具体处理程序。

①迅速抢救伤员,保护事故现场。

②组织调查专班,迅速展开调查。

③及时、全面、细致、准确进行现场勘察。

④分析事故的原因,确定事故的性质。

⑤写出事故的调查报告。

⑥事故的审查和结案。

第四节　安全施工专项方案管理办法

为了加强高速公路建设项目安全管理,依据《中华人民共和国安全生产法》、《建设工程安全生产管理条例》、《公路水运工程安全生产监督管理办法》等现行法律法规,结合项目实际,对高速公路建设工程危险性较大的施工项目,应制订安全施工专项方案,并制订对安全专项方案的管理办法。

一、安全施工专项方案编制

对于危险性较大工程项目,安全施工专项方案编制、审核、审查、审批、监督实施都有严格的规定要求。安全专项施工方案由施工单位编制。

1.编制依据

(1)国家关于安全生产的法律、法规;行业安全生产法律、法规;地方安全生产的管理规定等。

(2)行业技术标准、规范,如《公路技术标准》和各种设计、施工规范、规程等。

(3)该项目的设计文件、承包合同、指挥部有关规定等,监理计划、监理细则等。

(4)施工企业内部规定等。

2.编制范围

安全施工专项方案,是指项目施工过程中,施工单位在编制施工组织设计的基础上,对危险性较大工程,依据有关工程建设标准、规范和规程,单独编制的具有针对性的安全技术措施文件。

施工单位对下列危险性较大工程,应编制安全施工专项方案。

(1)不良地质条件下有潜在危险的土方、石方开挖。

(2)滑坡和高边坡处理。

(3)桩基础、挡墙基础、深水基础及围堰工程。

(4)桥梁工程中的梁、拱、柱等构件施工等。

(5)水上工程中的打桩船作业、施工船作业等。

(6)水下工程中的水下焊接、混凝土浇筑、爆破工程等。

(7)与其他公路、铁路或建筑设施相交,且又相互干扰的工程施工,如互通交叉工程等。

(8)爆破工程。

(9)大型临时工程中的大型支架、模板、便桥的架设与拆除,桥梁的加固与拆除。

(10)其他危险性较大工程。

3. 对编制人员的要求

安全施工专项方案编制人员,应具有本专业中级及以上专业技术职称,并具有相应专业资质。实行专业分包的,应由专业承包单位负责编制。

4. 专项安全施工方案编制内容

安全施工专项方案应根据工程建设标准和勘察设计文件,并结合工程特点进行编制。除有明确规定外,安全施工专项方案主要包括以下内容:

(1)工程概况(含地貌、地形、地质、水文条件等)。

(2)编制方案的目的、依据。

(3)施工方案简介(含施工总体部署、主要施工机械设备、施工工艺工序、设计验算等)。

(4)施工过程危险因素分析。

(5)针对性的安全对策措施(含管理措施、技术措施、监测监控、安全防护设施、安全费用投入等)。

(6)根据危险因素分析,编制应急预案。

(7)检查与验收。

(8)其他。

二、安全施工专项方案审查与审批

1. 安全施工专项方案的编制单位

安全施工专项方案应由施工项目技术负责人组织施工技术、设备、安全、质量等部门的专业技术人员进行编制。编制人员中至少3人应具有本专业中级及以上专业技术职称,编制完成后先项目部负责人组织自行审查,通过后由项目经理和技术负责人同时签字上报施工项目部的上级单位。

2. 安全施工专项方案审批

(1)一般安全施工专项方案由施工项目部上级单位组织审查,审查人员中至少有本专业高级及以上专业技术职称位专家3人,审查通过后总工程师签字批准(实行专业分包的,必须还有专业分包单位负责人签字)。

(2)重大的安全施工专项方案,施工项目部上级单位还应根据相关规定组织专家进行论证、审查。

(3)经施工项目部上级单位审查通过批准的安全施工专项方案,再报项目监理工程师审查、审批。

(4)监理工程师对施工单位报送的安全施工专项方案进行审查、审批,同时报指挥部备案。

(5)安全施工专项方案的编制、审核、审查、审批人应在安全施工专项方案上签名并注明技术职称。

3. 专项方案专家审查程序

(1)重大的安全施工专项方案必须经专家论证、审查。

(2)施工项目部的上级单位可以自行组织专家对安全施工专项方案进行审查,也可以委托具有相应资格的勘察、设计、科研、大专院校或工程咨询等第三方组织专家进行审查。

(3)实行专业分包的,由施工主承包单位的上级单位组织专家进行审查。

(4)安全施工专项方案审查专家人员不得少于5人,方案编制方人员参加专项方案审查时不能算专家组成员。

(5)安全施工专项方案审查专家主要来源:设计、科研、大专院校、工程咨询单位或行业管理部门等有丰富知识和相关经验的专业技术人员或管理人员,项目设计单位及施工(非方案编制方)、监理单位技术专家。

(6)专家组审查时,推举一名工作经验丰富、技术职称高的专家担任专家组组长,审查采用集中会审的方式进行,下列人员应当参加审查会,便于完善方案的修改、审核、审查、审批等管理工作。

①特邀专家。

②方案编制负责人及相关人员。

③指挥部相关负责人和安全管理人员。

④勘察、设计单位项目技术负责人及相关人员。

⑤监理单位负责人、安全监理工程师及对应监理组组长。

⑥施工单位项目经理、技术负责人、分管安全的负责人、专职安全生产管理人员。

(7)专家组应对安全施工专项方案编制的技术指标、措施、结构安全稳定性验算结论、应急方案等内容进行认真审查,形成一致意见后,提出书面审查报告。专家组成员应在审查报告上签字,对审查结论负责。专家组审查报告应作为安全施工专项方案的附件。

(8)施工单位应当根据专家组提交的审查报告对安全施工专项方案进行修改完善,经施工单位技术负责人、监理工程师签字同意后,方可实施。专家组认为安全施工专项方案需做重大修改的,施工单位应当根据专家意见重新编制安全施工专项方案,并重新组织专家进行论证、审查。

(9)施工项目部再次报审修改后的安全施工专项方案时,应附上"专家审查意见修改落实"的文字说明。

三、安全施工专项方案实施

1.施工项目部负责组织实施

(1)施工单位必须严格执行安全施工专项方案,不得擅自修改经过审查、审批的安全施工专项方案。如因设计、结构等因素发生变化,确需修订的,应重新履行审查、审批程序。

(2)专项方案实施前,方案编制人员或施工技术负责人应向工程项目的技术、安全管理人员和作业人员进行安全技术交底。施工作业人员应严格按照安全施工专项方案和安全技术交底进行施工。

(3)对组织专家论证、审查的危险性较大工程,施工单位应在施工现场醒目位置挂牌公示。公示内容应包括危险性较大工程名称、部位、措施、施工期限、安全监控责任人和联系电话等。

(4)在安全施工专项方案的实施过程中,施工单位质量、技术、安全、设备等有关部门应对安全施工专项方案的实施情况进行检查。专职安全工程师对安全施工专项方案实施情况进行现场监督,发现不按照安全施工专项方案施工的行为要予以制止,并要求立即整改。施工单位技术负责人应当定期巡查安全施工专项方案实施情况。

(5)施工单位应建立健全安全施工专项方案实施情况的验收制度。在方案实施过程中,施工单位应当组织有关人员进行验收。验收不合格的,不能进入下一道工序。经专家论证的危险性较大工程的验收,必须由项目部组织,并由验收组负责人签字。实行工程专业分包的,由主承包单位组织。

2.监理驻地办监督

(1)监理单位应将需编制安全施工专项方案的工程列入监理规划和监理实施细则。对需组织专家论证、审查的危险性较大工程,应针对工程特点、周边环境和施工工艺等制订详细具体的安全生产监理工作流程、方法和措施,并实施现场监理。

(2)监理工程师应加强对专项方案实施情况的监理;对不按专项施工方案实施的,应及时要求施工单位改正;情况严重的,由监理工程师签发工程暂停令,并上报指挥部。

(3)各监理、施工单位应将危险性较大工程作为安全监管重点,发现不按规定程序审核、审查、审批和实施安全施工专项方案的,应限期改正;逾期未整改或整改不到位的,按照有关规定予以处理或处罚。

3.项目法人监督检查

指挥部的主要领导、总监办、安全环保部、质量技术管理部都应高度关注安全施工专项方案的实施，各部门轮流到现场监督管理，指挥部应落实专班技术力量安全施工专项方案的实施进行全过程管理。

第五节　项目施工安全生产检查

为了规范安全生产检查工作，依据《中华人民共和国安全生产法》、《建设工程安全生产管理条例》和《公路水运工程安全生产监督管理办法》等相关法律、法规，对安全生产进行检查，并将检查形成制度化。

一、安全生产检查组织形式

1.安全检查组织形式要求

(1)安全生产检查是项目法人督促各参建单位认真执行安全生产法律、法规及国家、行业标准的各项规定，完善安全生产条件，落实项目主体责任的行为，要求接受检查的单位服从检查，配合检查，接受检查，积极整改，纠正违章违规行为，消除安全隐患，实现安全生产目标。

(2)安全生产工作遵循建设单位主导、监理单位(驻地办)督促、施工单位全面负责、政府主管部门监管的原则。要求各参建单位自觉接受政府主管部门的安全生产监督，接受上级有关单位的安全生产检查工作，接受指挥部、监理单位(驻地办)的日常监管。

(3)对被检查单位实行事前通知或不通知的检查、安全生产专项检查或综合性安全检查，指挥部组织的交叉检查或会同有关部门联合检查等多种形式的检查。

2.安全检查的具体组织形式

(1)经常性安全生产检查

经常性安全生产检查由指挥部安全管理部巡检工程师、监理单位(驻地办)安全工程师、施工单位安全工程师、施工工区安全管理人员等单位及有关人员参加的检查，采取日常巡检、巡视方式来实现，做到及时发现和整改问题，保证施工正常进行。

(2)定期安全生产检查

定期安全生产检查由指挥部、监理单位(驻地办)组织，施工单位参加的检查，定期安全生产检查实行指挥部每月一次，监理单位(驻地办)每月两次，施工单位每周一次，施工工区每天一次。定期检查要面广，有深度，达到发现和整改施工过程中存在的各类安全隐患问题。

(3)季节性及节假日安全生产检查

季节性安全生产检查由指挥部、监理单位(驻地办)、施工单位参加，根据季节变化，按事故发生的规律对易发的潜在危险、突出重点进行的检查，时间根据实际情况确定，如冬季防冻保温、防火、防煤气中毒，夏季防暑降温、防汛、防雷电等检查；节假日安全生产检查是针对在节假日中易出现管理上的渎职、思想上的麻痹而形成的安全隐患，可能造成安全事故的检查。季节性及节假日安全生产检查实行指挥部抽查，监理单位(驻地办)检查，施工单位自查的方式进行。

(4)专项安全生产检查

专项安全生产检查是由参建单位的相关领导和专职安全工程师参加(必要时邀请政府主管部门、科研单位相关人员)，对某个专项问题或施工中存在的普遍性安全问题进行的单项定性检查，专项安全生产检查，用于检查难度较大的施工项目，具有较强的针对性和专业性，必要是还可组织进行系统的安全性评估。通过检查，发现潜在问题，研究整改对策，及时消除隐患。

(5)综合性安全生产检查

综合性安全生产检查由上级主管部门对本项目监理单位(驻地办)、施工单位进行的全面检查。

二、安全检查的实施

1. 安全检查内容

(1)安全检查内容主要是检查各参建单位的安全生产保证体系。

(2)检查施工单位安全生产条件、器材、安全管理人员情况。

(3)检查施工现场安全隐患排查。

(4)监理安全生产指令、前次安全检查整改通知书落实情况。

(5)安全管理文件、安全施工方案的编制与报批情况。

(6)施工现场的安全综合管理情况。

(7)安全事故的报送与调查处理情况。

(8)安全资料安全档案的整理、管理情况。

(9)安全资金的使用情况。

(10)其他安全问题。

2. 安全生产检查工作要求

(1)检查人员要忠于职守、坚持原则、秉公执法。

(2)安全检查应根据检查需要配备检查力量。大范围、全面性的检查,应根据需要抽调相关人员参加,明确检查负责人及相关人员职责、检查内容、检查标准及要求。

(3)对于违章指挥、违反操作规程和违反劳动纪律的行为,检查人员要当场指出;对于检查中发现有危及作业人员生命安全的重大安全隐患,应责令作业人员暂时停止作业,撤出危险区域。

(4)对检查中发现的安全隐患应及时下达整改通知,明确整改要求,必要时,应及时下发检查通报。

3. 安全隐患处理程序

(1)对于检查中发现的安全隐患,检查单位应逐项登记备案,实行动态管理;及时下达书面整改指令、整改通知书或通报,提出明确的整改要求。

(2)受检单位对存在的安全隐患应根据整改要求,及时研究整改方案和措施,按照"三定"(定人员、定时间、定措施)原则进行整改,及时消除安全隐患。在安全隐患未彻底消除前,必须采取可靠的防护措施,确保施工安全。

(3)对于检查单位下达的书面整改指令,受检单位在整改完成后,必须进行书面回复;检查单位接到整改回复后,应进行复查,整改通知与整改回复必须闭合。

(4)对于存在严重安全隐患或者排除隐患过程中无法保证安全的作业项目,检查单位或检查人员有权责令暂时停止作业,待隐患排除或进一步制订出安全可靠的施工方案,经检查单位复查同意后方可恢复施工。

(5)对于不按期整改或整改不力或短期内不能整改到位的隐患,且不采取有效防范措施的单位,检查单位可依据有关规定给予处罚,直至停工整改。

三、召开安全生产例会处理安全检查问题

1. 召开安全生产例会的必要性

为更好贯彻安全生产的方针政策,加强安全教育,提高安全意识,研究安全工作,制订安全措施,使安全工作制度化、经常化,高速公建设项目应制订和实行安全生产例会制度。各参建单位的安全生产检查应与安全生产例会密切配合,各参建单位进行安全检查后应立即召开安全会议。

2. 安全生产检查与安全例会的召开

(1)各参建单位安全例会的会议的内容:学习传达上级有关文件精神,总结上一季度的安全生产情

况，研究、协调、解决安全施工和危险源监控的具体问题；针对此次安全检查提出的各种问题进行研究，落实项目施工安全目标计划和安全技术措施实施情况；提出下一阶段的安全工作要求等。

(2)施工单位应根据生产需要，召开多种形式的安全生产例会，如周例会、旬例会、月例会等。会议主要内容：学习传达上级有关文件精神；制订安全生产计划；通报安全考核情况、隐患排查结果和制订整改措施；完善本单位危险源的预控监控系统，落实安全生产责任和安全技术措施；总结安全管理工作的经验和教训；布置日常性安全管理工作等。

3.安全生产例会召开要求

会议主持人事先应做好会议召开的充分准备，拟定本次安全生产例会研究解决的主要议题，发挥开会功效，不能让例会流于形式，开无效果。安全例会要做好会议记录，研究决定的重大决议要形成纪要并及时传达到各级部门，重大安全会议要留存图片或影像资料。

第六节　安全生产应急预案

一、安全生产应急预案概述

1.编制目的

坚持以人为本，关爱生命为前提。为建立快速、有效的应急反应机制，提高高速公路建设项目对生产安全突发事件的预防和应对能力，最大限度地减少人员伤亡和财产损失，避免次生灾害发生，保证工程建设顺利实施，项目法人应制订各种突发事件的应急预案，并督促其他参建单位都应该制订突发事件的应急预案。

2.编制依据

(1)《中华人民共和国安全生产法》。

(2)《中华人民共和国突发事件应对法》。

(3)《中华人民共和国公路法》。

(4)《建设工程安全生产管理条例》。

(5)《生产安全事故报告和调查处理条例》。

(6)《公路水运工程安全监督管理办法》。

(7)《国家安监总局关于切实做好安全生产事故应急预案管理工作的通知》(安监总应急〔2007〕88号)。

(8)《国务院关于进一步加强安全生产工作的决定》。

(9)地方政府和交通主管行政部门关于安全生产的有关规定。

3.突发事件分类与分级

生产安全突发事件是指在项目活动中突然发生，造成或可能造成人员伤亡、财产损失、生态环境破坏和严重社会危害的生产安全事件。

(1)突发事件分类

①民用爆炸物品和危险品爆炸安全突发事件。

②架桥机、提升设备等特种设备突发事件。

③桥梁施工突发事件。

④机械设备突发事件。

⑤地质灾害突发事件。

⑥自然灾害突发事件。

⑦其他不可预见突发事件。

(2)突发事件分级

各类生产安全突发事件按照其性质、严重程度、可控性和影响范围等因素，一般分为四级：I级(特别重大)、II级(重大)、III级(较大)和IV级(一般)，作为突发事件信息报送和分级处置的依据。

4. 应急预案的适应范围

预案是项目法人组织、指导、协调和管理项目建设应急工作的总纲，各单位制订的应急预案应该适用于本单位管辖区域内特别重大、重大、较大、一般突发事件的应对工作。

5. 应急预案应遵循的原则

(1)安全第一、以人为本。应急工作首先要保障工作人员和其他群众的生命财产安全，以最大限度地减少人员伤亡为首要任务，避免次生灾害发生。

(2)居安思危、预防为主。抓好生产安全突发事件预测、预警工作，做好应对突发事件的各项保障准备，增强参建各方自我防护意识。

(3)服从指挥、分级负责。在政府和交通运输主管部门的统一领导下，指挥部、监理单位、施工单位相关人员服从现场指挥，配合事故救援和调查处理工作。指挥部负责及时组织、指挥、协调、监督相关参建单位开展现场应急救援；施工单位负责及时组织救援队伍开展现场自救；监理单位负责监督指导施工单位组织自救。

(4)快速反应、协同应对。充分整合、利用现有资源，加强各参建单位应急处置队伍建设，配合社会各方力量，建立反应灵敏、协调有序、运转高效的应急管理机制。

(5)加强管理、提高素质。加强对高危工程及危险部位的监测、预测、预警、预防，保障现场应急处置设施的完好，加强安全知识宣传、培训教育和演练工作，真正做到应知应会，提高自救、互救和应对生产安全突发事件的综合素质。

二、应急机制组织体系及相关职责

1. 应急机制组织体系构成

高速公路建设项目的参建单位都应有应对突发事件的策略，建立各自的应急体系机构，尤其项目是在施工阶段，是安全突发事件多发的关键阶段。应该以项目法人为核心，建立突发事件应急组织体系。这个体系应由指挥部级、监理单位级、施工单位级三级应急管理机构组成。

2. 指挥部应急组织机构

(1)应急工作领导小组及主要职责

指挥部成立应急工作领导小组，领导小组办公室挂靠指挥部安全管理部，安全管理部负责人兼任办公室主任。

领导小组主要职责：指挥调度项目突发事件现场应急处置工作；组织开展应急知识培训和宣传工作；对施工、监理单位的应急工作进行日常监督检查；发生安全突发事件后，及时组织、指挥、协调、监督相关参建单位开展现场应急救援；按规定向有关部门报送突发事件情况，事后对应急救援情况进行调查评估。

(2)应急工作机构

应急工作机构在应急工作领导小组决定启动突发事件应急响应时自动成立，指挥部应急机构分为综合协调组、现场工作组、资源保障组、调查评估组。应急工作领导小组办公室作为应急管理的常设联络机构，发挥应急信息运转枢纽作用，指导、协调突发事件的预测预防、应急演练、应急处置、调查评估、信息发布、应急保障和宣传培训等工作。

综合协调组：由指挥部综合部、征迁协调部相关人员组成。负责起草重要报告、综合类文件；联系地方部门应急管理机构，指导维护现场治安秩序；应急处置过程中的纪律监察；收集相关信息，向应急工作领导小组汇报；根据应急工作领导小组要求，统一向上级部门报送应急工作文件。

现场工作组：由质量技术部、安全管理部、设代组等相关人员组成。负责现场应急救援指导，及时传递有关信息等工作。

资源保障组：由计划合同部、财务部相关人员组成。负责应急工作中应急资金、机械设备、材料、车辆等调配。

调查评估组：由安全管理部、质量技术部、中心试验室有关人员组成。负责跟踪应急处置，对应急处置方案、措施及效果进行评估，提出改进建议；对应急工作的经验与教训进行总结，并向应急工作领导小组提交评估报告；应急结束后，对预案体系、组织体系及运行机制等进行系统性评估，提出完善预案的意见和建议。

3. 施工单位应急机构

施工单位根据指挥部应急机构成立合同段应急组织机构。主要职责包括：因地制宜地制订有针对性和时效性的合同段突发事件应急预案；组建专兼职的应急救援队伍，配备必要的应急救援物资、设备设施，并每年至少组织一次应急演练；对合同段施工人员进行应急知识培训；发生生产安全突发事件后，按规定向有关部门报送事故情况，服从现场指挥，及时组织救援队伍开展事故现场自救。

4. 监理单位应急机构

监理单位应根据指挥部应急组织机构成立本单位应急组织机构。主要职责包括：审查施工单位的应急预案和现场应急处置措施；监督检查施工单位应急救援队伍建设、应急物资设备配备、应急演练、应急培训情况等；接到突发事件报告后，及时向指挥部报送事件情况，指导施工单位及时组织自救。

三、突发事件预测与预防

1. 突发事件预测

(1)指挥部和监理单位的预测是指根据气象、地震、国土、水利等部门发布的自然灾害、地质灾害信息以及施工现场实际情况，发布预防突发事件的信息。指挥部和工监理单位应及时接受、主动跟踪并及时传达自然灾害、地质灾害预测信息。

(2)施工单位应针对预测信息，及时研究确定应对方案。对可能导致突发事件发生的工程项目，应在施工前加强技术交底，施工现场采取设置警示标牌、危险源告知牌等措施发布预测信息。

2. 突发事件预防

(1)突发事件预防的主体责任应该由施工单位负责，指挥部和监理单位应检查施工单位对突发事件预防采取相应方案、措施。

(2)施工单位应根据“安全施工专项方案管理办法”的规定，开展危险源辨识和风险评估，编制安全施工专项方案，落实安全技术措施。针对大风、台风、风暴、冰雹、暴雨等恶劣气象和地震、山体崩塌、滑坡、泥石流等地质灾害预警预报，加强对高墩、大跨桥梁、高边坡、起重吊装、道路交叉、大型临时结构等部位的监控监测。必要时应及时调整施工计划，提前进行必要的人员培训和预案演练。

(3)增设必要的安全防护设施，做好各项预防工作。在施工过程中，应对重大危险源加以跟踪、检测、监控和预警，随时排查治理隐患，把事故消灭在萌芽状态。

(4)监理单位具体负责监督和检查施工单位预防措施的落实情况。在工程开工前，审查施工单位编制的安全技术措施或专项施工方案，审查合格后方可同意工程开工。监理工程师在巡视、旁站过程中，应监督施工单位按安全施工专项方案组织施工，若发现违规作业时，应予以制止；如发现安全事故隐患时，应立即责令施工单位整改；情况严重的应签发《工程暂停令》，要求施工单位暂停施工，并及时报告指挥部。

四、突发事件应急处置

1. 突发事件信息报告

突发事件发生后，施工单位应按照《生产安全事故报告和调查处理条例》(中华人民共和国国务院令第 493 号)的规定上报，信息报送的格式和内容按照《关于印发公路水运工程质量和安全事故有关统计报表制度的通知》相关要求执行。

2. 现场应急处置

(1)安全突发事件发生后，指挥部、施工单位、监理单位应立即启动本单位的应急预案，先期开展事故救援工作。

(2)以营救遇险人员为重点，立即组织本单位应急救援队伍营救遇险人员，疏散、撤离、安置受到威胁的人员，控制危险源，标明危险区域。

(3)封锁危险场所，并采取其他防止危害扩大的必要措施，妥善保管有关物证。

(4)并按规定及时报告有关部门。

(5)统一由当地政府、部门负责现场指挥救援工作时，指挥部、施工监理等单位、各部门应积极协同配合，做好现场取证、道路引领、后勤保障、秩序维护等协助处置工作。

3. 指挥与协调

处理事故突发事件应建立安全应急联络员制度，加强信息沟通，相互配合，形成协同工作的机制。

4. 突发事件调查分析

安全突发事件发生后，指挥部调查评估组负责进行调查取证，分析判断，查明原因，估算损失，为调查工作提供相关信息。

5. 应急结束

现场应急指挥机构在现场应急处置工作结束并确认危害因素消除后，向批准预案启动的政府或有关部门提出结束现场应急的报告。接到报告的政府或有关部门综合各方面情况和建议，做出终止执行相关应急预案的决定，宣布应急状态解除。

6. 善后处理

妥善接待突发事件中伤亡的人员及家属，耐心讲解有关规定，做好伤员的看护工作，保证伤员得到及时治疗，避免事态扩大，并按照国家有关规定进行救助、安抚、抚恤等善后处理工作，消除各种不利因素，确保社会稳定。

7. 调查评估

应急响应工作结束后，施工单位、监理单位、指挥部调查评估组编写本单位应急总结报告，总结经验教训，并将应急过程的相关资料按规定及时上报。

五、突发事件应急预案的应急保障

1. 组织机构保障

(1)指挥部成立应急工作领导小组，各监理、施工单位要相应成立现场应急救援小组，明确人员职责。

(2)遇突发事件发生时各施工、监理单位应急救援机构在指挥部应急领导小组的指挥下进行联动应急救援。

(3)各监理单位主要负责人为安全管理第一责任人，负责制订、组织所辖路段突发事件应急方案的实施。

(4)各施工单位主要负责人为安全生产第一责任人,负责组织所施工路段突发事件应急方案的实施。

2. 人力保障

(1)抢险救援力量:由施工单位组建,包括抢险人员、设备、车辆等,必要时借助专业救护组织力量,负责事发现场第一时间的抢险、人员救护,防止事件扩大。

(2)应急管理力量:由指挥部、监理单位、施工单位的管理人员组成,接受并执行政府及有关部门的应急命令、指示,各单位应按照规定和结合现场实际情况进行应急处置,并与有关单位进行协调及信息交换。

3. 财力保障

(1)指挥部设立项目安全生产费用和工程保险费用,并制订项目安全生产费用管理办法,确保应急费用的支出。

(2)施工单位应落实安全生产费用专款专用,建立安全生产费用和应急资金保障制度,制订年度应急保障计划,设立应急管理台账,配备必要的应急救援器材、设备和物资。

(3)施工单位应按合同要求投保建筑工程一切险、第三者责任险、工伤事故险、人身意外伤害险及合同条款规定的其他必要的险种,为从业人员投保相应的社会保险,保证事故发生后的赔付。

(4)监理单位应加强对施工单位安全生产费用和应急资金管理的定期审核。

六、突发事件应急预案的监督管理

1. 宣传教育和培训

施工单位应有计划地对应急救援技术、管理人员进行培训,提高其专业技能;监理单位督促施工单位定期组织安全培训,并审查其安全培训记录;指挥部按照“教育培训制度”的规定,督促检查监理、施工单位教育培训落实情况。

2. 预案演练

指挥部、监理单位督促检查项目施工单位制订应急演练计划。施工单位根据事故防范重点,定期开展应急演练工作,解决可操作性、针对性、协同配合等问题,提高快速反应能力、应急救援能力和协同作战能力,演练结束后应及时进行总结和交流。

3. 责任和奖惩

生产安全突发事件应急管理工作实行领导负责制和责任追究制。指挥部对在应急工作中做出贡献的集体和个人给予表彰和奖励。

未依照相关规定履行相应应急职责的单位和个人,将按国家、省级预案的有关规定处理。

4. 预案管理与更新

(1)预案管理

指挥部负责制订项目总体预案及专项预案。

施工单位应根据预案制订合同段应急预案、专项预案和现场处置方案,并上报监理单位审核,指挥部备案。

监理单位应根据预案制订单位辖段范围内的应急预案,并上报指挥部备案。

(2)预案更新

预案由指挥部负责更新,施工、监理单位负责更新各自编制的预案。

第八章　项目法人廉政建设管理

为了确保高速公路建设项目优质、安全、廉洁、高效推进，预防违规违纪行为的产生，加强和规范工程项目廉政监督管理，根据中央、国家及上级有关工程建设和党风廉政建设的法规规定，项目法人在推进高速公路建设项目的过程中，必须加强廉政建设。

第一节　高速公路建设项目的廉政建设

习近平总书记在论党风廉政建设中指出："物必先腐，而后虫生"。大量事实告诉我们，腐败问题越演越烈，最终必然会亡党亡国。近年来我们党内发生的严重违纪违法案件，性质非常恶劣，政治影响极坏，令人触目惊心。各级权利政府要旗帜鲜明地反对腐败，做到干部清正、政府清廉、政治清明。决不允许以权谋私，决不允许搞特权。对一切违反党纪国法的行为，都必须严惩不贷，决不能手软。党风廉政建设是关系到我们党和国家生死存亡的大问题。

一、廉政建设的基本含义

1.廉政三要素

所谓廉政就是公正廉明政策和政德的良性结合与辩证统一。廉政具备三个要素：一是廉政的主体是国家工作人员以及其他受国家委任从事国家公务的人；二是廉政主体主观方面没有牟取私利的动机；三是廉政主体客观方面不滥用权力或利用职务之便违反从政道德，即所谓的"政德"。

2.廉政建设方针

党的十六届四中全会提出了"坚持标本兼治、综合治理，惩防并举、注重预防"的十六字廉政建设方针。以习近平为总书记党的十八大领导集体进一步制订完善了党风廉政建设的新策略：完善党风监督机制建设，实现权利制约机制平衡；完善党员干部队伍党风廉政教育，创造党风廉政建设的良好环境；加强党员干部权利责任教育，反腐倡廉惩治腐败常态化。

3.廉政建设出发点

群众利益成为廉政建设的基本出发点。党的十八大强调坚持以人为本，把最广大人民群众的根本利益作为一切工作的根本出发点和落脚点，认真解决人民群众最关心、最直接、最现实的利益问题。党的群众路线教育实践活动，深入查找党员干部的"四风"问题充分体现了这一出发点。

4.营造良好的党风廉政建设法治环境

党的十八届四中全会第一次把依法治国写进了党的决议，全会提出，全面推进依法治国，总目标是建设中国特色社会主义法治体系，建设社会主义法治国家。在中国共产党领导下，坚持中国特色社会主义制度，贯彻中国特色社会主义法治理论，形成完备的法律规范体系、高效的法治实施体系、严密的法治监督体系、有力的法治保障体系，形成完善的党内法规体系，坚持依法治国、依法执政、依法行政共同推进，坚持法治国家、法治政府、法治社会一体建设，实现科学立法、严格执法、公正司法、全民守法，促进国家治理体系和治理能力现代化，营造良好的党风廉政建设法治环境。

5.党风廉政建设的关键

执政党的权力监督是党风廉政建设的关键，关键的作用就完善执政党权力配置、制约、监督机制。

廉政的直接客观现实目标就是遏制腐败，而“腐败的核心问题无疑是一个政治权力的基础和运作问题”。廉政建设必须抓住正确行使权力这个关键，而权力得以正确行使的前提是权力的合理配置。要形成对权力运行的全方位、多层次、立体化的完整而有效的监督制约体系，突出监督权大位重的主要干部。

二、高速公路项目法人廉政建设的重要性

深刻认识高速公路项目法人廉政建设的重要性，是高速公路项目法人廉政建设首先必须解决的关键问题，没有对廉政建设的重要性的清醒认识，高速公路项目法人的廉政建设必然起不到效果。

1. 高速公路建设领域的权力特性

高速公路建设项目法人是一个权力高度集中、经济利益高度集中的特殊法人单位，有着滋生腐败的深厚经济基础。近几年来，高速公路建设领域成了腐败问题频发的重灾区，是客观环境为腐败的滋生提供了合适的温度和土壤。

2. 高速公路项目法人权力运行分配机制不平衡

高速公路项目建设集中了大量建设资金，项目法人在高速公路建设项目运作过程中集中有很大的权力，特别是在项目招标、投标过程中，合同管理工程变更中，工程计量支付合同价款结算中，权与钱紧密结合。如果把这些权力过度集中在少数几个人手中，而又缺乏制度监管，就为滋生腐败创造有利条件。所以一定要建立高速公路项目法人权力分配的平衡机制。

3. 高速公路项目法人权力运行制约机制不健全

在早期的高速公路建设过程中，廉政约束机制没有受到应有的重视，缺少制度约束，缺少党内党外监督，缺少资金审计监督。因为权力运行约束机制不健全，为滋生腐败打开了一个缺口，这也是高速公路建设领域腐败现象频发的一个很重要的原因。

4. 廉政反腐教育意识淡薄

高速公路项目建设任务重，工期紧，质量要不高，安全管理难。工程形象是看得见摸得着的东西，在以往的高速公路建设项目实施过程中，往往过多的注重了抓工程质量，工程进度，工程安全，而忽视了反腐防腐教育，形成了一手硬，一手软，为腐败滋在少数干部身上生形成了内在原因，这不能不说是以往高速公路建设项目腐败问题频发一个惨痛教训。

综上四方面的分析，突出显现了高速公路项目法人廉政建设的重要性、迫切性。项目法人抓紧抓好党风廉政建设责任重大。要求项目法人的临时党委领导下，纪检监察部门切实负起责任，组织指挥部各部门协助配合，形成反腐倡廉齐抓共管天罗地网。

三、廉政建设中的监督作用

廉政建设的核心内容是要坚持对权力运行实行有效监督，用法治手段、制度手段、行政手段对权力运行进行有效监督。

1. 监督对象

高速公路建设领域中，廉政监督的主要对象是工程建设管理全过程中的重点环节和重大事项，包括项目立项、投资融资、招标投标、工程分包、材料设备采购、计量支付、设计变更、竣工验收和资金管理等。与其说是监督以上这些重大事项，倒不如直白的说是更主要的是监督主持操作这些重大事项的单位和个人，尤其是权力相对集中的个人。

2. 廉政监督的主要内容

(1)工程项目管理各项制度是否健全，对权力运行的制衡制约机制是否有效，操作程序是否明确、规范。

(2)是否严格执行有关工程项目管理的法律法规、规章制度,是否按照规定程序规范操作。

(3)重大事项是否经集体研究通过,有无个人擅自决定、独断专行的现象。

(4)工程项目管理事项是否实行公开、公示,做到权力运行规范,工程建设阳光透明,无暗箱操作现象。

(5)项目建设管理中是否严格执行上级和指挥部有关党风廉政建设的规定要求,有无违规违纪现象和隐患等。

3. 监督职责

纪检监察部门和人员要认真履行以下监督职责:

(1)认真贯彻执行国家、上级和指挥部有关工程建设和党风廉政建设的各项法规、规定和制度,严要求、严把关。

(2)对工程建设管理进行全过程跟踪监督;把握监督重点,严防出现重大违规违纪行为。

(3)每季度开展一次廉政工作检查,深入工程一线检查、了解廉政建设有关情况,加强监督、加强指导,加强督促。

(4)设立举报电话、举报信箱,保证信息渠道畅通;对信访、举报事项要及时受理、迅速核实、及时答复。

(5)发现不规范的做法要当面指出、纠正,对违规违纪行为及时提出处理意见。

(6)建立廉政监督档案,定期报告工程建设廉政情况。

4. 被监督对象的责任

被监督对象,即行使责任的单位个人,特别是单位主要负责人要认真负起以下责任:

(1)让权力在阳光下运行,执掌权力的单位和个人,应公开自己的权力,让权力运行的全过程都明明白白,干干净净。

(2)严格执行国家、上级和指挥部有关工程建设管理和廉政建设有关法规规定,严把工程廉政关,科学管理,规范操作。

(3)凡属廉政监督范围的事项,各部门应按规定事先确定经办人员,单个事项办理完毕以前一般不得中途换人,以增强经办人员的责任感。

(4)各部门要积极配合廉政监督工作,发生廉政监督事项应事先通知纪检监察部门,并主动提供相关资料,介绍有关情况。

四、建立责任追究制

1. 廉政建设有一票否决权

廉政监督规定执行情况纳入各部门和个人党风廉政建设考核和年度工作一并考核,对考核不合格者实行一票否决制。

2. 对违纪事件严肃惩处

对不认真执行廉政监督规定的,予以批评教育;对违反廉政监督规定,且引起不良后果的,将按有关规定予以严肃处理,决不姑息,不管涉及何人,不管他权力有多大,官位有多高,法制面前,人人平等。

3. 责任延伸追究

对发生腐败问题的单位或个人,除了追究当事人的责任外,还要追究单位主要领导监管不到位的责任。

五、党政工作人员自洁自律

为了确保高速公路建设项目工程优质、高速、安全推进,促使全体工作人员廉洁自律,树立勤政廉政良好风气,全力打造廉政阳光工程,制定相关守则。

1.领导班子和党员领导干部廉政承诺

(1)严格遵守廉政各项法律法规,以身作则,廉洁自律。

(2)不违规干预工程招标投标和设备材料采购活动,确保招标投标及采购活动公开、公平、公正。

(3)不收受任何形式的礼金、有价证券和贵重物品,拒收不了的立即上交纪检监察部门,并说明来源。

(4)不接受参建单位和相关外来单位安排的宴请、旅游等娱乐活动。

(5)管好家庭成员和身边工作人员,不准配偶、子女、亲友和身边工作人员利用领导职权影响,从事与工程建设有关的材料设备供应,工程分包、劳务或参与中介、咨询活动。

(6)坚持民主集中制原则,重大事项集体研究决策,严格遵守党委议事规则和办公会议规则,做到决策公开透明。

2.党政领导干部自律守则

(1)自学带头遵守党的政治纪律,坚持党的基本路线,坚定不移地执行党的路线方针政策;自觉遵守国家法律法规;在政治上、思想上和行动上与党中央保持一致,保证党和国家的政令畅通。

(2)认真学习中央、国家和本单位有关党风廉政建设的规定和精神;全面学习项目建设的各项管理规定;切实把握工程招标投标、工程计量、工程变更、物资采购、资金拨付等规定及程序。

(3)严格执行党风廉政建设责任制,自觉遵守各项廉政规定。领导干部和党员要以身作则,率先垂范,在落实上下功夫。要形成一级抓一级、一级管一级、一级带一级,上下一致,层层注重廉政建设的良好格局。

(4)严格遵守招标投标管理规定,在工程招标发包和材料设备采购工作中,不得为配偶、子女和亲友说情、牵线搭桥,严禁在工程招标投标工作中私自对外泄露评标、定标的细节。

(5)严格遵守工程计量和质量管理规定,不得在工程计量及工程变更中弄虚作假、欺上瞒下、谋取私利;更不得擅自降低质量标准,放任低劣工程和产品过关。

(6)严格遵守物资采购管理规定,必须按照规定的程序进行采购,不得私自确定物资供应单位,严禁在采购中收取回扣。

(7)严格遵守财务管理规定和财经纪律,严禁私自拨付工程费款,严禁私设小金库,不得挪用公款和公款私存,不得将公物化为私有,不得违反规定配备、使用车辆和通信工具。

(8)严格遵守工程征迁管理规定,严禁截留、克扣征迁补偿费款,不得擅自更改征迁补偿标准,不得弄虚作假篡改征迁土地、房屋及地面附着物等数据资料。

(9)严禁行贿、受贿、贪污和谋取非法收入,不得接受与工程有关的单位和个人赠送的礼金、礼品及有价证券。对未能拒收的,一律上交指挥部纪检监察部门。

(10)严禁利用职权谋取私利,指挥部工作人员不得在施工、监理单位报销应由个人支付的各类票据;不准利用工作之便,在施工、监理单位吃拿卡要;不得参加参建单位和相关外来单位安排的宴请、旅游等娱乐活动。

(11)坚持艰苦奋斗、勤俭节约的作风,禁止讲排场、摆阔气,挥霍公款、铺张浪费,不准在公务活动中接受超过标准的接待,不准擅自用公款包租客房供个人使用。

(12)坚持实事求是的作风。不得弄虚作假,谎报成绩,文过饰非,骗取荣誉、待遇或其他利益,不得侮辱、诽谤他人,破坏他人名誉或诬告陷害他人。

(13)严格遵守社会公德。不得参与赌博或进入淫秽下流场所,不得观看淫秽和反动电影、录像、书刊,不得购买、借用、索要、接受淫秽物品及反动宣传品。

六、项目法人廉政建设规定

建立廉政建设若干规定是为加强党风廉政建设,保证指挥部工作人员廉洁从政,全力打造廉政阳光工程，确保高速公路建设项目优质、高效、安全推进。

根据高速公路项目建设的特点，制订规定如下。

1. 工程建设廉政合同规定

高速公路项目建设中实行廉政合同制度，即签订各类工程合同的同时签订廉政合同，明确规定业主和各勘测设计、施工、监理单位在廉政建设方面的义务和责任，以切实做好工程建设中的廉政工作，确保工程建设顺利进行。

2. 纪检监察员工作规定

高速公路项目建设中实行纪检监察员制度。纪检监督员在省厅(市交委)纪检组和指挥部党委的领导下，具体负责工程建设期间的廉政工作，负责廉政责任制、廉政合同的签订、监督和检查，对工程施工各重点环节进行全过程监督。

3. 招标工作廉政规定

指挥部参与招标工作的有关人员，必须严格遵守招标工作纪律，不得私自向外透露评标、定标的细节，不得为投标人编标提供任何形式的咨询，不得索要和接受投标人馈赠的礼品、礼金和各种形式的招待。如有违犯者，一经查出，除根据情节按党纪政纪处理外，指挥部将辞退当事人。

4. 礼品、礼金上缴规定

指挥部工作人员在公务活动中不准索要和接受业务往来单位(设计、施工、监理、材料供应等)馈赠的各种礼品、消费卡和礼金。能推脱的，要当面坚决拒绝。因各种原因推脱不掉的，必须在一周内上缴指挥部纪检监察室处理。凡隐瞒不上缴的，一经查出，除按党纪政纪进行处理外，指挥部将酌情辞退当事人。

5. 因公出差廉政规定

指挥部人员因公出差可乘长途汽车、火车(一般限硬卧)和轮船(一般限三等以下舱)等交通工具，一般不得乘飞机。遇紧急公务需乘飞机(火车软卧、轮船三等以上舱位)需事先请示主要领导同意，否则财务不予报销，费用自行承担。指挥部人员因公出差不准住高档宾馆。超过标准的，超额部分自行承担。

6. 工作餐廉政规定

指挥部人员下工地检查工作时一般不得在施工、监理单位就餐。特殊情况下，可安排在施工、监理单位食堂用份饭。如发现有在施工、监理和材料供应单位大吃大喝的情况，有关人员必须书面检讨，指挥部将酌情扣发当事人当月全部或部分工地津贴。指挥部人员下工地或集体出差自行安排工作餐的，标准应控制在每餐60元/人内。指挥部工作人员因无法赶回驻地，中午可在施工、监理单位的食堂用份饭。

7. 食堂客餐廉政规定

对外来联系工作的人员，指挥部有关部门要热情接待，需要安排就餐的可以安排到食堂就餐，但要贯彻勤俭节约的原则。根据具体情况，能够安排份饭的尽量安排份饭，需要安排桌餐的要严格按照指挥部相关标准执行。

8. 公务活动廉政规定

指挥部工作人员在对外公务交往活动中要严格遵守有关勤政廉政的规定，要厉行节约，反对铺张浪费。严禁假公济私的行为。对于在公务活动中多开发票、虚报冒领的行为，一经发现，除通报批评外，还要扣发当事人当月的全部津贴，指挥部并可酌情辞退当事人。

9. 指挥部领导干部的廉洁从政规定

指挥部领导班子成员和领导干部必须严格遵守《中国共产党党员领导干部廉洁从政若干准则》和党内监督的“五项制度”、行政监督的“四项制度”和中央“八项规定”。对于违犯者，按照党纪和政纪进行处理。

10.廉政举报制度规定

设立举报电话、举报信箱,随时接受广大群众的监督举报。指挥部为举报人保密,并对举报反映的问题组织调查,经核查情况属实者,将严肃处理。

第二节 腐败风险预警防控方案

为全面抓好高速公路工程建设指挥(项目法人)部党风廉政工作,强化腐败风险教育、排查、预警、工作机制,化解产生腐败因素,确保高速公路建设项目管理科学规范,制订腐败风险预警防控实施方案很有必要。

一、腐败风险管控指导思想和原则

1.指导思想

以党的十八大精神为统领,坚持"标本兼治、综合治理、惩防并举、注重预防"的方针,按照省、市各级党政领导机关对"腐败风险预警防控"的要求,为全力打造"优质工程、优秀干部"的双优工程提供坚强的政治保障和强有力的纪律保证。

2.基本原则

坚持内部防范与外部监控相结合、事前防范与预警处置相结合、专防专控与社会参与相结合、纪检监察部门组织协调与各部门具体实施相结合。主要是以下 4 个方面:

(1)注重教育抓防范。坚持正面教育、自我教育的方针,突出抓好岗位廉政教育。

(2)完善管理措施制度。把完善规章制度、科学配置权力、合理设计程序、前移监督关口作为预防腐败行为发生的重要举措。

(3)突出重点查风险。把指挥部招标投标、材料(物资)采购、合同管理、设计(计量)变更、资金拨付、交(竣)工验收等重要工作环节作为腐败风险点查找的重点,全面开展腐败风险点的查找活动。

(4)加强监督重防控。充分发挥纪检监察的职能,加强对关键部门、重要岗位的预警防控。对纪检监察部门监督执行的事项,经办单位和部门要积极主动地事前通报、加强沟通,及时约请。

二、腐败风险预警防控方案实施

建立腐败风险管控工作的组织领导机构,制订腐败风险管控工作目标和行动步骤,是做好腐败风险管控工作三大要素。

1.腐败风险管控工作目标

通过对重点对象、重点部门、重点岗位,逐人逐岗位明确履职事项、岗位职责,制订办事流程和操作规程,分析腐败风险迹象、情形,确定风险等级、可能涉险人员及对应防控措施,建立具有工程建设特点的腐败风险防控机制,遏制一切腐败现象,保证高速公路建设项目实施始终不发生腐败问题。

2.腐败风险管控工作方法步骤

(1)广泛宣传动员,统一思想认识。组织党员干部认真学习党的十八大及中央纪委十八届二次全会精神,以及省、市有关文件精神,理解掌握腐败风险预警防控的基本理念、基本精神、基本内容和基本要求,充分认识腐败风险预警防范有利于增强预防腐败工作的创新性、科学性和可操作性,提高广大党员干部参与和做好腐败风险预警防控工作的责任感、紧迫感和积极性,明确腐败风险预警防控的指导思想、基本原则、总体目标、工作重点、方法步骤、保障措施等。

(2)编制工作流程。各部门认真梳理本部门工作职责,对各项工作进行清理,进一步优化办事程序、规范工作流程，编制工作运行规程，并绘制工作流程图。

(3)排查腐败风险点。根据工作流程，采取先自上而下、后自上而下的方式实施。各部门、各单位按照人、财、物、事四个方面的内容，由个人逐一排查腐败风险点，然后查找和确定部门和单位的腐败风险，上报纪检监察室汇总。具体包括以下 4 个步骤：

①查找岗位风险。以全员参与为基本要求，组织干部职工按照“一岗双责”的职责，通过采取自己查、群众帮、领导提、组织审 4 个程序，认真分析并查找个人素质、履行职责、开展业务、社会交往、处理个人重要事项等方面存在或潜在的腐败风险点。

②查找部门风险。在个人自查的基础上，结合部门职能，针对人、财、物、事 4 个关键，组织部门全体人员认真进行讨论和评议，分别查找出本部门在业务流程、制度规范、内部管理、监督制约等方面存在或潜在的腐败风险点。

③查找单位风险。在指挥部广泛开展互查互纠活动，必要时进行专题性的摸底清查，找全找准在“三重一大”(重大事项决策、重要人事任免、重要项目安排和大额度资金使用)等方面存在或潜在的腐败风险点。

④评定腐败风险等级。依照党规党纪、行政法规、廉洁自律有关规定、腐败行为发生几率以及可能造成后果的严重程度、紧急程度等，由高到低确定 A、B、C 级腐败风险，实行分级管理、分级负责。对腐败风险较低的三级风险，由各处室、单位领导直接管理和负责；对涉及人、财、物、事管理等腐败风险一般的二级风险，在处室和单位领导直接管理的基础上，由分管领导负责；对涉及人、财、物、事等决策和审批等腐败风险等级较高的一级风险，在分管领导直接管理的基础上，由主要领导负责。对排查的单位、部门、岗位风险点及评定的等级将在一定范围内公示、广泛征求干部群众和参建单位的意见。

三、落实腐败风险预警防控方案的措施

1. 加强腐败风险管控工作组织领导

腐败风险预警防控工作要在指挥部临时党委领导下进行，做到责任明确、任务具体，强化责任机制，成立指挥部腐败风险预警防控工作领导小组，领导小组下设办公室，与指挥部纪检监察室联合办公。腐败风险预警防控工作领导小组负责指挥部腐败风险预警防控全面领导工作，领导小组办公室负责制订方案、组织实施、指导协调等日常工作。

2. 制订腐败风险管控工作措施

(1)制订防控措施

围绕排查确定的风险点和风险等级，有针对性地提出并制订防控措施，着力形成以岗位为点、以程序为线、以制度为面的腐败风险防控机制，采取前期预防、中期监控、后期处置的三阶段防控措施，对预防腐败工作实行科学化、系统化循环管理。

①岗位风险防控措施。依据法规制度、职责要求和业务程序，由部门提出岗位防范控制风险的具体措施和办法。

②部门风险防控措施。依据“一岗双责”的要求，按照单项工作以处室的职责、联动工作以“主抓业务部门牵头负责”的原则，制订具体防控措施和相关工作程序。

③单位风险防控措施。针对排查出的腐败风险点，科学配置权力，加强廉政教育，加强流程控制，规范用权自由度，完善管理制度、工作规则、行为规范和廉政规定，制订切实可行的腐败风险防控措施。形成腐败风险防范管理上下一体、左右联动的通畅、有效运行机制。

(2)建立岗位腐败风险点目录

各部门、各单位排查的腐败风险点，制订的防范措施经程序审核后，分层级建立岗位腐败风险点目录，经领导小组审定并报上级主管部门备案后汇编成册公示公开，接受群众监督。

3. 建立腐败风险管控工作制度

(1)建立腐败风险信息收集制度

坚持把容易滋生腐败的重点部位和环节作为腐败风险信息收集的重点,及时发现苗头性、倾向性问题。充分借助信访举报投诉、案件检查、责任审计、民主生活会、领导干部述职述廉等活动,开展腐败风险信息日常收集工作。不断拓宽腐败风险收集渠道,做到收集信息全面、真实、准确。

(2)建立腐败风险信息处置制度

指挥部腐败风险预警防控领导小组办公室具体负责对腐败风险信息,组织评估小组进行评估;确定由高到低 A、B、C 级腐败风险,并根据腐败风险的变化,及时调整风险等级。各部门要根据腐败风险的变化,及时调整风险等级。各部门要根据腐败风险等级,有针对性地采取相应的处置措施,及时化解腐败风险。纪检监察部门根据不同对象采取不同的处置措施;对单位和部门,采取谈心疏导、批评教育、诫勉谈话、召开专题民主生活会、限期整改等形式进行预警处置,纠正工作中的失误和偏差,化解腐败风险。各级党组织和纪检监察部门(人员)对新发现的腐败风险,要责成有关单位和个人及时制订防范措施。

(3)建立和实行腐败风险处置结果回告制度

接到预警后,应在规定时限内对腐败风险进行剖析,制订整改方案和防控措施,形成书面报告,及时回告实施预警的部门。

(4)建立和实行腐败风险预警督查制度

腐败风险预警防控领导小组办公室负责腐败风险防控措施的落实情况跟踪监控,对防控措施不落实的单位、部门进行督导,督促落实。

(5)建立和实行预警处置情况通报制度

腐败风险预警防控领导小组办公室对实施预警处置的情况,及时向领导小组报告的同时,在一定范围内进行通报。

4. 确定腐败风险管控重点防控措施

(1)加强对工程项目招投标的管理

严格执行《中华人民共和国招标投标法》和各地方政府招标投标管理办法。按照《工程建设项目招标范围和规模标准规定》的规定,除国家法规规定不适应进行公示招标的项目外,必须进行公开招标。在工程招标活动中,不得有应招标而不招标、化整为零规避招标、不经批准邀标招标、违规设置不合理的门槛、不按规范发布公告、违规透露相关信息等行为。凡应招标或邀标的项目,指挥部纪检监察人员应在讨论、确定招标方案时及时介入,对招标投标程序和运作规范进行严格监督,严防弄虚作假、暗箱操作;对达不到招标标准的工程项目,应由指挥部相关领导、相关部门和纪检监察人员组成合同谈判小组,采取议标和邀请会谈的方式确定项目承包人。凡邀请会谈的项目,受邀单位不得少于 3 家,并由经办部门事先将会谈方案(含会谈单位及单位的资质、业绩、信誉、人员、设备、财务和项目限价、邀请方式等)报指挥部领导集体研究并原则同意,然后再由合同谈判小组将会谈结果以文字材料形式报指挥部领导集体研究确定,并在指挥部内网上公示。

(2)加强对工程项目材料、设备采购供应的管理

工程项目材料、设备的采购供应,应严格遵循招标文件的约定充分尊重承包人在遵守相关技术规范前提下的自主选择权利,指挥部履行好"备案"程序和监督职责。严禁指挥部工作人员插手施工单位的材料采购活动,向施工单位介绍、推荐、指定材料供应商或借故干预施工单位对材料供应商的正常选择权利或胁迫、暗示施工单位按个人的意图选定与自己有利害关系的材料供应商。

(3)加强对办公设备用品和生活物资用品采买的管理

严格执行指挥部《物品购置领用制度》之规定。单件或批量达到一定额度的,应安排两人或两个部门以上(含两人和两个部门)的人员询价采买或组建采购专班,并将采买方案和询价情况报指挥部领导

批准。严禁个人事先单独与商家(厂家)接触,再极力将其作为预选供货商推荐给指挥部采购专班的不廉嫌疑行为。

(4)加强对合同履约情况的监管

切实加强对施工单位和材料设备供货商合同履约情况的检查、监督和管理。严禁指挥部负有合同履约监管职责的人员对影响工程质量、安工过程中影像资料的采集密度,定期对影像资料的搜集整理情况和监理日志、计量清单、工程报表的记载填报情况组织集中检查和自查、互查活动。

(5)加强对大额资金支付情况的监管

严格执行指挥部相关资金管理办法、规定。对项目建设资金的投向和流向实行全过程的跟踪审计。财务部门负责人对指挥部项目资金的安全运行情况应加强实时监控,并定期会同纪检监察人员检查征地拆迁等补偿费用的兑付是否公开透明、落实到位。

检查银行对各施工单位资金使用的监管是否严格,有无把关不严、超额支付和转移挪用的现象;加强对指挥部专项活动费用支出的检查监督,督促及时清理、核销各项开支费用,有效遏制在各类专项活动费用开支中浑水摸鱼、虚报冒领等违法乱纪行为的发生。指挥部所组织各项活动,应根据活动规模的大小分别结束后1～3个工作日之内,落实专班对费用开支情况进行清理确认。

(6)加强对交工、竣工验收环节的监管

交工和竣工验收环节,廉政风险极高,指挥部各职能部门应切实履行对建设项目负责的职责,坚持验收标准,防止由少数或个别人操纵、组织对不合格的工程进行验收。对施工单位的缺陷责任,应组织建设、运营、监理、设计,施工等多方单位进行集体界定,避免放纵不究和转移给建设单位承担等现象的发吐。

四、腐败风险预警防控责任追究

1.责任追究

(1)根据预警防控措施和相关规定,对指挥部所有工作人员具有不可违背的纪律约束力。如有违反,轻者给予诫勉谈话和批评教育,重者给予党纪、政纪处分直至辞退处理。触犯法律、构成犯罪的移交司法部门处理。

(2)参建单位违反相关规定的,将按指挥部有关考核奖惩办法给予经济处罚并记入信用评价档案,情节严重的将报请有关部门降低信用等级或限制其进入本地交通重点工程建设市场。

(3)指挥各部(室)、各参建单位,要把开展腐败风险预警防控作为构建惩治和预防腐败体系的重要任务,纳入党风廉政建设责任制考核内容,加强对管辖范围内腐败风险防控工作的分类指导、组织协调、督促检查和年度考核工作;各级领导班子成员要按照党风廉政建设责任制要求,切实加强领导,抓好自身和管辖范围内的腐败风险预警防控工作;对实施腐败风险预警防控措施不力,致使本部门、本单位或所属人员发生违法违纪行为的,按照有关规定追究主要领导和相关人员的责任。

2.责任追究工作要求

(1)加强领导,明确责任。开展腐败风险预警防控工作,是一项基础性、系统性、长期性任务,各部门、各单位要加强组织领导,成立领导小组、落实工作专班,完善工作机制,层层落实各级领导的责任,扎实稳妥地推动工作。

(2)精心组织,突出重点。各部门、各单位要结合自身实际,研究制订切实可行的工作方案,明确阶段性工作目标,扎实有序地推进各阶段工作落实。要坚持边查风险、边分析产生原因、边研究制订防控措施。必须把重要部门、重要岗位、重要涉权事项作为排查重点,认真查找腐败风险点,采取有效防控措施,努力建立和完善具有行业特点的内部防控机制。

(3)创新方法,善于总结。在推进腐败风险预警防控工作中,既要借鉴以往行之有效的做法和经验,又要积极创新运用科学方法,大力探索现代信息与腐败预警防控有机结合的途径和方式,推进预警防控工作的电子化、科技化，提高反腐倡廉科技含量。要紧密结合各单位职责和队伍建设实际，注意探索和总结经验，创造性地开展工作，为深入开展腐败风险预警防控工作积累经验，为全面完成各项目标任务提供坚强政治保证。

第三节　创建“廉政阳光示范工程”活动方案

创建“高速公路建设项目廉政阳光示范工程”，全力推进政府投资重大项目又好又快建设，是高速公路项目法人的一项政治任务；是指挥部党委贯彻落实十八大精神的具体行动；是党风廉政建设的一项创新型工程。

一、创建活动的指导思想

以十八大精神为指导，以构建工程建设腐败风险防控体系为目标，建立健全防控机制和配套制度，积极探索廉政监督关口前移的方式和途径，切实加强对权力运行、资金使用、项目建设的监督制约，把权力关进制度的笼子，形成不敢腐的惩戒机制、不能腐的防范机制、不易腐的保障机制，为推动高速公路又好又快建设提供保障。

二、创建活动的重点工作

1.落实“三重一大”集体决策规定

所谓“三重一大”是指重大事项决策、重要干部任免、重要项目安排、大额资金使用。落实党委议事规则和指挥长办公会议事规则，做到重大事项决策、重要干部任免、重要项目安排、大额资金使用经集体讨论做出决定，保障科学决策、民主决策、依法决策。

2.落实“廉政交通主题教育”制度

坚持每季度一次“廉政交通主题教育”报告，指挥部领导讲党课，做廉政报告，并邀请有关专家做廉政辅导报告，切实增强教育的针对性、及时性和有效性。

3.落实重点工程纪检监察派驻制度

派驻人员在委纪检组和指挥部党委领导下，在廉政建设方面履行教育、监督和服务职责，具体负责工程一线的党风廉政教育，负责工程建设源头治理制度措施的制订，负责落实建设项目《廉政合同》的签订和廉政责任制的监督、检查，负责对重点环节和重大事项的全过程监督，负责“廉政阳光示范工程”创建活动的组织协调。

4.落实项目关键环节公示制度

以公开促公平，以公开保廉政，扎实推进项目审查审批、招标投标、征地拆迁、计量支付、设计变更、质量安全监督、交工竣工验收、资金使用等关键环节的公开，真正让工程阳光、让权力透明。

5.落实交通建设市场信用评价制度

贯彻落实《公路建设市场信用体系实施方案》、《高速公路工程施工招标信用奖惩暂行规定》等有关规定，做好对参建的施工、监理等企业信用等级年度评定和信用信息管理使用，严格奖优罚劣，促进诚信履约。

6.落实领导干部经济责任审计制度

将领导干部审计结果纳入目标责任考核，建立项目全程跟踪审计制度。

7.落实建设单位领导班子个人重大事项报告制度

落实《领导干部报告个人有关事项的规定》，组织签订廉政合同。

8. 建立项目廉政建设领导挂钩联系制度

指挥部廉政建设应主动取得当地省、市纪委领导与支持。通过开展"邀请当地省、市纪委领导做廉政报告，形成定期廉政工作例会制度，邀请地方省、市纪委派员参加阶段性建设推进会，开展招投标监督组织指挥部干部参观当地省、市纪委廉政教育基地"等"五项活动"，争取当地省、市纪委指导和帮助。

三、创建活动的方法步骤

根据高速公路建设项目的建设周期，廉政阳光示范工程创建工作，随项目工期的长短，具体可以分为三个阶段：

第一阶段：宣传发动阶段（时间 2～3 个月），召开项目参建单位动员大会，印发《实施方案》对创建活动进行安排部署。动员大会后，参建单位迅速组织学习传达，确保创建工作有序开展。

第二阶段：启动实施阶段（时间 20 个月以上，随项目工期长短而定），贯彻落实《实施方案》，健全创建活动机构，构建创建活动网络，营造浓厚活动氛围，夯实创建基础工作，稳步推进创建工作。紧扣建设项目实际和特点，坚持党员干部受教育、工程建设上水平，围绕"依法依规、廉洁从建"、"科学发展、又好又快"以及突出问题和薄弱环节，切实解决实际问题，破解工程难题。

第三阶段：拓展总结阶段（2～3 个月，放在项目建设基本结束，工程交工验收之前），对创建工作领域进行拓展，对创建工作内涵进行升华，对创建工作成果进行总结，力争产生积极的示范效应。

四、创建活动的保障措施

1. 完善领导机制

成立高速公路建设项目创建"廉政阳光示范工程"领导小组，加强组织领导，构建党风廉政保障体系。健全防控体系的组织机构和人员，设立纪检监察室，配备专职纪检监察人员，切实加强纪检监察日常工作和创建活动的组织协调。在各施工、监理单位聘请廉政监督员，形成多方联动的廉政监察工作体系。

2. 完善责任机制

创建活动和项目建设同步进行，同步研究部署、同步检查验收，并纳入年度目标考核。

3. 完善管理机制

创建工作纳入指挥部重要议事日程，实行主要领导亲自抓、分管领导具体抓的创建工作格局。